Erläuterungen und Dokumente

Friedrich Schiller
Maria Stuart

HERAUSGEGEBEN VON
CHRISTIAN GRAWE

PHILIPP RECLAM JUN. STUTTGART

Schillers »Maria Stuart« liegt unter Nr. 64 in Reclams Universal-Bibliothek vor

Universal-Bibliothek Nr. 8143 [3]

Gesamtherstellung: Reclam, Ditzingen. Printed in Germany 1988
ISBN 3-15-008143-2

Inhalt

I. Wort- und Sacherklärungen

Personen

Elisabeth ... Maria Stuart: Schiller schreibt in seinem Brief an den Berliner Theaterdirektor August Wilhelm Iffland (1759–1814) vom 22. 6. 1800: »Weil mir alles daran liegt, daß Elisabeth in diesem Stück noch eine junge Frau sey, welche Ansprüche machen darf, so muß sie von einer Schauspielerin, welche Liebhaberinnen zu spielen pflegt, dargestellt werden. [...] Marie ist in dem Stücke etwa 25 und Elisabeth höchstens 30 Jahr alt« (NA XXX,164). Zur Zeit der Dramenhandlung, im Februar 1587, war die historische Elisabeth 53 (geb. 7. 9. 1533) und die historische Maria 44 Jahre alt (geb. 8. 12. 1542). Schillers Schreibung von ›Stuart‹ ist die in den meisten Quellen überlieferte: Maria zog die frz. Schreibweise dem schott. ›Stewart‹ vor.

Robert Dudley: (1531?–88), langjähriger Favorit Elisabeths, den sie eine Zeitlang zu heiraten beabsichtigte und 1564 als Ehemann für Maria Stuart vorschlug.

Georg Talbot: (1528?–90), 1569–84 Hüter der Maria. Seine Rolle als Verteidiger Marias im Gegensatz zu Cecil ist Schillers dramatische Erfindung. Allerdings beschuldigte Talbots eigene Frau ihn eines Liebesverhältnisses mit Maria, was diese empört zurückwies. Schiller will, daß Talbot und Cecil »durch das ganze Stück schwarz gekleidet« sind (Brief an Iffland, 22. 6. 1800, NA XXX, 164). O. Warnatsch (Anklänge an Racines ›Britannicus‹ in Schillers ›Wallenstein‹ und ›Maria Stuart‹. In: Studien zur vergleichenden Literaturgeschichte 5, 1905, S. 180 bis 194) sieht in Burrhus, »Neros Erzieher und Berater« in Racines »Britannicus« Schillers Vorbild für die Gestalt Talbots. In dem Aufsatz auch weitere Bemerkungen über den Einfluß von Racines Stück.

Wilhelm Cecil: (1520–98), macht unter Elisabeth eine große Karriere als loyaler und geschickter Politiker; jahrzehntelang die beherrschende Figur der engl. Politik.

Graf von Kent: Henry Grey (1541–1615), Baron von Ruthyn, Graf von Kent. Politisch offenbar nur durch seine Rolle beim Prozeß gegen Maria Stuart hervorgetreten.

Wilhelm Davison: (1541?–1608), engl. Politiker, seit der Hinrichtung Maria Stuarts in Ungnade.

Amias Paulet: (1536?–88), engl. Politiker, Gouverneur der Kanalinseln, Botschafter in Frankreich, seit Januar 1585 Hüter der Maria Stuart, strenger Protestant.

Mortimer: bei Mellish (vgl. Kap. III,3): »Sir Edward Mortimer«. Neben Okelly die einzige fiktive Gestalt des Stücks. Über sein Alter schreibt Schiller: »[...] braucht nicht älter als 21 oder 22 Jahre zu sein« (Brief an Iffland, 19. 11. 1800, NA XXX,211).

Drugeon Drury: bei Mellish »Sir Drue Drury«, was historisch korrekt ist. Schiller entnimmt den Vornamen Rapin (zu den Quellen vgl. Kap. III,4a). Drury (1531?–1617) wird im November 1586 Paulet als zweiter Hüter Marias beigeordnet, später Leutnant des Towers.

Melvil: bei Mellish korrekt »Sir Andrew Melvil«. Einer der vier Brüder, die man wegen ihrer Treue zu Maria Stuart »the loyal Melvils« nannte. Sein Bruder Sir James Melville hinterließ Memoiren (s. Kap. III,4a, Nr. 14).

Burgoyn: bei Mellish »Burgoyne«. Die Schreibung so in keiner der bekannten Quellen Schillers, bei Camden »Burgonius«, bei Brantôme »Bourgyong«, bei Jebb und Hume »Bourgoin«.

Hanna Kennedy: der Name nur bei Jebb als »Jeanne Kennedi« und bei Melville als »Jean Kennedy«; während der ganzen Gefangenschaft Marias ihre vertrauteste Kammerfrau. Zur Amme macht Schiller sie wohl, um die Gefühlsbindung zwischen beiden zu verstärken.

Margareta Kurl: der Name nur bei Jebb, allerdings als »Elspeth Curle«. Eigtl. Barbara Curle, geb. Mowbray, eine Schottin, die 1584 in Marias Dienste trat und 1585 deren Sekretär Gilbert Curle heiratete.

Sheriff: Zusammenziehung aus shire reeve, ›Bezirksrichter‹; Rechtsbeauftragter des Königs in den einzelnen Bezirken. Er leitete die Gerichtsverhandlungen, zog Steuern ein, verhaftete und vollzog die Strafen, war also auch für die Durchführung der Hinrichtungen zuständig.

Trabanten: Leibwächter, begleitende Schutzwache. Vom dt. ›traben‹ abgeleitetes Wort, das über das ital. ›trabanti‹ ins Deutsche zurückkehrt.

Erster Aufzug

Schloß zu Fotheringhay: Altes, aus der Normannenzeit stammendes Schloß des Hauses York mit stolzer Familientradition (Richard III. war hier geboren) in Northamptonshire, etwa 100 km nördl. von London, wurde unter den Tudor-Herrschern als Staatsgefängnis benutzt. Maria wurde am 15. 9. 1586 dort einquartiert und blieb darin bis zu ihrem Tod. In V. 2094 f. eine geographische Ungereimtheit: Maria konnte natürlich von Fotheringhay aus die schott. Grenze nicht sehen.

Erster Auftritt

im Begriff ... Brecheisen: Schiller verwendet für die Zimmerdurchsuchung offenbar Robertson als Vorlage: Dort findet sich im Dokumentenanhang von Bd. 2 (Nr. XVII) »Ein Brief von Amias Paulet« an die Königin, datiert »Chartley, den 10. Sept. 1586«, in dem der Vorfall von ihm selbst geschildert wird und das sonst nirgendwo erwähnte *Brecheisen* auftaucht. Hinweise auf Durchsuchungen auch in anderen Quellen.

8 *Wo das ... Verwegner!:* Der erste der sechshebigen Verse – oder der Halbverse –, die es in dem Stück gibt und die möglicherweise auf Änderungen Schillers gegenüber einer früheren Version hinweisen. Vgl. etwa V. 263, 269, 578 f., Anm. zu 1107 f., 3822.

9 *Lady:* Anrede der Königin und der adligen Frau, entwickelt aus dem angelsächs. hlâf, ›Laib‹ + dige, ›Spenderin‹, also eigtl. ›Brotausteilerin‹.

15 *Konzepte:* Entwürfe, von lat. conceptum, ›abgefaßt, formuliert‹.

nach 17 *Ressort:* frz. Springfeder; Fach, das sich durch den Druck einer Feder öffnet.

19 *Lilien von Frankreich:* Drei goldene Lilien auf blauem Grund bilden seit 1179 die Wappenfigur der frz. Könige. Sie waren wohl urspr. stilisierte Speerspitzen.

23 *Gewehr:* Waffe, noch im Sinne der allgemeineren mhd. Bedeutung, die sich bis ins 19. Jh. hält; vgl. etwa noch E. T. A. Hoffmanns »Der Sandmann«, wo ein Florett als »Mordgewehr« bezeichnet wird.

32 *Die Himmeldecke über ihrem Sitz:* Die Entfernung des

kleinen Baldachins über Marias Stuhl fand im November 1586 statt und wird in mehreren Quellen erwähnt. Maria gewann dabei einen Punkt in der psychologischen Kriegführung zwischen Paulet und ihr: Sie hängte ein Kruzifix an die leere Stelle, zum Ärger des Puritaners Paulet. Ein Zeichen, wie sie sich schon zu Lebzeiten als kath. Märtyrerin stilisierte.

37 *So speiste sie zu Sterlyn ihren Gatten:* Buchanan – in »Historia« (Buch 18) und »Detectio« – und Rapin (von dem Schiller die Schreibweise von ›Sterling‹, dem Schloß nordwestl. von Edinburg, übernimmt) berichten: Darnley, Marias Mann (vgl. Anm. zu V. 272), beschloß nach der Taufe des Kronprinzen, sich zu seinem Vater nach Glasgow zurückzuziehen. »Die Königin reagierte auf seinen Abzug mit gewohnter Bosheit: Alles Silbergeschirr, das er regelmäßig seit seiner Hochzeit benutzt hatte, wurde weggenommen und durch Zinn ersetzt.« (Natürlich übernimmt nicht, wie NA IX,358 offenbar nach Säkularausgabe VI,359 schreibt, Buchanan die Geschichte von Rapin, sondern umgekehrt, denn als Rapin geboren wurde, war Buchanan schon 70 Jahre tot.)

38 *Buhlen:* mhd. buole, naher Verwandter, dann Liebhaber; wie *Bube* (vgl. V. 1886) Koseform zu Bruder. Das Verb bulen bekommt bei Luther die negative Bedeutung: unrechtmäßig oder hemmungslos lieben. Vgl. V. 45 *verbuhlte Lieder.*

47 *in der Wiege Königin:* Maria wurde am 8. 12. 1542 geboren, am 12. 12. starb ihr Vater. Sie war also schon fünf Tage nach ihrer Geburt Königin.

48 *Am üpp'gen Hof der Mediceerin:* am frz. Königshof. Die *Mediceerin* ist Katharina von Medici (1519–89), die Witwe Heinrichs II. und dominierende Gestalt der frz. Politik 1559–89, da nacheinander ihre schwachen Söhne Franz II. – Marias Mann –, Karl IX. und Heinrich III. Könige waren. Der frz. Hof galt als prachtvollste und kultivierteste, aber auch dekadenteste Renaissance-Residenz. Maria lebte 1548–61 in Frankreich. Schiller selbst schreibt in seiner »Geschichte der französischen Unruhen, welche der Regierung Heinrichs IV. vorangingen« (1791 bis 1793): »[...] indem ihr alle sittlichen Tugenden fehlten, vereinigte sie alle Talente ihres Standes, alle Tugen-

den der Verhältnisse, alle Vorzüge des Geistes, welche sich mit einem solchen Charakter vertragen; aber sie entweihte alle, indem sie sie zu Werkzeugen dieses Charakters erniedrigte. Majestät und königlicher Anstand sprach aus ihr; glänzend und geschmackvoll war alles, was sie anordnete; hingerissen jeder Blick, der nur nicht in ihre Seele fiel, alles, was sich ihr nahte, von der Anmut ihres Umgangs, von dem geistreichen Inhalt ihres Gesprächs, von ihrer zuvorkommenden Güte bezaubert. Nie war der französische Hof so glanzvoll gewesen, als seitdem Katharina Königin dieses Hofes war« (Friedrich Schiller: Sämtliche Werke. Hrsg. von G. Fricke / H. G. Göpfert / H. Stubenrauch. Bd. 4 Historische Schriften. München: Hanser [3]1962. S. 918 f.).

52 *lehrt:* erst in der Druckfassung; in den Bühnenmanuskripten »lernt«, bei Mellish »may learn«.

61 f. *In England ... frevelte:* Der kurze Satzaustausch trifft ins Zentrum des Rechtskonflikts: Maria als souveräne Fürstin vertrat nach der Rechtstheorie der Zeit (vgl. Anm. zu V. 3149 f.) den Standpunkt: 1. England hat keinerlei Rechtsgewalt über sie; sie brauche sich daher keinem Gericht zu stellen. 2. Auch der schott. Adel könne sie nicht richten, da sie als Souverän alle Rechtsinstitutionen eingesetzt habe und daher auch wieder auflösen könne. – Die engl. Regierung hatte durch den »Act for the Queen's Savety« (vgl. Kap. II) das Rechtsinstrument geschaffen, um Maria zu verurteilen, und hielt ihr vor, sie habe sich ja mit ihrer Flucht freiwillig der engl. Rechtshoheit unterworfen.

64 f. *Doch wußte ... Welt:* Maria unterhielt bis 1586 Korrespondenzen sogar ins Ausland. Ihre Briefe wurden nicht mehr in Fotheringhay, aber vorher in Chartley in einem leeren Bierfaß herein- und hinausgeschmuggelt. Maria ahnte allerdings nicht, daß es sich dabei um eine vom engl. Geheimdienst arrangierte Falle handelte: Das Briefmaterial wurde dechiffriert und im Prozeß gegen sie verwendet.

65 *Fackel:* »Während des ganzen Stücks wird Maria mit Feuerbildern in Verbindung gebracht. Wörter wie ›Fackel‹, ›Feuer‹, ›brennend‹, ›glühend‹ oder ›heiß‹ werden bei ihrer Beschreibung von allen Parteien im Übermaß

verwendet. [...] Die Verknüpfung der vielen einzelnen Eindrücke erzeugt das kraftvolle Bild einer Feuersbrunst, die nur durch die strikte Isolierung Marias daran gehindert werden kann, nach allen Seiten überzugreifen und alles in Flammen aufgehen zu lassen« (Ilse Graham: Schiller's Drama. Talent and Integrity. London: Methuen 1974. S. 153. Übers. vom Herausgeber).

70 *Parry:* Dr. jur. William Parry, ein ehemaliger Agent des engl. Geheimdienstes, hatte in Frankreich mit Marias Botschafter Morgan (vgl. Anm. zu V. 496) den Plan gefaßt, Elisabeth zu ermorden. Parry kam Anfang 1584 nach England zurück und wurde sogar Parlamentsmitglied. Ein Kollege klagte ihn an, und er wurde im Februar 1585 verhaftet. Seine Motive und wahren Absichten sind bis heute nicht ganz durchsichtig. Material über Parry in mehreren Quellen Schillers. Vgl. auch V. 3714.

Babington: Anthony Babington war der Führer einer Gruppe junger Katholiken, die, beeinflußt von Marias Botschafter in Frankreich und dem Priester John Ballard, beschlossen, Elisabeth zu beseitigen und Maria auf den engl. Thron zu setzen. Der engl. Geheimdienst war von Anfang an im Bilde und bekam den heimlichen Briefwechsel zwischen Maria und Babington in die Hand, in dem auf beiden Seiten von dem Anschlag auf Elisabeth die Rede war. Babington und seine Freunde wurden im August 1586 verhaftet, nach dem »Act for the Queen's Savety« (vgl. Kap. II) verurteilt und auf grausame Weise hingerichtet. Die Verschwörung führte unmittelbar zum Verfahren gegen Maria selbst, die ihre Beteiligung an Anschlägen auf Elisabeth leugnete. Vgl. V. 644, 839–842, 987, 1875, 3714, 3729 f., 3937 f.

73–75 *Norfolk ... Henkerbeil:* Thomas Howard, vierter Herzog von Norfolk, einziger Herzog und damit ranghöchster Aristokrat Englands. Protestant, aber durch seine riesigen Besitzungen im Norden Englands natürlicher Führer dieses vorwiegend kathol. Landesteils. Vgl. Kap. II.

79 *Blutgerüste:* zur Hinrichtung eigens aufgeschlagenes Podium.

84 *Helena:* Tochter des Zeus und der Leda, Frau des griech. Königs Menelaos, Sinnbild der weiblichen Schön-

heit. Sie ließ sich von dem trojanischen Prinzen Paris entführen und veranlaßte so den trojanischen Krieg und den Untergang Trojas. Paulet beschwört also die Gefahren der Schönheit Marias für England herauf.

89 *Verwandten:* Elisabeth war eine Enkelin, Maria eine Urenkelin Heinrichs VII. (vgl. Genealogische Tafel, Kap. II) von England. Elisabeth war also Marias Tante. Vgl. V. 519 f.

99 *Verjagt von ihrem Volk, des Throns entsetzt:* fast wörtlich in Camdens zusammenfassendem Bericht nach Marias Tod.

102 *Der spanischen Maria:* Elisabeths ältere Halbschwester und Vorgängerin auf dem Thron (1553–58). Sie war mit Philipp II. von Spanien verheiratet, hatte den Katholizismus in England wieder eingeführt und – wofür sie den Beinamen ›die Blutige‹ erhielt – prominente Protestanten verfolgt. Vgl. Genealogische Tafel, Kap. II, und V. 3205 f.

104 *Franzmann:* Franzose; Eindeutschung aus dem 17. Jh., vermutlich nach dem Vorbild anderer germanischer Sprachen. Viell. hier auch wörtliche Übersetzung des engl. ›Frenchman‹.

105–107 *Warum ... aufzugeben:* Vgl. Kap. II.

124 *Eurem rauhen Anverwandten:* Hinweis auf den in I,3 zuerst auftretenden Mortimer.

142 *Den Christus in der Hand:* den Rosenkranz mit dem daran befestigten Kreuz. Der Satz ist bei Jebb und Brantôme überliefert. Bei Robertson und Hume, danach auch bei Gentz und Archenholtz ermahnt der Graf von Kent Maria bei der Hinrichtung »Christum im Herzen und nicht in der Hand zu haben«.

Zweiter Auftritt

145 *Tyrannei:* eingedeutschte Form des griech. Tyrannis, Herrschaft im Sinne von ungesetzlicher Königsmacht, zu der im späteren Verständnis auch Willkür und Rechtsbeugung gehören.

169 *eine Unterredung mit ihr selbst:* Die Bemerkung bereitet die Begegnung der beiden Königinnen in III,4 vor, hat aber historischen Hintergrund: Pläne der Königin-

nen, sich zu treffen, gab es, seit Maria in Schottland regierte, also 1562. Sie wurden aber stets durch die politischen Umstände oder persönlichen Ärger verhindert. Bis kurz vor ihrem Tod hat Maria immer wieder in Briefen um ein Gespräch nachgesucht.

182 f. *Schon lange ... Wohltat:* Genau seit dem 21. 1. 1587 durfte Maria ihren kath. Kaplan du Préau nicht mehr sehen.

187 *Dechant des Orts:* bei Mellish statt *des Orts* »of Peterborough«. Er wird in den meisten Quellen Schillers erwähnt. Das Wort von griech.-lat. decanus, was Vorsteher von Zehn heißt: vom Bischof ernannter, den einzelnen Ortspfarrern übergeordneter Kirchenbeamter.

189 *meiner eignen Kirche:* der römisch-kath.

190 *Notarien:* lat. notarius, ›Schreiber‹, eigtl. Schnellschreiber, später jede vom Staat bestellte Amtsperson, die Rechtsdokumente ausstellen und beglaubigen darf.

216 *Ein peinlich langer Monat:* Im Sinne der auf Aristoteles fußenden Tragödientheorie des 18. Jh.s verknappt Schiller Ereignisse auf wenige Tage, die Monate einnahmen. So tagte das Gericht über Maria im Oktober 1586: Die ersten Richter trafen am 9. 10. in Fotheringhay ein, am 15. 10. begann die offizielle Verhandlung. In Wirklichkeit waren also bis zum Hinrichtungstag vier Monate vergangen.

217 *die vierzig Kommissarien:* lat. commissum, ›das Anvertraute‹, daher mlat. commissarius, ›der Beauftragte‹. Über die Zahl der Richter herrscht nicht nur in Schillers Stück Verwirrung (578 *Die zweiundvierzig Richter*, 694 *Der Zweiundvierzig*, 697 *der Zweiundvierzig*, 759 f. *vierzig Erlesne Männer*), sondern auch in den Quellen: Camden zählt 45 Namen einzeln auf; Robertson spricht von 40, Rapin von 42; Archenholtz ist am genauesten: 40 »und fünf Oberrichter«. Die Zahl 42 ergibt sich daraus, daß nicht alle 45 Richter ihr Votum abgaben: Anwesend waren 36, von denen alle außer einem ›schuldig‹ stimmten; die übrigen außer drei, also insgesamt 42, stimmten schriftlich zu.

218 *Schranken:* Absperrung mit Langstangen, etwa als Geländer, auch zur Unterteilung eines Raumes, speziell spricht man von Schranken des Gerichts.

232 *Schließt Eure Rechnung ... ab:* Vgl. Schiller, »Wilhelm Tell« V. 2567 (IV,3): »Mach deine Rechnung mit dem Himmel, Vogt.«

243 *Gerichtshof in Westminsterhall:* Das Todesurteil gegen Maria wurde am 25. 10. 1586 in London gefällt. Westminsterhall ist der Sitz des Parlaments und der obersten Gerichte. Der im 11. Jh. begonnene Bau wurde im 15. Jh. vollendet, aber 1840 zu seiner heutigen Gestalt umgebaut.

244 *Hattons:* Sir Christopher Hatton (1540–91), Günstling Elisabeths, seit 1587 Lordkanzler von England. Er war Vorsitzender des Gerichts und überredete Maria in Fotheringhay (vgl. V. 708 f.), bei der Verhandlung auszusagen. Sein Einfluß auf ihre Entscheidung in mehreren Quellen.

245 *urteln:* Bei dieser Nebenform zu ›urteilen‹ hat die Stammsilbe zugunsten der Vorsilbe den Ton verloren. Sie kommt schon im Mhd. vor und ist parallel zu Drittel, Viertel usw. gebildet. Vgl. V. 978 *Urtelspruch.*

Dritter Auftritt

251 *Oheim:* ein westgerm. Wort, bezeichnet den Bruder der Mutter, also den Onkel mütterlicherseits.

258 *schmelzt:* Neben dem intransitiven starken Verb gab es zu Schillers Zeit noch das transitive schwache, das heute ausgestorben ist, obwohl der Unterschied bei anderen Verben gewahrt blieb (legen/liegen). Vgl. Anm. zu V. 928.

259 *Reims:* Krönungsstadt der frz. Könige im Osten Frankreichs, damals Zentrum des Einflusses der Guise und des engl. Exilkatholizismus. Vgl. Anm. zu V. 493 bis 495. Mellish schreibt »Rome« statt Reims.

Vierter Auftritt

272 *der blut'ge Schatten König Darnleys:* Marias zweiter Mann, Henry Stuart, Lord Darnley, wurde 1567 ermordet. Vgl. Kap. II.

278 *Der Jahrstag dieser unglückseligen Tat:* Da Maria am 8. 2. hingerichtet, Darnley aber am 10. 2. ermordet wurde, stimmt diese Angabe nicht. In den Quellen fand Schiller die falsche Angabe nicht.

284 f. *Die Kirche ... Schuld:* Auf Grund von Matth. 16,19 (vgl. Anm. zu V. 3743–45) hat nach kath. Lehre die Kirche die Gewalt, ihre Gläubigen von Sünden freizusprechen.

290 *Hochwürdiges:* die geweihte Hostie, vgl. Anm. zu nach V. 3648.

294 f. *Ihr wart So zarten Alters noch:* Maria Stuart war damals 24 Jahre alt.

299 f. *aus der Dunkelheit ... hervorgezogen:* Bedenkt man Darnleys Rang, dann ist Schillers Formulierung eine erhebliche Übertreibung: Darnley war nach Maria selbst der nächste Erbe zum engl. Thron. Vgl. Kap. II.

319 *Den schönen Sänger Rizzio:* Nach Buchanans Bericht (Buch 17) war Riccio häßlich. In der Erstausgabe nach Robertson die Schreibweise »Rizio«, die in keiner anderen Quelle auftaucht.

327 *Bothwell:* James Hepburn, Graf von Bothwell (1536? bis 1578), Führer der anti-englischen Fraktion des schott. Adels (vgl. Kap. II). Er floh 1567 nach der Niederlage bei Carberry Hill aus Schottland und wurde bis zu seinem Tode in Skandinavien gefangengehalten.

329–331 *der Euch ... Erhitzte:* Robert Boxberger (DNL 122/II,43) weist bei diesen Zeilen auf Shakespeares »Othello«, I,2 hin:

Die Welt soll richten, ob's nicht sonnenklar,
Daß du mit Höllenkunst auf sie gewirkt,
Mit Gift und Trank verlockt ihr zartes Alter,
Den Sinn zu schwächen. Untersuchen soll man's,
Denn glaubhaft ist's, handgreiflich dem Gedanken.

331 f. *Seine Künste ... Schwachheit:* Schillers Freund Christian Gottfried Körner (1756–1831) »schienen« bei diesen Worten »die Farben etwas zu stark aufgetragen« (Schillers Briefwechsel mit Körner. Hrsg. von Karl Goedeke. Leipzig: Veit ^{2}1878. 2. Teil, S. 367; Brief vom 28. 1. 1801).

344 *Blödigkeit:* von ahd. blôdi, mhd. blœde, ›schwächlich, zaghaft‹; Schüchternheit.

346–350 *Ihr ließt ... Parlament:* Als Maria an der Spitze ihres Hofstaats am 14. 4. 1567, also zwei Tage n a c h Bothwells Freispruch, zum Parlament ritt, trug dieser – so mehrere Quellen Schillers – das Zepter, nicht das

Schwert von Schottland. Da Bothwell Gouverneur der schott. Südprovinzen war, war daran nichts Ungewöhnliches. Daß Maria ihr Parlament mit Waffengewalt umringt habe, ist historisch unwahr.

Sechster Auftritt

387 *Kardinal von Lothringen:* Marias Mutter, Marie von Guise (1525–60), hatte zwei bedeutende Brüder: Franz, Herzog von Lothringen (1519–63), und Karl, Kardinal von Lothringen und Erzbischof von Reims (1524–74), der hier gemeint ist. Er finanzierte den kath. Widerstand in England mit und hatte starken erzieherischen Einfluß auf seine Nichte, solange sie in Frankreich lebte. Zur Zeit der Dramenhandlung war der Kardinal allerdings schon zwölf Jahre tot. Schiller selbst charakterisiert ihn in »Geschichte der französischen Unruhen« folgendermaßen: »Dieselbe Ehrsucht, von nicht geringern Gaben unterstützt, beherrschte den Kardinal von Lothringen, Bruder des Herzogs, der, ebenso mächtig durch Wissenschaft und Beredsamkeit als jener durch seinen Degen, furchtbarer im Scharlach als der Herzog im Panzerhemd, seine Privatleidenschaften mit dem Schwert der Religion bewaffnete und die schwarzen Entwürfe seiner Ehrsucht mit diesem heiligen Schleier bedeckte« (Schiller, Sämtliche Werke [Hanser], Bd. 4, S. 901). Vgl. V. 463–485, 2333–45.

394 *Mortimer (sich ihr zu Füßen werfend):* Mit bemerkenswerter Intuition verkörpert Schiller in Mortimer die romantische Einstellung der jungen kath. Generation in England gegenüber Maria Stuart. Antonia Frazer schreibt dazu in ihrer Biographie »Mary Queen of Scots«: »Maria [...] wurde jetzt mit dem Geist der Gegenreformation identifiziert. [...] 1586 war schon eine ganze Generation in England herangewachsen seit jenen fernen Tagen von Kirk o' Field und der beschämenden eiligen Heirat mit Bothwell; für diese jungen Männer war Maria eine katholische Fürstin, die in einem englisch-protestantischen Verlies schmachtete. Für sie war Elisabeth der gräßliche Drache, der sie gefangenhielt« (übersetzt vom Herausgeber nach der Panther-Taschenbuch-Ausgabe London 1970, S. 572).

395 *Larve:* lat. larva, nach altitalienischer Vorstellung Geister, die den Menschen schrecken, daher schon im Lat. Gesichtsmaske; hier im übertragenen Sinne: das eigentliche Gesicht verbergen.

409–487 *Ich zählte ... Hände:* Mortimer und sein Rom-Erlebnis haben in den letzten Jahren in der Forschungsliteratur einige Aufmerksamkeit gefunden: R. Ayrault, La figure de Mortimer dans ›Marie Stuart‹ et la conception du drame historique chez Schiller. In: Etudes Germaniques 14 (1959) No. 4, S. 313–324; J. Berman, Schiller's Mortimer and the Gods of Italy. In: Oxford German Studies 8 (1973) S. 47–59; J. L. Sammons, Mortimer's Conversion and Schiller's Allegiances. In: Journal of English and Germanic Philology 77 (1973) S. 155 bis 166; R. N. Linn, Schillers junge Idealisten. Berkeley / Los Angeles / London 1973, S. 67–73. Eine Quelle zur Rom-Schilderung bildet »Der Brief eines jungen Malers aus Rom an seinen Freund in Nürnberg« aus Wilhelm Heinrich Wackenroders und Ludwig Tiecks »Herzensergießungen eines kunstliebenden Klosterbruders« (1797), die Schiller bald nach ihrem Erscheinen liest. Aber schon in »Geschichte des Abfalls der vereinigten Niederlande von der spanischen Regierung« (1788) charakterisiert Schiller das Italien des 16. Jh.s in Mortimers Sinne: »Italien, damals der Sitz der größten Geistesverfeinerung, ein Land, wo sonst immer die heftigsten politischen Faktionen gewütet haben, wo ein brennendes Klima das Blut zu den wildesten Affekten erhitzt, Italien, könnte man einwenden, blieb unter allen europäischen Ländern beinahe am meisten von dieser Neuerung [Protestantismus, bürgerliche Freiheit, Gewissensfreiheit] frei. Aber einem romantischen Volke, das durch einen warmen und lieblichen Himmel, durch eine üppige, immer junge und immer lachende Natur und die mannigfaltigsten Zaubereien der Kunst in einem ewigen Sinnengenusse erhalten wird, war eine Religion angemessener, deren prächtiger Pomp die Sinne gefangennimmt, deren geheimnisvolle Rätsel der Phantasie einen unendlichen Raum eröffnen, deren vornehmste Lehren sich durch malerische Formen in die Seele einschmeicheln. [...] Die katholische Religion wird im ganzen mehr für ein Künstlervolk, die protestantische mehr für ein Kaufmannsvolk taugen« (Schiller, Sämtliche Werke [Hanser], Bd. 4, S. 65 f.).

414 *Puritaner:* von lat. purus, ›rein‹. Seit etwa 1560 diejenigen engl. Protestanten, die im Geiste des Calvinismus der Kirche ihre evang. Reinheit wiedergeben wollten. Ihre sittlichen Ideale waren strenge Selbstzucht und verstandesmäßige Beherrschung des Trieblebens.

418 *die Zeit des großen Kirchenfests:* Die Spekulation, es handle sich um das Ablaßjubeljahr 1575, scheint mir haltlos. Wenn Schiller nicht das Ereignis bewußt im Vagen hält, dann kommt am ehesten Ostern in Frage, worauf der päpstliche Segen »urbi et orbi« (V. 445) hindeuten könnte.

424 *Weichbild:* Die Etymologie des Wortes ist nicht eindeutig festlegbar. Entweder aus ahd. wih, ›Gehöft‹, + bild; oder aus geweiht + Bild, weil am Ortseingang häufig Heiligenbilder standen; oder – am wahrscheinlichsten – abgeleitet von ahd. bilida, ›Recht‹, also eigtl. ›Gerichtsort‹.

426 *der Säulen Pracht und Siegesbogen:* die Siegessäulen und Triumphbögen aus der römischen Antike.

427 *Kolosseums:* größte antike Ruine in Rom; 80 n. Chr. vollendet als Amphitheater für Gladiatorenkämpfe. Im Mittelalter als Burg benutzt, in der Renaissance als Steinbruch für Neubauten, dann als Kulturdenkmal in Ruinenform bewahrt.

441 *Gruß des Engels:* Darstellung der Verkündigung der Geburt Jesu durch einen Engel nach Luk. 1,26–38: Als Maria ihn erblickt, denkt sie: »Welch ein Gruß ist das.«
die Geburt des Herrn: die Darstellung der Geburt Jesu nach Luk. 2,1–20.

442 f. *die herabgestiegne Dreifaltigkeit:* die Darstellung der Ausgießung des Heiligen Geistes nach Apg. 2,1–4.

443 *die leuchtende Verklärung:* bildliche Darstellung nach Matth. 17,1–8: »Und er [Jesus] ward verklärt vor ihnen, und sein Angesicht leuchtete wie die Sonne, und seine Kleider wurden weiß wie das Licht« (Matth. 17,2). Die berühmteste Darstellung dieser Art ist die Raffaels (1483 bis 1520), der zur Entstehungszeit von »Maria Stuart« bei den jungen Romantikern als größter Maler aller Zeiten galt.

445 *Hochamt:* feierliche, mit Musik verbundene Messe (Gottesdienst mit Abendmahlfeier) in der kath. Kirche.

473 *Fels der Kirche:* Vgl. Matth. 16,18: »Du bist Petrus, und auf diesen Felsen will ich bauen meine Kirche ...«

482 *den Sitzungen der Väter:* Konzilien, den Versammlungen kirchlicher Würdenträger, die Glaubensfragen diskutierten.

485 *Suada:* lat., auch suadela; röm. Name der griech. Göttin der Überredung Peitho, daher ›überzeugender Redefluß‹.

490 *Prediger des Berges:* Jesus bei der Bergpredigt; vgl. Matth. 5–7. Er predigte »gewaltig«, deshalb »folgte ihm viel Volk nach«.

493–495 *Reims ... auferzieht:* Der überzeugte Katholik Dr. William Allen (1532–94) verließ das seit Elisabeths Regierungsantritt 1558 wieder protest. England 1561 und baute in Douai in den span. Niederlanden (heute Nordfrankreich) ein Seminar auf, das engl. Emigranten zu Priestern ausbildete, um sie als Propagandisten des Katholizismus auf die Insel zurückzuschicken. Als die politische Lage in den Niederlanden durch den Freiheitskampf für die Katholiken kritischer wurde, übersiedelte Allen mit Unterstützung des Herzogs von Guise, also Maria Stuarts Onkel, mit seinem Seminar nach Reims. 1579 gründete Allen in Rom ein zweites Seminar, das engen Kontakt mit den Jesuiten hielt. Die ersten Absolventen des Seminars wurden unter der Leitung des Jesuitenpaters Robert Parsons (1546–1610) heimlich nach England gebracht und begannen ihre missionarische Tätigkeit im Untergrund. Die von der Polizei gefaßten, verurteilten und oft hingerichteten Geistlichen wurden in der kath. Welt, bes. durch Allens publizistische Arbeiten (vor allem »A True, Sincere, and Modest Defense of English Catholics«, Eine wahre, ehrliche und bescheidene Verteidigung des englischen Katholizismus), als Märtyrer ihres Glaubens gefeiert. Da Elisabeth 1570 vom Papst gebannt, also exkommuniziert worden war, predigte Allen in seinen Büchern, es sei keine strafbare Handlung, sie zu ermorden. Hierauf bezieht sich V. 1271–79. Material darüber findet Schiller in mehreren Quellen, den kompaktesten Absatz bei Archenholtz: »Der Fanatismus

brütete in diesem unglücklichen Zeitalter immerfort; allenthalben sahe man dessen ungeheure Geburten: rastlose Verfolgung der Protestanten, martervolle Hinrichtungen, Meuchelmord und Verschwörungen. Die nach dem Blut der Ketzer lechzenden Schwärmer kannten kein besseres Ziel als die Königin Elisabeth. Der Tempel, wo dieses höllische, dem Dämon des Fanatismus geweihete Feuer vorzüglich genährt wurde, war das kürzlich angelegte Englische Seminarium zu Rheims, wo Frankreichs Könige gekrönt werden. Hier lehrten die Priester ihre Zöglinge, daß die vom Pabst Pius V. gegen Elisabeth erlassene Bulle vom Heiligen Geist selbst dictirt worden sey. Viele Jünglinge seufzten nun nach der Märterkrone« (S. 112). Maria Stuart erhielt ein Exemplar von Allens erwähntem Buch am 14. 8. 1584 auf Schleichwegen. Es hat sie sicher in ihrer Märtyrerhaltung gestärkt.
Ohne das Anwachsen des Katholizismus in den achtziger Jahren in England ist Elisabeths Zustimmung zur Hinrichtung Maria Stuarts überhaupt nicht zu verstehen. Bedenkt man, wie in dieser Zeit das Spanien Philipps II. und das Frankreich Katharina Medicis mit den Protestanten umsprangen, dann wird man Elisabeths Regierung äußerste Nachsicht mit den Katholiken bescheinigen müssen. Vgl. zu diesem ganzen Problem: A. Plowden, Danger to Elizabeth. The Catholics under Elizabeth I. London 1973.

496 *Den edeln Schotten Morgan:* John Morgan (1543 bis 1606?), Waliser, nicht Schotte, begeisterter Anhänger Maria Stuarts, der ab 1568 als Sekretär Talbots Spionagedienste für sie leistete. Im Zusammenhang mit der Ridolfi-Affäre (vgl. Anm. zu V. 70, 73–75) wurde er verdächtigt und 1572 für zehn Monate im Tower gefangengehalten. Er ging dann auf Marias Weisung nach Paris und wirkte dort propagandistisch für sie. Bei allen Verschwörungen zu ihren Gunsten hatte er seine Hand im Spiel. England forderte 1584 seine Auslieferung, woraufhin ihn der frz. König in der Bastille gefangensetzte. Noch von dort aus beteiligte er sich an der Planung der Babington-Verschwörung.

497 f. *Leßley, den gelehrten Bischof von Roße:* John Lesley (1527–96), Schotte, kath. Geistlicher und Politiker, Ver-

trauter Marias während ihrer Regierung, seit 1566 Mitglied des Staatsrats und Bischof von Ross in Nordschottland. Er folgte Maria nach England, war ihr Repräsentant bei der Konferenz von York 1568/69 und wurde dann ihr Botschafter in England und Verbindungsmann zur schott. politischen Szene. In die Norfolk-Affäre verwickelt, wurde er zwischen 1570 und 1574 wiederholt längere Zeit gefangengehalten, dann aber nach Frankreich entlassen. Bis zu seinem Tode war er bei der Kurie und in Frankreich für Marias Interessen tätig. Die Schreibweise mit ›ß‹ fand Schiller bei Archenholtz.

509 *Die schönste aller Frauen:* Alle zeitgenössischen Berichte, sogar die ihres Erzfeinds Buchanan, stimmen darin überein, daß Maria Stuart eine ungewöhnlich attraktive Frau war: überdurchschnittlich groß, schlank, mit schönem Teint, langen, schmalen Händen, haselnußbraunen Augen und sanfter Stimme. Von Kind an galt sie als schönste Fürstin ihrer Zeit. In fast allen Quellen Schillers gibt es zahlreiche Hinweise darauf. Obwohl Mortimer durch Marias Bild für sie entflammt wird, muß doch wohl gesagt werden, daß die von ihr erhaltenen Porträts ihre große persönliche Ausstrahlung kaum widerspiegeln. Das hängt damit zusammen, daß es nur Bilder aus ihrer Jugend und ihrer Gefangenschaft gibt, in deren Verlauf sie korpulent wurde und von Rheuma geplagt war. Kein Porträt der jungen Königin auf der Höhe der Macht ist überliefert.

516 *Märtyrtum:* griech. martyr, ›Blutzeuge‹, jemand, der um seiner politischen oder religiösen Überzeugung willen Leiden oder Tod auf sich nimmt. Maria selbst sah sich gegen Ende ihrer Gefangenschaft immer mehr als kath. Märtyrerin, wurde aber in dieser Haltung auch von Büchern unterstützt, die sie schon zu Lebzeiten als Glaubensopfer feierten.

522 *Afterkönigin:* ahd. aftar, ›hinten, nachfolgend‹. In vielen nhd. Wortverbindungen mit dem Nebensinn von ›falsch, unecht‹; daher hier: unrechtmäßige Königin.

524 *Bastardtochter:* Bastard, aus dem Altfranzösischen ins Mhd. übernommen, bezeichnet urspr. ein Kind, dessen Eltern aus verschiedenem sozialem Milieu stammen, wird

aber später eingeengt zu ›uneheliches Kind‹, meist mit einem adligen Elternteil. Elisabeth stammte aus Heinrichs VIII. zweiter Ehe mit Anne Boleyn. Da der Papst dem König die Scheidung von seiner ersten Frau Katharina von Aragon verweigert hatte, galt Elisabeth in der kath. Welt als Bastard. Obendrein hatte Heinrich selbst sie nach der Enthauptung Anne Boleyns und seiner Heirat mit Jane Seymour durch das Parlament als illegitim erklären lassen. 1544 wurde Elisabeth durch das Parlament offiziell wieder in ihre Rechte als legitime Prinzessin eingesetzt und damit auch nach ihrem Bruder Edward und ihrer Schwester Maria in die Nachfolgeordnung einbezogen, was Heinrich 1547 in seinem Testament bestätigte. Aber Edward VI. übertrug kurz vor seinem Tode unter dem Einfluß seines Onkels, des Herzogs von Northumberland, die Nachfolge schriftlich auf Jane Grey (vgl. Anm. zu V. 617) und schloß damit Elisabeth erneut von der Erbfolge aus.

537 f. *Daß Ihr ... worden:* Maria wurde von 1569 bis Herbst 1584 unter der Aufsicht des Grafen von Shrewsbury, dem Talbot des Stücks, auf seinen Besitzungen gehalten. Sie kam dann für einige Monate unter die Aufsicht Sir Ralph Sadlers, bevor sie Anfang 1585 Paulet übergeben wurde, von dem man größere Strenge erwartete. 1585/86 wechselte Maria viermal den Aufenthaltsort. Am 21. 9. 1586 wurde sie in Fotheringhay einquartiert.

548 *zehen:* Die mhd. Form war im 18. Jh. noch gebräuchlich und taucht auch bei Schiller öfter auf. Sie könnte hier aber auch wegen des Versmaßes verwendet sein, ebenso V. 1086.

579–582 *Das Haus ... Vollstreckung:* Tatsächlich wurde Elisabeth vom Parlament und den Londonern gedrängt, Maria hinrichten zu lassen. Mehrere Quellen Schillers berichten darüber, am ausführlichsten und mit Dokumentmaterial Camden und Holinshed.

603 f. *Sie könnte ... wälzen?:* Es konnte ihren eigenen Untertanen gegenüber nicht in Elisabeths Interesse sein, durch Marias Hinrichtung zu belegen, daß auch absolute Herrscher gerichtet werden können.

607 *Dem Duc von Anjou schenkt sie Thron und Hand:*

Schiller verlegt hier und in II,1 und 2 Ereignisse ins Jahr 1587, die früher stattgefunden haben, denn der Herzog von Anjou war schon 1584 gestorben. Eigtl. bewarben sich zwei Herzöge von Anjou um Elisabeths Hand: Erst der spätere frz. König Heinrich III. (1574–89) Anfang der siebziger Jahre, und dann sein Bruder Franz, Herzog von Alençon (1554–84), der den Titel Anjou bei der Thronbesteigung seines Bruders erbte. Franz warb etwa zwölf Jahre lang um Elisabeth, die ihn immer wieder geschickt hinhielt, aber politischen Nutzen aus den Heiratsspekulationen zog. 1572 brachte Katharina Medici ihren jüngsten Sohn als Bewerber ins Spiel. 1579 im August kam er zwölf Tage lang nach London, um Elisabeth kennenzulernen. Da er zu dieser Zeit frz. Repräsentant im Kampf um die Niederlande war, hatte Elisabeth wohl politische Gründe für die Wiederaufnahme der Heiratsverhandlungen. Sie kamen nach vorübergehendem Abbruch 1582 zu einem letzten Höhepunkt: Der Herzog schickte im April 1582 eine frz. Delegation nach England, die die Heirat vorbereiten sollte (im Zusammenhang damit fand das Turnier um die Minneburg II,1 statt). Franz kam im Oktober 1582 selbst nach England und blieb bis Februar 1583 dort. Die engl. Öffentlichkeit und der Staatsrat widersetzten sich der Heirat. Vgl. V. 1444 f.

615 *Die eigne Mutter der Elisabeth:* Anne Boleyn, zweite Frau Heinrichs VIII., am 19. 5. 1536 wegen angeblichen Ehebruchs hingerichtet. Vgl. V. 2431 f.

616 *Katharina Howard:* fünfte Frau Heinrichs VIII., im Februar 1542 wegen angeblichen Ehebruchs hingerichtet.

617 *Lady Gray:* Jane Grey, Enkelin der jüngeren Schwester Heinrichs VIII., und daher nach dem Tod Edwards VI. und gemäß seiner Thronfolgeordnung am 10. 7. 1553 zur Königin erklärt. Sie wurde wenige Tage später im Tower gefangengesetzt und 1554 hingerichtet. Christoph Martin Wieland (1733–1813) hat den Stoff zu einem der ersten deutschen Blankversdramen verarbeitet: »Lady Johanna Gray« (1758).

630 *Kredenzt:* von lat. credere, ›glauben‹. Das Wort ›credenza‹ wurde in der ital. Renaissance für einen Nebentisch gebildet, auf dem die Speisen vorgekostet wurden,

um den Verdacht zu entkräften, daß sie vergiftet waren. Erst wenn sie hier ›beglaubigt‹ waren, wurden sie serviert. Von daher erhält ›kredenzen‹ die Bedeutung ›darreichen‹. Der inhaltliche Hintergrund klingt in Marias Satz noch an.

644 *Tichburns:* Chidiock Tichbourne, kath. Mitverschwörer Babingtons (vgl. Anm. zu V. 70) zur Befreiung Maria Stuarts und zusammen mit ihm im September 1586 grausam hingerichtet. Die abgeschnittenen Köpfe von Verbrechern wurden häufig auf der London Bridge zur Warnung aufgespießt und hingen dort oft jahrelang. Der Name ›Tichbourne‹ in fast allen Quellen Schillers.

668 *Leicester:* Die Erstausgabe hat im Zeilentext immer »Lester« wegen der zweisilbigen Aussprache, in den Regieanweisungen aber ›Leicester‹.

Siebenter Auftritt

692 *Da es ... weiß ich es:* Im Anschluß an diesen Vers hat Mellish vor dem *Zur Sache, Sir* noch einen Satzabtausch von drei Zeilen, der Marias Ungeduld einleuchtender macht.

700 *meines Sohnes:* Die einzige Stelle des Stücks, an der Jakob Stuart erwähnt wird. Am 19. 6. 1566 geboren, war er zwei Jahre alt, als Maria nach England floh und er als Jakob VI. zum König von Schottland gekrönt wurde. Maria hatte ihn zum letztenmal in ihrem Leben gesehen, als er zehn Monate alt war. Jakob war protest. erzogen und konnte kein Interesse daran haben, seine Mutter aus engl. Gefangenschaft zu befreien, da das für ihn den Verlust des Throns bedeutet hätte. Nach Elisabeths Tod 1603 wurde er als Jakob I. auch König von England. Er starb 1625. Möglicherweise erwähnt Schiller Jakob hier nur, weil er sich bei Marias Worten eng an den Wortlaut bei Robertson oder Rapin hält. Da Maria im Stück nur etwa 25 Jahre alt sein soll, paßte ein erwachsener Sohn wohl nicht in Schillers Konzept.

705 *Committee:* Die engl. Schreibweise könnte ein Hinweis sein, daß Schiller auch Quellen auf Englisch gelesen hat.

706 *Peers:* von lat. pares, ›die Gleichen‹; die Gesamtheit des geistlichen und weltlichen engl. Adels, aus dem sich

parlamentarisch das Herrenhaus (House of Lords, Oberhaus) zusammensetzt. Zugleich ist das Oberhaus der oberste Gerichtshof.

732 *Themis:* in der griech. Mythologie Tochter des Uranus und der Gaea, Geliebte des Zeus und urspr. Beschützerin heiliger Stätten; daher später Göttin der Gerechtigkeit, deren Attribute sind: als Zeichen von blinder Unparteilichkeit Binde vor den Augen und Waage in der Hand; und als Zeichen der Macht zu strafen das Schwert.

751 *Der fromme Primas von Canterbury:* John Whitgift (1530?–1604), lange Universitätslehrer in Cambridge, 1576 Bischof von Worcester, 1583 Erzbischof von Canterbury und damit ranghöchster Geistlicher Englands. *Primas* von lat. primus, ›der Erste‹, höchster geistlicher Würdenträger in der kath. Hierarchie eines Landes. Die engl. Hochkirche behielt den Titel bei.

752 *Der weise Talbot, der des Siegels wahret:* Shrewsbury war nie Lordsiegelbewahrer, aber Schiller will ihn wohl durch diese Würde als Gegenspieler Cecils ebenbürtiger machen. Vgl. V. 4019 f.

753 *Howard:* Charles Howard, Lord Effingham, später Graf von Nottingham (1536–1624), seit 1585 Lord High Admiral und als solcher Sieger gegen die span. Armada im Jahre 1588.

775 *Serails ... Sultanslaunen:* Sultan ist der Titel des türkischen Herrschers, dessen Palast in Konstantinopel serâi (französisiert Serail) hieß. Später allgemein Palast und besonders Frauenhaus. In der Tradition des 18. Jh.s liegt für Schiller der Vergleich der Macht- und Rechtlosigkeit des engl. Adels mit den Sklaven des Sultans nahe, da der frz. Staatsphilosoph Charles Louis de Montesquieu (1689 bis 1755) in seinem Werk »Vom Geist der Gesetze« (1748) das orientalische Herrschertum als Prototyp des Despotismus geschildert und vorher schon in dem Briefroman »Persische Briefe« (1721) karikiert hatte.

776 *Großohms:* Heinrich VIII. war der Bruder von Marias Großmutter; vgl. Genealogische Tafel, Kap. II. *Ohm* ist eine Zusammenziehung aus ›Oheim‹, ebs. V. 386, 2333, 3523: *Öhm*, eine süddt. Nebenform.

785 f. *unter vier ... ändern:* Mellish erläutert in vier weiteren Zeilen:

With Henry yet retain the old belief;
Reform themselves with Edward; hear the mass
Again with Mary; with Elizabeth,
Who governs now, reform themselves again.

(Unter Heinrich noch den alten Glauben behalten; sich aber unter Edward der Reformation anschließen; unter Maria wieder die Messe hören; und sich unter Elisabeth, die jetzt regiert, wieder dem reformierten Glauben anschließen.)

805–808 *Drum ist ... darf:* Nahezu wörtlich bei Rapin.

815 *Tweede:* Tweed, Grenzfluß zwischen England und Schottland im Osten der brit. Insel; die feminine Form bei Rapin.

831 *Ölbaums:* Nach 1. Mose 8,11 bringt die von der Arche Noahs ausgesandte Taube als erstes Zeichen der gefallenen Sintflut »ein Ölblatt« zurück. Daher ist der Ölbaum uraltes Symbol des Friedens.

834–838 *Der alten ... vermählen:* Wohl nach Marias Abschiedsworten an Melvil, wie sie Camden und Hume im Unterschied zu anderen Quellen berichten: »[...] du weißt, daß ich immer wünschte, eine völlige Einigkeit zwischen Schottland und England zu erhalten und die Quelle all dieser unglücklichen Zwistigkeiten zu verstopfen.«

836 f. *wie mein ... Streit:* Im engl. Erbfolgekrieg von 1452 bis 1485 kämpften die Häuser Lancaster (Wappen: rote Rose) und York (Wappen: weiße Rose) um den Thron. In der entscheidenden Schlacht von Bosworth fiel der Vertreter Yorks, König Richard III. (1483–85), so daß der Erbe Lancasters, Heinrich Tudor, Graf von Richmond, als Heinrich VII. (1485–1509) den Thron bestieg. Er heiratete Elisabeth von York, versöhnte damit die feindlichen Häuser und begründete die Tudor-Dynastie. Elisabeth war seine Enkelin, Maria Stuart seine Urenkelin.

837 f. *Die Kronen ... zu vermählen:* Marias Vision erfüllte sich nach Elisabeths Tod im Jahre 1603: Ihr Sohn wurde König von England und Schottland.

843 *Proben:* in der alten Bedeutung ›Beweise‹, vgl. auch V. 1323.

846 *erkannt:* ein Urteil gefällt.

847–854 *Daß Ihr ... verfolge:* Schiller hält sich an den Wortlaut bei Robertson, der das »Gesetz für die Sicherheit der Königin« (vgl. Kap. II) beim Jahr 1586 bespricht; daher die zeitliche Ungenauigkeit: Da das Gesetz 1585 beschlossen wurde, stimmt die Angabe *vom vergangenen Jahr* nicht.

855 *Mylord:* Hier und in V. 2699 ist die Schreibung der Erstausgabe gemäß der Aussprache »Milord«.

874 *Kopien:* von lat. copia, ›Menge‹; daher Abschriften und Abzüge eines Originals.

884–886 *Auch Eure ... niederschrieben:* Marias Sekretäre während ihrer Gefangenschaft waren Claude Nau (Franzose in Diensten der Guise und später des frz. Königs, er wurde Marias Vertrauter) und Gilbert Curle (Schotte, Nau unterstellt und mit Marias Kammerfrau Barbara Mowbray verheiratet), beide wurden am 11. 8. 1586 in Gegenwart Marias im Zusammenhang mit der Babington-Verschwörung verhaftet. Sie gestanden auf der Folter, in Marias Auftrag geheime Briefe geschrieben zu haben, in denen sie dem Mordanschlag auf Elisabeth zugestimmt habe. Ihre Aussagen wurden im Prozeß gegen Maria verwendet, aber trotz Marias Forderung wurden ihr beide nicht gegenübergestellt. Daß Curle seine Aussage später widerrufen hat (vgl. V. 3906–46), ist historisch nicht wahr. Vgl. V. 3431–44, 3553–57, Anm. zu V. 3773–75. Die Namen scheint Schiller eingedeutscht zu haben.

928 *Beugt nicht aus:* ›biegen‹ und ›beugen‹ sind das starke und schwache Verb desselben Stamms. Bis ins 19. Jh. kommen ›beugst‹ und ›beugt‹ als Präsenzformen von ›biegen‹ vor; vgl. Anm. zu V. 258.

929 *Mendoza:* Bernadino de Mendoza, span. Botschafter in England 1577–84. Dann wurde er im Zusammenhang mit der Throckmorton-Verschwörung ausgewiesen, einem der Anschläge auf Elisabeth zu Marias Gunsten.

Achter Auftritt

980 *ruft':* »Das schwache Präteritum ›rufte‹ ist im 18. Jh. noch sehr häufig und besonders durch Klopstock wiederbelebt. Namentlich die späteren Teile des ›Messias‹ unterscheiden deutlich die Verwendung des gewöhnlichen

›rief‹ und der Form ›rufte‹, die in feierlicherem Ton gebraucht wird« (Säkularausgabe VI,372).

987 *Tichburn:* Mellish setzt dafür den Namen des bei Schiller nicht vorkommenden Ballard ein, eines Mitverschwörers von Savage, vgl. Anm. zu V. 2613.

1039–64 *Wohl stünd's ... wehren:* Die diskrete Aufforderung Elisabeths an Paulet, Maria heimlich aus dem Weg zu schaffen, ist historisch und in mehreren Quellen Schillers erwähnt. Auf Elisabeths Anordnung schickte Sekretär Davison am 1. 2. 1587 einen deutlichen Brief an Paulet. Dieser weigerte sich und schrieb zurück: »Ich bedaure, den unglückseligen Tag erleben zu müssen, an dem meine gnädigste Königin eine Tat von mir verlangt, die Gott und die Gesetze verbieten.«

1054 *Schergenamt:* Scherge: Gerichtsdiener, abgeleitet von ›Schar‹; ahd. scario, ›Anführer einer Schar‹; später mit der negativen Bedeutung ›käuflicher Verräter‹, jmd., der für die Polizei Dienste übernimmt.

1066 *die Götter meines Daches:* antike Vorstellung: Die Hausgötter schützen die Familie.

1069 *Brecht den Stab!:* Vor Vollstreckung des Todesurteils wurde über den Delinquenten in symbolischer Handlung ein Stab zerbrochen. Von daher die Redensart, die bedeutet: verurteilt. Vgl. auch vor V. 3794 *Sheriff, einen weißen Stab in der Hand.*

Zweiter Aufzug. Erster Auftritt

1080–96 *Ihr habt ... zurückziehn:* Das Turnier um *die keusche Festung Der Schönheit* (V. 1083 f.) ist ein historisches Ereignis, das am 15. 5. 1581 in London stattfand. Es war Teil der Festlichkeiten zu Ehren der frz. Werbungsgesandtschaft für Franz von Anjou (vgl. Anm. zu V. 607). Bei Schillers historischer Treue im Detail scheint es kaum zweifelhaft, daß er nicht die mittelalterliche Tradition der Minneburgspiele nachahmen wollte – das historische Ereignis ist selbst ein Element dieser Tradition –, sondern daß er historisches Quellenmaterial verwendet hat. Dafür kommen zwei Werke in Betracht: Julius Petersen nimmt an, daß es sich um Nichols (s. Kap. III,4a, Nr. 12) handelt, wo im 2. Bd., S. 121–142

Henry Goldwells zeitgenössischer Bericht des Turniers abgedruckt wird. Es kommt aber auch Holinshed (s. Kap. III,4a, Nr. 11) in Betracht, wo das Turnier ausführlich und mit allen Einzelheiten geschildert wird. Die kurzen Bemerkungen Mellishs im Vorwort zu seiner Übersetzung helfen nicht weiter: »Das im 2. Akt beschriebene Turnier hat den Geist der Zeit richtig erfaßt, als Pedanterie und die Romantik des Rittertums sich eigenartig mischten. Ein dem beschriebenen ganz ähnliches Lanzenstechen ist bei Pennant, in seinem ›London‹ erwähnt und auf diese Zeit datiert. Die von Katharina von Medici vor dem Massaker der Bartholomäusnacht veranstalteten Spiele waren auch ähnlich« (S. X). Schiller stellt der verlassenen Maria des 1. Aktes nun am Anfang des 2. Aktes durch die Schilderung des Turniers wirkungsvoll die umworbene Elisabeth gegenüber, ein Verhältnis, das sich im 5. Akt umkehrt: Dort wird Maria von ihren Getreuen umringt, während Elisabeth einsam zurückbleibt.

1086 *Seneschall:* altes, urspr. fränkisches Hofamt, Haushofmeister, also oberster Beamter der königlichen Hofhaltung; von got. sins, ›alt‹, + ahd. scalc, ›Knecht‹.

1089 *Herold:* aus dem ahd. heriowalt, ›Heeresbeamter‹, ins frz. ›heraut‹ verwandelt und wohl im 14. Jh. als ›heralt‹ ins Deutsche zurückgekehrt. Hier noch im mittelalterlichen Sinne: Schiedsrichter für den richtigen Ablauf eines Turniers, später auch fürstlicher Ausrufer oder Bote.

1090 *Madrigale:* vom ital. mandra, ›Herde‹, abgeleiteter Begriff, der urspr. Schäferlyrik bezeichnet und sich in der ital. Renaissance als Name kürzerer, sangbarer Gedichte wechselnden Inhalts mit wechselnden Reimen und wechselnden jambischen Zeilen einbürgert.

1092 *spielte das Geschütz:* veralteter Gebrauch von ›spielen‹ als Gegensatz zur Ruhe, wie z. B. auch ›eine Maschine spielen lassen‹.

1094 *Feldstücken:* Kanonen.

1102 *Artikel:* lat. articulum, ›Abschnitt, Glied‹; Unterteilung bei Rechtsdokumenten.

1104 *Monsieur:* Titel des nächst jüngeren Bruders des frz. Königs; gemeint ist also Franz von Anjou.

1107 f. *Zu ehren ... verbreitet!:* Mellish hat statt dieser beiden sechshebigen Verse drei fünfhebige, wohl ein Zeichen, daß Schiller den Text überarbeitet hat.

Zweiter Auftritt

In dieser Szene hat Schiller verschiedene historische Ereignisse aus verschiedenen Quellen zusammengefaßt, die nur bedingt miteinander zu tun haben. Petersens Anm. in der Säkularausgabe (VI,372 f.): »1. Graf Bellièvre kam 1586 als außerordentlicher Gesandter zu Elisabeth, lediglich mit dem Auftrag, für die verurteilte Maria Stuart Fürsprache einzulegen (die ausführlichste Darstellung bei Du Chesne). 2. Bereits 1572 hatte Frankreich die Freilassung der gefangenen Maria in den Bündnisvertrag mit England aufzunehmen versucht, aber ohne Erfolg. Zum Abschluß dieses Bündnisses kam der Marschall von Montmorency nach England und empfing von Elisabeth den Hosenbandorden (Rapin de Thoyras). [...] 4. Im folgenden Jahr kam der Herzog [Franz von Anjou] selbst an den Hof, und damals überreichte ihm Elisabeth einen Ring.« Dieses Ereignis wird in mehreren Quellen überliefert. Bellièvres Audienz fand übrigens am 20. 11. 1586 statt.

1119 *Des Hofs von Saint Germain:* Schloß und Ort westl. von Paris; seit Beginn des 16. Jh.s häufiger Aufenthaltsort des frz. Königshofes, für den hier stellvertretend der Ort steht.

1121 f. *die königliche Mutter Von Frankreich:* Katharina von Medici, vgl. Anm. zu V. 48.

1140 *Amiens:* Stadt etwa 100 km nördl. von Paris.

1141 *Calais:* Seestadt an der frz. Nordküste gegenüber dem engl. Dover, nahe der engsten Stelle des Kanals, 1347–1558 in engl. Hand, von Marias Onkel Franz von Guise zurückerobert.

1147 *Hochzeitfackel:* Der griech. Gott der Hochzeit, Hymen oder Hymenäus, wurde als Knabe dargestellt, der Fackel und Brautschleier hält.

1149 *Trauerflor:* Flor: lat. flos, ›Blume‹, allgemeiner auch Schmuck, dann speziell Stoffbänder und Schleier. Vgl. V. 1628 *Flor der Nacht.*

1155 f. *Die Könige ... folgen:* Vgl. Lessings »Hamburgische Dramaturgie«, 67. Stück, wo eine Stelle aus dem »spanischen ›Essex‹« wiedergegeben wird, in der es heißt: »[...] es ist nun einmal das Schicksal der Könige, daß sie viel weniger nach ihren Empfindungen handeln können, als andere.«

1159 f. *Daß man ... Königin«:* fast wörtlich bei Camden und Archenholtz.

1175 *Daß sie die Klöster aufgetan:* Anspielung auf die Aufhebung der Klöster unter Heinrich VIII.

1218 *Sie nimmt ihm das blaue Band ab:* Die Königin verleiht Bellièvre den Hosenbandorden. Ordenszeichen ist u. a. ein dunkelblaues Samtband, das unter dem linken Knie befestigt wird, mit dem Spruch *Honny soit qui mal y pense* (Wehe, wer sich etwas Schlechtes dabei denkt). Über die Entstehung des Ordens gibt es zwei historisch unerwiesene Anekdoten. Nach der einen soll Eduard III. (1327–77) der Gräfin Salisbury das ihr beim Tanzen entfallene Strumpfband mit dem oben zitierten Spruch überreicht haben, nach der anderen hat er in der Schlacht bei Crecy ein zerrissenes Fahnenband gegen sein eigenes Knieband ausgetauscht. Das blaue, über die linke Schulter getragene Band als weiteres Ordenszeichen, zu dem auch noch ein vielstrahliger silberner Stern kam, wurde allerdings erst im 17. Jh. von Karl II. eingeführt, so daß Schiller hier ein Anachronismus unterlaufen ist.

Dritter Auftritt

1256 f. *Der Freiheit ... Wahrheit:* der protest. Glaube.

1263 *Der röm'sche Götzendienst:* Götze ist urspr. ein als Gott verehrter Natur- oder Kunstgegenstand, daher aus christl. Sicht: ein falscher Gott. Die christl. Konfessionen bezeichneten sich wechselseitig so, daher hier: der Katholizismus. Schiller konnte den Ausdruck bei Archenholtz mehrmals in diesem Sinne verwendet finden.

1266 *den lothringischen Brüdern:* den drei Söhnen von Marias Onkel Franz von Guise, Herzog von Lothringen: Heinrich, Karl und Ludwig von Guise; vgl. V. 1418 f. 1743.

1275 *Missionen:* von lat. missio, ›Sendung‹; daher Gesandtschaft, meist geistlicher Natur mit dem Ziel der Bekehrung Ungläubiger.

1281 *Ate:* griech. Göttin der Zwietracht, Tochter des Zeus und der Eris, der Göttin der Verblendung. Von Zeus wegen ihres schlechten Rats vom Olymp gestürzt, stiftet sie nun Verderben unter den Menschen.

1291 *sich Englands Königin zu schreiben:* Als Maria Stuart 1559 Königin von Frankreich wurde, nahm sie in ihr Wappen das engl. Wappen als Viertel auf und machte damit ihren Anspruch auf den engl. Thron geltend, möglicherweise der entscheidende Fehler ihres Lebens.

1293 *Du mußt ... führen:* in mehreren Quellen überlieferter Ausspruch Elisabeths: Aut fer aut feri; ne feriare, feri (Entweder dulden oder zuschlagen; um nicht zu dulden, zuschlagen).

1345 *Die auch dem Weib die Herrscherzügel gaben:* Nicht in allen Monarchien sind auch die weiblichen Nachkommen erbberechtigt.

1354 *Dem alten Manne:* Talbot war zu dieser Zeit etwa 60 Jahre alt.

1370 *Vasallen:* lat. vassus oder vasallus, ›Lehnsmann‹. Talbot spielt auf den schott. Adel während Marias Regierungszeit an, der in mächtige Häuser gespalten war, sich in Rivalitätskämpfen erschöpfte und immer wieder gegen die Königsmacht aufstand.

1377–83 *Dir war ... auferzog:* Schiller bringt hier historische Daten durcheinander: *der gnäd'ge Vater dieses Landes*, Heinrich VIII. – oder sollte Gott gemeint sein? –, hatte zwar seine Tochter Elisabeth zeitweise von der Erbfolge ausgeschlossen; nach Woodstock und in den Tower hat sie erst ihre Halbschwester Maria die Spanische (1553–58) verbannt. Maria stellte in England den Katholizismus wieder her und fürchtete protest. Aufstände, als deren Aushängeschild Elisabeth benutzt werden konnte. Daher wurde sie als Staatsfeindin von März bis Mai 1554 im Tower, der alten Zitadelle im Osten Londons, gefangengehalten und anschließend bis April 1555 auf dem Landsitz Woodstock in Oxfordshire, nordwestl. von London, politisch isoliert. Vgl. V. 3155 bis 3159.

1383 *ersten:* viell. ein Druckfehler der Erstausgabe; das Leipzig-Dresdner Theatermanuskript und die Ausgabe von 1807 haben ›ernsten‹, doch bleiben Säkularausgabe und Nationalausgabe sowie Sämtliche Werke (Hanser) bei ›ersten‹.

1404 *für Erstaunen:* vor Erstaunen; die ahd. furi, ›für‹, und fora, ›vor‹, sind von demselben Stamm gebildet und wurden bis ins 19. Jh. kaum unterschieden. Vgl. auch V. 2642, 2829.

1422 *Heinrichs letzten Willen:* Vgl. Anm. zu V. 524.

1425 *Papistin:* Anhängerin des Papstes, also Katholikin.

1450 *Sentenz:* von lat. sententia, ›Meinung, Spruch‹, auch ›Rechtsspruch‹, wie hier. Schiller konnte den Ausdruck bei Robertson finden.

Vierter Auftritt

1470 *den großen Weg:* wörtliche Übersetzung von ›grand tour‹, der traditionellen Bildungsreise des jungen Adligen, deren klassische Zeit erst das 18. Jh. ist. Die ›grand tour‹ führte für Engländer meist durch Holland, Belgien, Frankreich und die Schweiz nach Italien.

1483 *In Ziffern:* in Chiffren, einer Geheimschrift.

1489 *Walsingham:* Sir Francis Walsingham (1530–90), Staatssekretär seit 1573, strenger Protestant und fähiger, aber skrupelloser Politiker, der den engl. Geheimdienst organisierte. Schon früh vertrat er die Ansicht, nur Marias Tod könne Englands innenpolitischen Frieden gewährleisten: »Solange dieses teuflische Weib lebt, können weder Ihre Majestät sich darauf verlassen, daß Sie im ruhigen Besitz Ihrer Krone bleiben, noch Ihre gehorsamen Diener von der Sicherheit Ihres Lebens überzeugt sein« (Brief an Leicester, Januar 1572). In diesem Sinne setzte er seinen Geheimdienst bis zuletzt gegen Maria ein. Vgl. V. 1750.

1490 f. *Auch eine Bulle ... geschleudert:* Papst Sixtus V. (1585–90) hatte den Kirchenbann gegen Elisabeth erneuert. Er war urspr. im Februar 1570 von Pius V. (1566–72) in der Bulle »Regnans in excelsis« ausgesprochen worden. Darin erklärte der Papst Elisabeth als abgesetzt und ihre Untertanen von der Treuepflicht gegen sie entbunden. – Lat. bulla, ›Kapsel‹, dann im Mlat. die metallenen Siegelabdrücke, die zur Bekräftigung an Dokumente gehängt wurden; dann wurden, wie hier, diese

Dokumente selbst als Bulle bezeichnet. *Vatikan:* Zentrum des Kirchenstaates und päpstlicher Palast in Rom.

1496 *Man gab Euch schuld:* Man beschuldigte Euch.

1525–27 *Das Urteil ... Nähe:* Vgl. wiederum in Lessings »Hamburgischer Dramaturgie« ein Zitat aus dem »spanischen ›Essex‹«: »Zwar ist es das Vorrecht des königlichen Antlitzes, daß es jeden Schuldigen begnadigen muß, der es erblickt; und auch dir müßte diese Wohltat des Gesetzes zu statten kommen.«

1531 *den ältsten Thron der Christenheit:* Frankreich auf Grund der fränkischen Tradition: Der Merowingerfürst Chlodwig trat 496 zum Christentum über.

1533 *Drei Kronen:* die Frankreichs, Englands und Schottlands.

1546 *Und Zeit ... ende!:* Der Vers ist im Erstdruck vorhanden, in der Ausgabe von 1807 nicht; ein Irrtum?

Fünfter Auftritt

1578 *Orakel:* lat. oraculum, ›Spruchstätte‹, heiliger Ort, an dem im Namen einer Gottheit Weissagungen ausgesprochen werden, dann, wie hier, die Weissagungen selbst.

1606–09 *Bei solchen Taten ... verloren:* Körner (s. Anm. zu V. 331 f.) fand »eine gewisse Dunkelheit« in V. 1609. Düntzer schreibt in seinem Kommentar (Leipzig [5]1901. Erläuterungen zu den deutschen Klassikern. Bd. 48/49) zu dieser Stelle: »Thaten doppelter Gestalt sind diejenigen, denen man eine gute und eine böse Absicht zuschreiben kann. Solche darf man nicht offen thun, da man sich gegen eine böse Auslegung nicht sichern, dadurch seinen guten Namen verlieren kann. – Die Worte ›Was man nicht aufgibt, hat man nie verloren‹, hat schon Körner für dunkel erklärt, was Bellermann leugnet. Freilich was sie damit meint, ergibt sich bei näherer Betrachtung auch aus Mortimers Worten 48 f. [V. 1620 f.] ›Rette du den Namen, wenn du kannst‹, aber dunkel und räthselhaft sind sie jedenfalls. Doch sie sollen es auch sein. Den guten Namen gibt man auf, wenn man offen eine That in doppelter Gestalt thut, die mißdeutet werden kann; muß man sie thun, so gibt es nur einen Schutz, die Dunkelheit. So muß sie auch ihren Antheil an Mariens Mord in Dunkel hüllen. Aber die Stelle verliert nichts, wenn die beiden räthselhaften Verse fehlen. Mortimers Erwiderung schließt sie ganz gut; er versteht die Heuchlerin, die den Schein, Marien getödtet zu haben, meiden will. Sie hat deutlich zu erkennen gegeben, daß sie die Gefangene tödten will, aber ihr Antheil daran soll verborgen bleiben. Die Verse könnte Schiller erst später zugesetzt haben« (S. 169). Aber ist es nicht sinnvoller, *doppelter Gestalt* auf V. 1601 f. und den Gegensatz von *scheint* und *ist* zurückzubeziehen? Elisabeth muß aufpassen, daß es eine Tat doppelter Gestalt bleibt, daß also ihre wahren Motive nicht bekannt und damit gerichtet werden. Daher dann die Folgerung in V. 1608 f.

1617 *Den alten Mann:* Paulet war zu dieser Zeit etwa 50 Jahre alt; vgl. V. 1682.

Achter Auftritt

1722 *Exempel:* lat. exemplum, ›Beispiel‹.

1762–67 *Sie war ... Lebens:* Elisabeth schlug Leicester 1564 als Heiratskandidaten für Maria vor und machte ihn zum Grafen, damit er rangmäßig annehmbarer für sie war. Maria lehnte es ab, mit Elisabeths ehemaligem Favoriten vorliebzunehmen, und heiratete statt dessen Lord Darnley (vgl. Kap. II). Leicesters Ausspruch, er habe die Heirat von sich aus abgelehnt, ist daher falsch; allerdings findet sich diese Version bei Archenholtz. Leicester gehörte dem Gericht über Maria an, nahm aber an der Verhandlung in Fotheringhay nicht teil und war auch bei der Hinrichtung nicht anwesend. Seine Liebesaffäre ist Schillers Erfindung.

1781 *zehen bittre Jahre lang:* Leicester untertreibt: Fast seit Beginn der Regierung Elisabeths war er ihr Favorit, also seit beinahe 30 Jahren.

1789 *Argusblick:* Argus ist ein vieläugiger Riese in der griech. Mythologie und ein Sinnbild der Wachsamkeit, da er immer einige seiner Augen offenhält, auch im Schlaf.

1870–80 *Ihr – sehr bedacht ... nicht gerettet:* Schiller arbeitet hier mit dem Stilmittel der Stichomythie, d. h., Rede und Gegenrede wechseln mit jedem Vers, womit eine besondere Erregung der Dialogpartner zum Ausdruck kommt.

1886 *Bube:* urspr. wie Buhle (vgl. Anm. zu V. 38) eine gemeingermanische Koseform zu ›Bruder‹. Die negative Bedeutung, ›Schurke‹, ist durch Luther befestigt worden.

1900 *So minder:* um so weniger.

1919 *Howard:* alte engl., mit dem Haus York und Elisabeth selbst verschwägerte Adelsfamilie. Ihr Haupt war bis zu seinem Tod der Herzog von Norfolk gewesen, vgl. Kap. II.

Percy: alte engl. Adelsfamilie aus dem Norden. Ihr Haupt, der Graf von Northumberland, war 1572 im Zusammenhang mit dem Aufstand des Adels aus dem Norden hingerichtet worden.

1928 *Sie ist Euch oft dahin gefolgt:* Petersen, Säkularausgabe VI,376, schreibt: »In der Einleitung zu den ›Balladen und Liedern‹ von A. F. Ursinus (aus ihnen hatte Schiller die Romanze der Prinzessin Eboli in der Thaliafassung des ›Don Carlos‹ entnommen) ist, wie Boxberger entdeckte, von einem Feste die Rede, das Leicester der Königin auf seinem Schlosse gab.«

Neunter Auftritt

1962 *Der Duc ... gesehn:* historisch falsch; Franz von Anjou war zweimal bei Elisabeth in England; vgl. Anm. zu V. 607.

1967 *Diadem:* griech., urspr. ein Stirnband zum Zusammenhalten des Haares, das allmählich bei den Königen der alten Hochkulturen mit einer immer breiteren Stirnplatte aus Gold versehen wurde. So wurde es von den Griechen und Römern übernommen und in die Welt des Mittelalters eingeführt, wo es schließlich nur noch als Kopfschmuck der Königinnen verwendet wurde. Hier: symbolisch für Herrschaft, Krone, wie Schiller das Wort bei Camden in einem Brief Jakobs VI. an Elisabeth verwendet fand.

2070 *Grille:* wahrscheinlich im griech./lat. ›grillos‹ schon Doppelbedeutung: Heimchen/Grille und sonderbarer, närrischer Einfall mit der Betonung des Unwirklichen, Schrulligen, Grotesken.

Dritter Aufzug. Erster Auftritt

2075–82, 2098–2104, 2107–14, 2134–42: Die vier Strophen mit daktylischem Grundrhythmus spiegeln Marias innere Bewegung, stehen aber auch im Zusammenhang mit Schillers Euripides-Studien, wie aus einem Brief an Goethe vom 3. 9. 1799 hervorgeht: »Ich fange in der Maria Stuart an mich einer größern Freiheit oder vielmehr Mannichfaltigkeit im Silbenmaaß zu bedienen, wo die Gelegenheit es rechtfertigt. Diese Abwechßlung ist ja auch in den griechischen Stücken und man muß das Publicum an alles gewöhnen« (NA XXX,94). Vgl. dazu M. Rassow, Ein Anklang an Euripides in Maria Stuart. In: Euphorion 17 (1910) S. 353 f., der in Schillers Versen eine Beziehung zu einer Szene aus Euripides' »Alkestis« nachweist.

2134 *Hifthorn:* sprachlich wohl vom got. hiufan, ›heulen, klagen‹, das in der Jägerei des Mittelalters gebräuchliche, kaum gebogene Horn, das nur einen Ton gibt; später durch volkstümliche Etymologie zu Hüfthorn umgedeutet: das großgewundene Jagdhorn, das bei königlichen Parforcejagden geblasen wird.

Dritter Auftritt

2186 *Schlangenhaare:* Zu den körperlichen Schreckensmalen der drei Gorgonen, die nach der griech. Mythologie am Westende der Welt sitzen, gehören auch die Schlangenhaare. Sie werden in der bildenden Kunst vor allem beim Haupt der von Perseus getöteten Medusa dargestellt.

Vierter Auftritt

nach 2228 *fixiert:* von lat. fingere, dessen Perfekt das -x- hat (fixi), ›durchbohren, starr richten auf‹.

Paulet: Fehler der Erstausgabe: Es muß ›Leicester‹ heißen und ist so schon im Leipzig-Dresdner Theatermanuskript und im Druck von 1807 geändert.

vor 2261 *Affekt:* lat. affectus, ›Gemütsstimmung, intensiv erlebtes Gefühl‹.

2262 *Götter:* Körner (s. Anm. zu V. 331 f.) schreibt:

»[...] ließe sich zweifeln, ob die Worte ›Es leben Götter, die den Hochmuth rächen etc.‹ für die streng katholische Maria passen.« Andererseits rechtfertigt Schiller selbst in seinem Aufsatz »Über den Gebrauch des Chors in der Tragödie« (1803) die Vermischung religiöser Vorstellungen zu dramatischen Zwecken.

2318 *Furien:* röm. Name der griech. Erinnyen, der Rachegöttinnen, die schrecklich aussahen. Ebs. 3230.

2329 *Die Natter ... legen:* einem Freund helfen, der sich später gegen einen wendet. Das Bild stammt aus Äsops Fabel »Der Bauer und die Schlange« und ist in vielen Texten seit der Antike nachweisbar.

2352 *Die Sankt Barthelemi:* In der Bartholomäusnacht 1572 (24. 8.) wurde in Paris u. a. auf Betreiben der Guisen bei einem Massaker anläßlich der Hochzeit Heinrichs von Navarra mit Margarete von Valois nahezu der gesamte protest. Adel Frankreichs hingerichtet. Das Ereignis verschärfte das politische Klima zwischen den kath. und den protest. Mächten Europas.

2356 *Ich übe ... lehren:* Vgl. Anm. zu V. 493–495. Über Allens Buch und die daraus hervorgehende Aufforderung zum Königsmord berichten, wenn auch kurz, mehrere Quellen Schillers.

2357 *gewährte:* gäbe mir Gewähr.

2360 *Sankt Peters Schlüssel:* die päpstliche Politik, vgl. Matth. 16,19.

2362 *Gezücht der Schlangen:* Vgl. Matth. 3,7: »Otterngezücht«.

2365 *Fremdlingin:* Die weibliche Endung -in bei maskulinen Substantiven auf -ling kommt in der Mitte des 17. Jh.s auf und hält sich bis ins 19. Jh.

2374 *Armida:* weibliche Gestalt aus Torquato Tassos (1544 bis 1595) Versepos »Das befreite Jerusalem« (1581): Die Tochter des Königs von Damaskus, die mit ihrer Schönheit und Zauberkunst das Christenheer beim Kreuzzugskampf um Jerusalem verwirrt und einen der Ritter, Rinaldo, in ihren Zaubergarten lockt und dort verliebt und kampfunfähig hält, bis er von anderen Rittern befreit werden kann. Daher ist Armida das Sinnbild der verführerischen Frau, die die Kampfkraft ihrer Feinde lähmt.

2410 f. *Ihr tötet Eure Freier, Wie Eure Männer!:* Aus Elisabeths Mund eine kühne Behauptung: von ihren drei Männern hat Maria höchstens den zweiten (Darnley) umgebracht (vgl. Kap. II). Der Vorwurf über die *Freier* bezieht sich offenbar auf den Herzog von Norfolk (V. 73–75), den Elisabeth selbst hatte hinrichten lassen.

2417 f. *die allgemeine ... für alle!:* Das Wortspiel ergibt sich aus der Doppelbedeutung von ›gemein‹, das zunächst ›allgemein‹ heißt, aber dann davon abgeleitet auch ›gewöhnlich, vulgär‹.

2432 *Anna von Boleyn:* in der Erstausgabe »Anna von Boulen«.

2441 *Basilisk:* in der mittelalterlichen Vorstellung ein Fabelwesen mit Hahnenkopf und Schlangenschwanz, seine Augen können durch ihren bloßen Blick töten. Die beste Waffe gegen ihn ist deshalb ein Spiegel: Er sieht hinein und tötet sich selbst.

Sechster Auftritt

2503 *In heimlicher Kapelle:* in der Privatkapelle des frz. Botschafters, vgl. V. 2678.

2505 *Ablaß:* in der kath. Kirche der in einem Lossprechungsakt von der kirchlichen Autorität gewährte Erlaß zeitlicher Sündenstrafen, d. h. von Folgen der Sündenschuld – niemals von Schuld selbst und ewiger Strafe –, was in der kirchlichen Bußpraxis mißbräuchlich jedoch auch im vorhinein geschehen konnte. *Schulden:* Sünden.

2508 *Das letzte Sakrament:* die sog. letzte Ölung, das Sterbesakrament der kath. Kirche, bei dem der Priester verschiedene Körperteile des Sterbenden mit geweihtem Öl bestreicht und Gott um Gnade für die damit begangenen Sünden bittet. Nach Jak. 5,14 f. im 8. Jh. eingeführt.

2537 *Tyburn:* bis 1783 der öffentliche Richtplatz Londons an der Nordseite des Hydeparks.

nach 2538 *indem er heftig auf sie zugeht:* Die Szene wurde bei der Uraufführung (vgl. Kap. III,2) von dem Ehepaar Vohs mit solcher Leidenschaft gespielt, daß sie Aufsehen erregte und bei den folgenden Aufführungen gemildert werden mußte.

Achter Auftritt

2613 *Sauvage:* John Savage, kath. Mitverschwörer Babingtons (vgl. Anm. zu V. 70) zur Befreiung Marias und mit ihm zusammen im September 1586 grausam hingerichtet. Schiller dramatisiert die Vorgänge: Zum tatsächlichen Mordanschlag auf die Königin ist es nie gekommen, da die engl. Geheimpolizei durch einen in die Verschwörergruppe eingeschleusten Agenten über deren Pläne informiert war, ja die Ermordung Elisabeths selbst ins Spiel gebracht zu haben scheint, um überzeugenderes Anklagematerial zu haben.

2623 *Barnabit:* Angehöriger des Chorherrenordens der Barnabiten, der nach der Mailänder Kirche des hl. Barnabas genannt wurde und 1530 zur Pflege von Kriegsverwundeten und zur Bekehrung Ungläubiger gegründet wurde. – In den Theatermanuskripten und bei Mellish steht »Mönch«. In den meisten Quellen Schillers wird Savage als Offizier in span. Diensten bezeichnet. Wie Schiller darauf gekommen ist, ihn zum Barnabiten zu machen, ist nicht ersichtlich. Es könnte auf eine bisher nicht bekannte Quelle deuten.

2624 *Toulon:* Stadt an der Südküste Frankreichs, östl. von Marseille.

2626 *Anathem:* Anathema, der im 4. Jh. nach mehreren neutestamentarischen Stellen eingeführte Kirchenfluch (vgl. etwa 1. Kor. 16,22: »So jemand den Herrn Jesus Christus nicht liebhat, der sei anathema. Maran atha! [d. h.: der sei verflucht. Unser Herr kommt!].«) Der später »großer Kirchenbann« genannte Fluch schloß den Verfluchten aus der kirchlichen Gemeinschaft aus, was im Mittelalter häufig seinen Untergang bedeutete.

2640 *mir zu betten:* altertümlich mit dem Dativ.

Vierter Aufzug

Erster und zweiter Auftritt sind stellenweise fast wortgetreu nach Camden, wo aber die Ausweisung des Botschafters nicht vorkommt. Sie wird – historisch unzutreffend – bei Hume erwähnt: »[...] und dieser Minister war gezwungen, das Königreich zu verlassen.« Bei Camden sind Burleigh, Leicester, Hatton und Davison die Gesprächspartner des Botschafters, Guilleaume d'Aubespine, Baron von Châteauneuf.

Erster Auftritt

2646 *Franke:* Das Wort, eigtl. schon lange auf die fränkischen Stämme diesseits des Rheins beschränkt, wird durch die Französische Revolution wieder modern und nun auf die Franzosen bezogen.

Zweiter Auftritt

2665 *offizios:* im Amtston.

2668 *Der heilige Charakter:* die unverletzliche Stellung des Gesandten.

2687 *Hotel:* im Sinne des frz. ›hôtel‹: Stadtpalais der aristokratischen Familien; daher hier die Londoner Residenz des Botschafters.

2688 *Arsenal:* aus dem Arabischen ins Ital. eingedrungenes Wort: Vorratsgebäude, vor allem für Kriegsgerät; hier: Vorrat.

Dritter Auftritt

2707 *Inquisitionsgericht:* von lat. inquisitio, ›Befragung‹; Bezeichnung für ein geistliches Gericht zur Glaubenskontrolle oder – wie hier – allgemein für ein strenges Gericht.

2710 *Atlas:* griech., ›Träger‹, mythischer Titanensohn, der für seine Beteiligung am Kampf der Titanen gegen die Götter von Zeus dazu verurteilt wurde, am Westende der Welt den Himmel auf dem Nacken zu halten. Daher Sinnbild für jemanden, der eine schwere und verantwortungsvolle Last trägt.

Vierter Auftritt

2776 *Großschatzmeister:* also Burleigh.

2805 *Das Leben ... Schlechten:* Vgl. Lessing »Emilia Galotti«, V,7: »Dieses Leben ist alles, was die Lasterhaften haben.«

nach 2820 *Er durchsticht sich:* Aus Schillers Brief an Goethe vom 31. 12. 1799 geht hervor, daß er diese Szene am Silvesterabend vollendet: »[...] zwischen jezt und dem Abend will ich suchen einen meiner Helden noch unter die Erde zu bringen, denn die Keren [dämonische Wesen der griech. Mythologie] des Todes nahen sich ihm schon« (NA XXX,132).

Fünfter Auftritt

2875 *abgefeimte:* mhd. veim, ›Schaum‹, daher abfeimen: den wertlosen Schaum abschöpfen.

Achter Auftritt

3068 *Der Stimme ... Gottes:* aus dem Lat., ›vox populi, vox dei‹.

Neunter Auftritt

3149 f. *Mein Volk ... zurück:* Die absolutistische Herrschaftstheorie der Zeit hat klassisch John Hobbes (1588 bis 1679) in seiner Staatslehre »Leviathan« (1651) formuliert, die Schiller hier wohl im Sinn hat: Da die Menschen in der Urzeit in einem gesetzlosen Zustand, einem Kampf aller gegen alle leben, kann nur die Einführung des Staates einen Gesetzeszustand herstellen, der dem einzelnen Schutz bietet. Das Volk wählt daher einen Herrscher und begibt sich ein für allemal damit seiner *Majestät*: Es tritt seine Selbstbestimmung an den Herrscher ab und unterwirft sich ihm in alle Zukunft bedingungslos. Um das Recht setzen zu können, muß der Herrscher über ihm stehen und absolut sein. Elisabeth kokettiert also damit, den Herrschaftsvertrag zwischen Volk und König aufzulösen und den urspr. Zustand der Gesetzlosigkeit wieder herzustellen.

3165–84 *Nun bei Gott! ... das ist mehr!:* Diese Rede Burleighs war bei der Uraufführung gestrichen worden. Schiller schickt sie am 19. 11. 1800 an Iffland und bittet ihn, sie bei der dortigen Erstaufführung wieder einzufügen, was er selbst bei den weiteren Weimarer Vorstellungen getan habe. Er nennt sie »eine bedeutende Rede« und sagt, sie sei »von großem Effekt gewesen« (NA XXX,211).

Kupferstich zu IV,4 aus dem Taschenbuch für Damen auf das Jahr 1803

3175 f. *Legat Aus Rom:* In römisch-republikanischer Zeit waren die Legaten urspr. die Gesandten. In der Kaiserzeit wurden dann die Statthalter der röm. Provinzen so genannt. Der Begriff ging in die Kirchensprache über, wo die Legaten nun die zur Ausübung der päpstlichen Regierungsgewalt in die einzelnen Länder geschickten Bevollmächtigten waren, die häufig von den örtlichen Bischöfen nicht gern gesehen wurden, weil sie ihre Macht einschränkten.

3187 *dem höhern Richter:* Gott.

Zehnter Auftritt

3205 f. *die spanische Maria:* Elisabeths Halbschwester und Vorgängerin auf dem Thron. Sie war seit 1554 mit Philipp II. von Spanien verheiratet.

3214 f. *Mich zu ... Landes:* Eins der Dogmen der Außenpolitik Elisabeths war es, die Vereinigung der kath. Mächte (Spanien, Frankreich, Österreich) gegen das protest. England zu verhindern, was ihr gelungen ist.

3218 f. *Und offnen ... Meeren:* Elisabeth greift vor: Erst nach Maria Stuarts Tod und im Zusammenhang damit griff die span. Flotte an, die vor der engl. Küste vernichtet wurde (1588).

Elfter Auftritt

3314 *Monden:* Sg. Mond. Bis ins 19. Jh. wird Mond in der Bedeutung von Monat gebraucht.

3314 f. *Ich kam ... In dieses Amt:* Am 1. 10. 1586. Camden überliefert von Schillers Quellen die Vorgänge um Davison einschließlich des Prozesses gegen ihn am ausführlichsten.

Fünfter Aufzug

Zum ersten bis sechsten Auftritt vgl. den kuriosen Vorschlag eines »Prof. Rudolf Goette in Spremberg (Lausitz)«:

»Beim Lesen des Dramas nimmt mit dem Beginne des fünften Aufzuges die Teilnahme sehr merklich ab, um sich erst vom siebenten Auftritte an wieder zu steigern.

Auf der Bühne kommt in Akt V,1–V,6 wohl in empfänglichen Gemütern die Rührung zum Durchbruch und mag hier für diese eine Art

Ersatz für das Nachlassen der Spannung bieten; im Zeitalter der Empfindsamkeit war das sicherlich mehr als jetzt der Fall; aber die Gesamtwirkung bleibt doch ohne Frage unter allen Umständen hinter jener der vorangegangenen Akte zurück. Es gibt da irgendeine Unstimmigkeit, die ich genauer kennzeichnen möchte. [. . .]
Eine starke Abschwächung der dramatischen Wirkung wird besonders hervorgerufen durch das Erscheinen des Leibarztes und der Dienerschaft, neuer Personen, die eine hier unvorteilhafte Unruhe in den Gang der Dinge hineinbringen, und für welche der Dichter unsere Teilnahme nicht gewinnen kann. Die Einheit der Handlung erscheint an dieser Stelle verletzt, ein Riß, der um so merkbarer wird, je näher er dem Ende liegt. Man sagt sich wohl, daß der Dichter die Dienerschaft erscheinen läßt, um seiner Heldin Gelegenheit zur Enthüllung ihrer Seelengröße im Angesichte des Todes zu geben, gelangt aber erst durch Nachdenken, nicht durch unmittelbaren, starken Eindruck zu diesem Verständnis. Die hoheitsvollen Empfindungen der schönen Abschiedsworte in V,6, deren Wirkung durch die Anwesenheit der vielen gleichgültigen Personen nur abgeschwächt wird, könnten auch, ohne daß Statisten dabeistehen, gegenüber Melvil und der Kennedy ausgesprochen werden und würden dann stärker in unserer Seele nachklingen. [. . .]
Änderungen an klassischen Dramen hat man im allgemeinen nur aus bühnentechnischen Notwendigkeiten heraus für begründet erkannt. Wenn aber der Gesamteindruck einer einzigartigen dramatischen Dichtung durch einen ziemlich geringfügigen Eingriff wesentlich verstärkt werden könnte, dürfte man eine solche Umgestaltung auch wohl billigen. Durch stärkere Zusammenfassung von Akt V,1 bis V,6 unter Beseitigung Bourgoyns, der Margareta Kurl und der übrigen Dienerinnen mit Ausnahme der Amme ließe sich das allzutiefe Tal zwischen Akt IV und V wesentlich erhöhen, eine unvorteilhafte Ablenkung der Teilnahme mindern. Der fünfte Aufzug müßte einsetzen mit dem Zeitpunkt, als die Königin sich von ihrer Dienerschaft verabschiedet und sich zurückgezogen hat:
Die Kennedy ist allein geblieben, Melvil tritt auf. Die Amme berichtet dem Haushofmeister im Gespräch, was wir erfahren sollen, also auch über den Abschied der Königin von dem Gesinde, den Blick auf das Blutgerüst, das Urteil der Kurl über ihren Gatten und über den Wert seiner Aussage. Dann erscheint die Königin, um den Getreuen ihre ganze Seelengröße zu beweisen und sich als würdig darzutun der außerordentlichen Begnadung durch das Sakrament, die ihr bevorsteht. – Der Schluß von V,6 würde dann fortfallen, was folgt, unverändert bleiben.
Eine solche Zusammenfassung ist unter Einfügung und Umformung von nicht allzu vielen Versen möglich; der Gewinn für das Stück auf der Bühne könnte außerordentlich sein. Deshalb möchte ich mir erlauben, eine derartige Umarbeitung hier vorzuschlagen, trotz der Entrüstung, die bei manchem dieser Vorschlag hervorrufen mag. Freilich müßte sich der Überarbeiter ganz in des Dichters Art hineinfühlen und

hineinspinnen können, eine Forderung, die sicherlich leichter zu stellen als zu erfüllen ist. Aber vielleicht lohnt es sich doch, die Sache einmal anzuregen« (Der Königin Abschied von ihrer Dienerschaft in Schillers ›Maria Stuart‹. In: Zeitschrift für Deutschkunde 37, 1923, S. 279–281).

Erster Auftritt

in tiefe Trauer gekleidet: Schiller gibt in einem Brief an Iffland die Anweisung: »Im fünften Akt ist alles, was zu der Maria kommt in Trauerkleidern« (22. 6. 1800, NA XXX,164).

3360 *Seitdem ... riß:* Melvil und Marias frz. Kaplan de Préau wurden am 21. 1. 1587 auf Paulets Anordnung von Maria getrennt.

Sechster Auftritt

Daß der Streit darüber, welches Schillers Hauptquelle für den fünften Aufzug ist, müßig ist, erweist sich an der Bühnenanweisung: Er hat mehrere Quellen eingearbeitet. Gelegentlich läßt sich deutlich erkennen, woher Einzelheiten stammen, gelegentlich überliefern mehrere Quellen dasselbe, und gelegentlich verändert Schiller Details aus künstlerischer Absicht: Die Farbe der Kleidung ist s o in keiner Quelle überliefert; sie stimmen vielmehr überein, daß Marias Kleid schwarz war. Schillers Beschreibung geht sonst wohl vor allem auf Robertson zurück (danach ähnlich Gentz und Archenholtz): »Sie war schwarz aber artig und prächtig gekleidet, in einem Anzuge, den sie lange anders nicht, als an wenig Festtagen getragen hatte. Ein agnus Dei hieng an einer Kette von parfumirten Kügelchen um ihren Hals; ihr Rosenkranz an ihrem Gürtel, und in der Hand trug sie ein Crucifix von Elfenbein.« Der Schleier wird bei Camden (bis auf den Boden fallend) und Rapin (lang) erwähnt, aber ohne Angabe der Farbe, diese überliefert nur Jebb (weiß). Das Diadem ist offenbar Schillers Zutat, wohl um Marias Königswürde gegenwärtig zu halten, vgl. etwa V. 3493: *Die Krone fühl ich wieder auf dem Haupt.*

Agnus Dei: lat., Lamm Gottes, eine kleine Wachsscheibe, in die das Bild eines Lammes mit der Siegesfahne eingedrückt und die vom Papst gesegnet ist.

Kupferstich zu V,6 aus dem Taschenbuch für Damen auf das Jahr 1803

3480 f. *Was klagt ... mit mir:* Dieser Anfang von Marias Abschiedsrede entspricht in mehreren Quellen dem Anfang ihrer Abschiedsworte an Melvil.

3484 *Auf Engelsflügeln ... Freiheit:* Zu dieser Stelle schreibt R. Boxberger (DNL 122/II,172): »Vgl. Richardson, Clarissa, übersetzt von Kosegarten VIII, S. 152. Dazu K. v. Wolzogen, Schillers Leben II,202: ›Um den letzten Akt ungestört auszuarbeiten, bei dem er etwas Ähnliches der tiefen Rührung, die der Tod und das Begräbnis der Richardsonschen Clarissa erzeugt, zu erregen gedachte, ging er nach Ettersburg.‹« Boxberger bezieht auch V. 1470, 3502, 3846 auf Samuel Richardsons Roman.

3489 f. *Wohltätig ... Freund!:* entspricht bei Robertson Marias Reaktion auf die Nachricht, daß sie zum Tode verurteilt sei.

3509–11 *Wie steht's ... Jahren:* Der historische Didier war einer der sechs Diener, die auf Marias Bitte hin an der Hinrichtung teilnehmen durften. Der Name wird nur bei Jebb erwähnt.

3562 *Für dich gestickt:* Maria Stuart war immer eine ausgezeichnete Handarbeiterin; Sticken war während der Gefangenschaft ihre Hauptbeschäftigung.

3575 *Du hast das beßre Teil erwählt:* Vgl. Luk. 10,41 f.: »Jesus [...] sprach zu ihr: Martha, Martha, du hast viel Sorge und Mühe; eins aber ist not. Maria hat das gute Teil erwählt [...]«

3576 *Die keusche Braut des Himmels:* Nonne; nach kath. Vorstellung geht die Nonne eine eheliche Bindung mit Jesus ein.

Siebenter Auftritt

3592 *Des Sakramentes heil'ge Himmelsspeise:* Vgl. die folgende Anm.

3620 *Das hohe Wunder der Verwandlung:* Nach kath. Transsubstantiationslehre verwandeln sich beim Abendmahl Brot und Wein in Leib und Blut Jesu; vgl. V. 3630.

3626 f. *der dürre Stab ... Glaubens Hand!:* Vgl. 4. Mose 17,16–28.

3628 *der die Quelle ... schlug:* Vgl. 2. Mose 17,1–7 und 4. Mose 20,2–13.

3635 f. *»Wo zwei ... unter ihnen.«:* Nahezu wörtlich Matth. 18,20.

nach 3648 *Hostie:* lat. hostia, ›Sühneopfer‹; aus ungesäuertem Brot gebackene kleine Scheiben, die als Brotersatz beim Abendmahl gereicht werden.

3649 *Ich bin ein Priester:* Der historische Andrew Melvil war Protestant.

3652 *Die sieben Weihn:* Der eigtl. Priesterweihe gehen vier niedere und zwei höhere Weihen voraus.

3653 f. *Und diese ... geweihet:* Daß der Papst Maria eine gewcihte Hostie gesandt habe, berichten Brantôme und Hume.

3658–62 *wie den Apostel ... glänzend da:* Vgl. Apg. 5,17 bis 5,19: »[...] der Hohepriester und alle, die mit ihm waren, [...] legten die Hände an die Apostel und warfen sie in das gemeine Gefängnis. Aber der Engel des Herrn tat in der Nacht die Türen des Gefängnisses auf und führte sie heraus [...]«

3700 *Doch in der ... schlafen:* Vgl. Mark. 9,44: »da ihr Wurm nicht stirbt [...]«

3706–08 *Das ist ... gefrevelt!:* Vgl. Matth. 12,31: »Alle Sünde und Lästerung wird den Menschen vergeben; aber die Lästerung wider den Geist wird den Menschen nicht vergeben.«

3731 *deine Schreiber:* Kurl und Nau, vgl. Anm. zu V. 884 bis 886.

3743–45 *Ich aber ... Sünden!:* Vgl. Matth. 16,19: »Und ich will dir des Himmelreichs Schlüssel geben; alles, was du auf Erden binden wirst, soll auch im Himmel gebunden sein, und alles, was du auf Erden lösen wirst, soll auch im Himmel los sein.«

3746 *Wie du ... geschehe dir!:* Vgl. Matth. 9,29: »Da rührte er ihre Augen an und sprach: Euch geschehe nach eurem Glauben.«

3747 *Nimm hin ... geopfert!:* Vgl. Matth. 26,26: »Nehmet, esset; das ist mein Leib.«

nach 3747 *konsekriert:* weiht, von lat. consecrare, dem Verb zu ›sacer‹, heilig.

3750 f. *das höchste Recht Der Könige, das priesterliche:* Es war das Vorrecht der Könige beim Abendmahl, wie die Priester Hostie u n d Wein zu sich zu nehmen, während die übrigen Gläubigen in der kath. Kirche bis heute nur die Oblate gereicht bekommen.

Achter Auftritt

3773–75 *Ich bitte ... begehren:* Marias Dienerschaft wurde bis Oktober 1587 auf Fotheringhay festgehalten und dann entlassen. Borgoin ging nach Frankreich und erstattete König Heinrich III. Bericht von der Hinrichtung. Jane Kennedy und Andrew Melvil zogen nach Schottland und heirateten einander trotz ihrer unterschiedlichen Konfession. Jane starb allerdings schon 1589, und zwar bei einem Schiffbruch im Sturm. Die Curles gingen nach Antwerpen und trugen kräftig zum Kult der Märtyrerin Maria Stuart bei. Gilbert starb 1609, Barbara 1616.

3776–79 *Und weil ... Meinen:* Daß Maria in die ungeweihte Erde der Kirche von Peterborough gelegt wurde, berichtet Brantôme. Maria hatte Elisabeth in einem Brief vom 15. 12. 1586 gebeten, in Frankreich begraben zu werden. Da die engl. Regierung nicht daran interessiert war, einem Heiligenkult um Maria Vorschub zu leisten, wurden alle Dinge, die sie bei der Hinrichtung an sich gehabt hatte, aber auch ihre inneren Organe, einschließlich des Herzens, im Schloßhof von Fotheringhay verbrannt. Unter der Regierung ihres Sohnes wurden die sterblichen Überreste nach Westminster Abbey überführt und unweit von Elisabeths Grab bestattet.

3785 f. *Gott ... Regierung:* der Satz bei Brantôme, Robertson und Gentz.

Neunter Auftritt

Sheriff, einen weißen Stab in der Hand: Der etwa 150 cm lange Stab als Zeichen der Amtswürde des Sheriffs wird nur bei Brantôme erwähnt.

3816–18 *Mein Heiland! ... empfangen:* fast wörtlich nach Robertson oder Archenholtz.

3819–38 *Ihr haltet Wort ... Erden:* Vgl. zum Schluß der Leicester-Szene die Bemerkung des Weimarer Schauspielers Heinrich Schmidt (1779–1857): »Hier [in Jena] konnte ich mich nicht enthalten, dem Dichter über den

Eindruck, den die Vorstellung auf mich gemacht hatte, sogleich ausführlich zu schreiben und ihn ... auf eine Stelle aufmerksam zu machen, die meiner Empfindung entgegengewirkt hatte und für welche ich ihm sogar eine nach meiner Ansicht heilsame Änderung vorschlug. Es betraf nämlich den Abgang der Maria im fünften Akt. Daß sie in jenen Szenen, die des Dichters Absicht, ihren frühern Lebenslauf in beschönigendem Licht erscheinen zu lassen, deutlich machen, sich schon ganz vom Irdischen ab- und dem Himmlischen zugewendet hat und nun doch bei Leicesters Anblick noch einmal in die Szene zurückkehrt, um ihm sein Vergehen mit Bitterkeit vorzuhalten, hatte das jugendliche Gefühl beleidigt. Ein beim Hinausschreiten nach kurzem innern Kampf ihm mit reiner, jeden Rückfall überwindender Erhebung zugerufenes: ›Ich vergebe dir‹, meinte ich, würde eine bessere Wirkung hervorbringen und Marias Stimmung und Situation angemessener sein. Schiller ließ mir durch einen Freund sagen, daß ich ihn besuchen möchte, wann ich wieder nach Weimar käme; eine Einladung, der ich nicht lange widerstehen konnte. Sehr nachsichtig und gütig sagte er mir in der dadurch veranlaßten Unterredung, daß ich meinem individuellen Gefühl nach nicht ganz Unrecht hätte, daß ihm aber die geschichtliche Maria habe vorschweben müssen, in deren Charakter dieser Rückfall begründet sei« (NA XLII,299 f.).

Vierzehnter Auftritt

3961 *gestern:* Zeitraffung Schillers: Die Übergabe des unterschriebenen Todesurteils fand eigtl. schon am 1. 2. 1587 statt.

nach 3969 *[Davison. Erneuert? Ewige Barmherzigkeit!]:* Der Vers wird in der Zeilenzählung nicht berücksichtigt. Petersen schreibt dazu in der Säkularausgabe VI,381: »Auf 3969 folgte ursprünglich, wie Theatermanuskripte und Mellishs Übersetzung zeigen, noch ein Davison zugeteilter Vers:

Erneuert? – Ewige Barmherzigkeit!

der nach Joach. Meyers Ansicht (Neue Beiträge 1860, S. 101) nur aus Versehen beim Druck ausgefallen war.

Er wurde seitdem in alle Ausgaben wieder aufgenommen. Aber da Davison in seiner Bestürzung bereits zweimal (V. 3961, 3962) die fremden Worte mechanisch nachsprach, hatte Schiller guten Grund, die dritte Wiederholung, die platt wirkt und das gleichzeitige hastige Eindringen Elisabeths und Shrewsburys aufhält, zu streichen. Für Worte ist der Leser oft weniger dankbar als der Schauspieler. Aus diesem Grunde hat Schiller auch nach V. 3796 die ursprünglichen Klagen der Frauen:

Wir lassen
Dich nicht! wir trennen uns nicht von dir.

im Druck durch stummes Spiel ersetzt.«

3988 *Squire:* auch Esquire, von lat. scutifer, das als escuyer von den Normannen nach England gebracht wurde und ›Schildträger‹ heißt. Titel von Nichtadligen, die das Recht hatten, ein Wappen zu führen, dann allgem. ›Herr‹.

Letzter Auftritt

3995 f. *Und mögen ... enden!:* Eigtl. die Worte des Dechanten von Peterborough, als Marias Haupt gefallen war. Da Robertson, Hume und Gentz schreiben: »So müssen...«, beruht Schillers Wortlaut vielleicht auf Archenholtz: »So mögen alle Feinde der Königin Elisabeth umkommen.«

4006 *Drum seid ... Angesicht!:* Daß Burleigh nach Marias Tod vorübergehend in Ungnade fiel, ist historisch: Vier Monate lang wurde er nicht an den Hof gerufen; das einzige Zeichen von Elisabeths Ungnade während seiner langen Dienstzeit.

4007–11 *Ein strengeres ... verklage:* Schiller gibt den Sachverhalt – wohl vor allem nach Camden – historisch korrekt wieder: Davison wurde in den Tower geschickt und Ende März 1587 angeklagt. Das Urteil lautete: 10 000 Mark Geldstrafe (eine ungeheuerliche Summe, die seine Mittel weit überstieg und ihn zum armen Mann machte) und Gefängnisdauer nach dem Willen der Königin. 1589 wurde er aus dem Tower entlassen, erlangte aber die Gnade Elisabeths bis zu seinem Tode nicht wieder.

II. Der historische Hintergrund

Schottische Politik im 16. Jahrhundert wird von drei Faktoren bestimmt:

1. England unternimmt immer neue, auch militärische Versuche, Schottland in seine politische Abhängigkeit zu zwingen, so daß das nördliche Land immer wieder die alte Allianz mit Frankreich, dem englischen Erbfeind, erneuert, was zu wiederholten Teilbesetzungen durch beide Mächte führt. Schottland ist also ein Spielball ausländischer Interessen.

2. Aus dieser politischen Konstellation versucht der Adel, in feindliche, oft wechselnde Gruppierungen aufgesplittert, seine eigenen Vorteile zu ziehen, was die Königsmacht schwächt, zumal nahezu das ganze 16. Jahrhundert hindurch minderjährige Monarchen den Thron innehaben und die Regentschaft einen weiteren Zankapfel des Adels bildet. (Jakob V. [1513–42] ist achtzehn Monate alt, als sein Vater Jakob IV. [1488–1513] ermordet wird. Als er selbst einunddreißigjährig stirbt, ist seine Tochter Maria [1542 bis 1567] fünf Tage alt. Als ihr Sohn Jakob VI. [1567 bis 1625] nach ihrer erzwungenen Abdankung gekrönt wird, ist er ein Jahr alt.)

3. Beide Faktoren beeinflussen die Situation in Schottland noch stärker, als die Reformation nach Norden vordringt und das protestantische England Heinrichs VIII. und das katholische Frankreich Heinrichs II. Exponenten religiöser Kräfte werden. Maria wird der Preis für französische Unterstützung im Kampf gegen England und wird 1548 zur Erziehung nach Frankreich gebracht. 1558 heiratet sie den Dauphin, der 1559 als Franz II. König wird und 1560 stirbt. Für Marias späteres Schicksal sind diese Jahre entscheidend: Unter der Aufsicht ihrer Guise-Verwandten wird sie zur überzeugten Katholikin, und unter dem Einfluß des französischen Königs erkennt sie Elisabeth 1558 nicht als englische Königin an, sondern erhebt selbst den Anspruch, rechtmäßige englische Thronfolgerin zu sein, da ihre Großmutter Margarete Tudor die Schwester Heinrichs VIII. war und Elisabeth aus katholischer Sicht nur dessen illegitime Tochter. Damit wird sie zur ständigen Bedrohung Elisabeths.

Genealogische Tafel

England

Elisabeth von York (1466–1503) ∞ **Heinrich VII.** (geb. 1457) (1485–1509)

Heinrich VIII.
(geb. 1491)
(1509–47)

Maria
von Katharina
von Aragon
(geb. 1516)
(1553–58)

Elisabeth
von Anne Boleyn
(geb. 1533)
(1558–1603)

Edward VI.
von Jane Seymour
(geb. 1537)
(1547–53)

Matthew Stuar
Graf von Lenno
(1516–71)

Schottland

rchibald
Graf
on Angus
489?–1559)

∞ 2

Margarete
Tudor
(1489–1541)

∞ 1

Jakob IV.
(geb. 1473)
(1488–1513)

Claude von Guise
Herzog von Lothringen
(1496–1550)

∞ Margarete
Douglas
(1515–78)

Jakob V.
(geb. 1512)
(1513–42)

∞ Marie
von Guise
(1525–60)

Franz
Herzog
von Lothringen
(1519–63)

Karl
Kardinal
(1524–74)

enry Lord Darnley
(1546?–67)

∞

Maria Stuart
(1542–67)
(gest. 1587)

Heinrich,
Karl und Ludwig
(»die lothringischen
Brüder«, Vers 1266)

Jakob VI.
(geb. 1566)
(1567–1625)
ab 1603 als
Jakob I.
auch König von England

Elisabeth hat bei ihrem Regierungsantritt den Protestantismus nach der kurzen Herrschaft ihrer katholischen Halbschwester Maria (1553–58) wiederhergestellt. Ihr politisches Hauptziel, von ihrem wichtigsten Berater William Cecil fast vierzig Jahre lang mit größter Geschicklichkeit verwirklicht, muß es sein, in einem von katholischen Großmächten beherrschten Europa zu überleben, indem sie diese gegeneinander ausspielt. (Ihre Heiratsprojekte sind Teil dieser Strategie.) Da 1560 der Protestantismus offiziell als Staatsreligion in Schottland eingeführt wird und Elisabeth mit dem nördlichen Nachbarn den Vertrag von Edinburg abschließt, nach dem sie als englischer Souverän anerkannt wird und alle ausländischen Truppen Schottland verlassen sollen, bedeutet die Rückkehr der katholisch-französischen Königinwitwe Maria Stuart, die den Vertrag von Edinburg nicht anerkannt hat, einen politischen Unruheherd.
Maria trifft im August 1561 wieder in Schottland ein und meistert die Lage, unterstützt von der klugen Politik ihres protestantischen Halbbruders Jakob, Graf von Moray zunächst bemerkenswert. Aber zur dauerhaften Festigung ihrer Macht hätte sie entweder John Knox beseitigen müssen, den protestantischen Fanatiker pathologischen Zuschnitts, dem sie in selbstmörderischer Toleranz gestattet, seinen Unflat über sie auszuschütten und politischen Aufruhr zu predigen; hätte ihn mundtot machen müssen, statt sich mit ihm in religiöse Streitgespräche einzulassen und ihre glänzende Renaissancebildung und französische Kultur an einen bornierten Enthusiasten zu verschwenden. Oder sie hätte, wie es wenig später Heinrich IV. von Frankreich tat, ihre Religion aufgeben müssen, um nicht als religiöse Gegenkraft im Land empfunden zu werden. 1565 spitzt sich ihre Lage zu, und Ereignisse vor allem dieser Jahre, zu Marias Ungunsten interpretiert, werden bei Schiller im ersten Akt rekapituliert. Moray betreibt nun pro-englische Politik gegen Maria, und sie heiratet ihren Vetter Henry Darnley. Ihre Heirat (29. 7. 1565) vereinigt offenbar dynastische und persönliche Motive: Die Königin scheint sich in den Neunzehnjährigen verliebt zu haben, der allerdings als Enkel der Schwester Heinrichs VIII. eine große Rolle in der englischen Thronfolge spielt. Maria kann ihn also durch die Heirat als Konkurrenten um den englischen

Thron ausschalten und zugleich ihren eigenen Anspruch gemeinsam mit ihm verstärken. Die Ehe stellt sich schnell als Katastrophe heraus. Dem eitlen, häufig betrunkenen, wahrscheinlich syphiliskranken Darnley gelingt es in kurzer Zeit, sich politisch völlig zu isolieren, weil er ständig seine politischen Allianzen wechselt. Einer seiner waghalsigsten Frontwechsel geschieht 1566: Im Gefolge des Gesandten von Savoyen ist 1561 David Riccio nach Schottland gekommen und 1564 von Maria als Sekretär eingestellt worden. Als politischer Günstling von niedriger Geburt, ausgestattet mit erheblicher Macht und offenbar bestechlich, erregt er den immer heftigeren Unwillen des schottischen Adels und die Eifersucht des Königs. Es gehört zu Schillers Konzept der sündigen Maria zu Anfang des Stückes, daß er die häufig vermutete Liebesaffäre zwischen Maria und Riccio anklingen läßt (I,2), die vor allem Buchanan überliefert. Im Beisein der schwangeren Königin wird Riccio am 9. März 1566 von Darnley und einigen Adligen ermordet. Darnley geht noch in derselben Nacht zur Partei der Königin über und flieht mit ihr aus Edinburg. Aber schon bei der Geburt ihres Sohnes (19. 6. 1566) hat sich das Ehepaar wieder entfremdet. Als Darnley am 10. Februar 1567 ermordet wird, wird Maria mitverdächtigt. Wahrscheinlich hat ein Teil des schottischen Adels unter Führung des Grafen von Bothwell sich gegen den König verschworen. James Hepburn, Graf von Bothwell ist der Führer der anti-englischen Fraktion des schottischen Adels. Maria zog ihn 1566/67 mehr in die politische Verantwortung, zumal sie sich auf ihren Mann nicht stützen konnte. Da die Öffentlichkeit immer vernehmlicher munkelt, Bothwell sei am Mord des Königs beteiligt gewesen, muß er sich auf Anordnung Marias im April vor dem schottischen Parlament verantworten und wird freigesprochen, u. a. weil Darnleys Vater als Ankläger nicht erscheint. Als Maria Ende April von Sterling nach Edinburg reitet, wird sie von Bothwell entführt – ob mit ihrem Einverständnis, ist bis heute ungeklärt. Tatsache ist, daß sie Bothwell am 15. Mai 1567 heiratet, möglicherweise weil er sie vergewaltigt hat. Das Ereignis muß einen Skandal hervorrufen, da Darnley erst drei Monate tot ist und Bothwell angeblich daran beteiligt ist und sich im Eilverfahren hat scheiden lassen.

Marias dritte, möglicherweise wieder politisch motivierte Ehe ist durch die berühmt-berüchtigten ›Kassettenbriefe‹ als skrupellose Liebesaffäre (s. V. 325: *der Wahnsinn blinder Liebesglut*) interpretiert worden. Diese Sammlung von zehn Briefen, angeblich von Maria an Bothwell gerichtet, in denen sie u. a. ihre Mitschuld am Mord Darnleys erwähnt haben soll, taucht kurz nach ihrer Flucht nach England auf und dient als Beweismaterial gegen sie. Die Echtheit der Briefe wird heute kaum noch angenommen, u. a. weil die Originale verdächtig schnell verschwinden. Nach der Heirat erhebt sich der schottische Adel unter Moray gegen die Königin. Sie wird nach verlorener Schlacht bei Carberry Hill (15. 6. 1567) auf Schloß Lochleven gefangengesetzt und zur Abdankung zugunsten ihres Sohnes gezwungen. Am 2. Mai 1568 gelingt ihr die Flucht. Sie sammelt ein Heer und findet rasch Zulauf, läßt sich aber am 13. Mai vorschnell in die Schlacht bei Langside gegen den aufständischen Adel ein und unterliegt. Sie flieht nach Süden und setzt, ohne die Rückkehr ihres Boten an Elisabeth abzuwarten, in einem Fischerboot nach England über – in der Erwartung, von Elisabeth empfangen und bei der Wiedergewinnung ihres Throns unterstützt zu werden. Damit schafft sie für Elisabeth eine höchst prekäre Situation. Da Elisabeth den protestantischen Kurs Morays unterstützt, ist sie nicht daran interessiert, die katholische Königin nach Schottland zurückzulassen. Weiterreisen darf Maria auch nicht, da sie in Frankreich anti-englische Politik aktivieren könnte. Aber im eigenen Land kann sie sie auch nicht behalten, weil Maria angemaßte englische Königin ist und ihre Gegenwart eine Aufforderung an den katholischen Adel des Nordens bedeutet, Maria auf den Thron zu setzen und den Katholizismus wieder einzuführen. Elisabeth tut das politisch Klügste: Sie spielt auf Zeit. Erst in York und dann in London arrangiert sie eine Verhandlung unter dem Vorwand, zwischen der schottischen Königin und ihren rebellischen Untertanen vermitteln zu wollen, in Wirklichkeit, um Maria zu überführen. Von Fairneß gegen Maria kann dabei keine Rede sein. Für Elisabeth wird die Notwendigkeit, sie aus dem diplomatischen Spiel auszuschalten, bald deutlich: Thomas Howard, Herzog von Norfolk, ranghöchster Aristokrat Englands und (protestantisches) Haupt des katholischen Adels im Norden, plant im Herbst 1568, Maria zu heiraten, was Elisabeth untersagt, da die Heirat Maria als nicht offiziell anerkannte Thronfolgerin mit einer bedenklichen Macht versehen und den Katholizismus gestärkt hätte. Als Norfolk seine Pläne weiterverfolgt und im Tower gefangengesetzt wird, erhebt sich der Adel des Nordens, um Maria zu befreien. Der Aufstand schlägt fehl. Norfolk wird im Herbst 1570 entlassen, verstrickt sich aber 1571 wieder in ein vages Befreiungsunternehmen Marias und wird nach erneuter Gefangenschaft im Juni 1572 hingerichtet.

Die europäisch-katholische Offensive (vgl. Anm. zu V. 493 bis 495), die 1572 mit der Bartholomäusnacht in Paris (Ermordung fast des gesamten protestantischen Adels Frankreichs) beginnt, zwingt Elisabeth, Marias Spielraum vollends einzuschränken. Ihr Geheimdienst unter Walsingham arbeitet bei der Überwachung der Gefangenen vorzüglich. Immer neue Verschwörungen zu ihren Gunsten werden entdeckt, und sie gräbt sich selbst ihr Grab: Ihre Korrespondenz enthüllt umstürzlerische Pläne. Die Ermordung Wilhelms von Oranien (1. 7. 1584) führt 1585 in England zur Einführung des »Act for the Queen's Savety« (Gesetz für die Sicherheit der Königin): Strafbar ist nicht nur, wer der Königin nach dem Leben trachtet, sondern auch, zu wessen Gunsten das geschieht, ein deutlich gegen Maria gerichtetes Gesetz, das schließlich auch gegen sie angewendet wird. Sie wird im Herbst 1586 vor Gericht gestellt und zum Tode verurteilt. Diplomatische Gründe halten Elisabeth davon ab, das Urteil sofort vollstrecken zu lassen. Erst am 8. Februar 1587 wird die Königin von Schottland nach neunzehnjähriger Gefangenschaft geköpft (die erste Hinrichtung einer gesalbten Königin). Sie stirbt voll Würde und Fassung.

III. Das Werk

1. Entstehung

Schon 1783, im Anschluß an »Kabale und Liebe«, plan Schiller ein Maria-Stuart-Stück und beginnt, historische Material dafür zu sammeln. Er gibt den Plan aber zu gunsten von »Don Carlos« wieder auf. Erst 1799, nach de Vollendung der »Wallenstein«-Trilogie, wendet er sich der Stoff wieder zu und arbeitet das Drama in etwa einem Jah aus, wobei er allerdings auch noch Shakespeares »Macbeth übersetzt. Über die Entstehungsdaten gibt Schillers Kalen der knappe Auskunft. Zur datenmäßigen Orientierung wer den seine Eintragungen hier geschlossen wiedergegeben:

1799	
26. April	Maria Stuarts Geschichte angefangen zu studiren.
4. Junius	Maria angefangen auszuarbeiten.
24. Julius	Erster Akt der Maria fertig.
25. Julius	Zweiter angefangen.
26. August	Zweiter Akt der Maria fertig.
27. August	Dritter Akt der Maria angefangen.
3. September	Pause in der Maria bis 1. Oktober.
16. September	Goethen die 2 ersten Akte der Maria vor gelesen.
30. September	Wieder zur Maria gegangen.
1800	
11. May	Habe ich die Schauspieler bei mir gehab und 4 Akte der M. Stuart vorgelesen.
16. May	Habe den 5. Akt der Maria vorgenommen
23. May	Leseprobe von den 4 ersten Akten der Maria Stuart.
29. May	Schauspieler hier gewesen.
9. Junius	Maria Stuart geendigt.
14. Junius	Maria Stuart zum erstenmal gespielt.
16. Junius	Maria zum zweitenmal.

Schillers Calender. Nach dem im Jahre 186 erschienenen Text ergänzt und bearbeitet vo Dr. Ernst Müller. Stuttgart: Cotta 1893

Nicht zuletzt um dem Theaterleben näher zu sein, übersiedelte Schiller am 3. Dezember 1799 nach Weimar. Für die Arbeit am fünften Akt von »Maria Stuart« zog er sich vom 15. Mai bis 5. Juni 1800 auf Einladung des Herzogs Karl August auf dessen Schloß Ettersburg zurück.
Wie Goethes Tagebücher dieser Zeit dokumentieren, entsteht »Maria Stuart« in ständigem Austausch mit Goethe, wobei sich das Gespräch häufig im Rahmen einer Grundsatzdiskussion über modernes und antikes Theater bewegt. Schillers Auseinandersetzung mit der entstehenden Tragödie spiegelt sich in seinen Briefen an Goethe und an den Dresdner Freund Christian Gottfried Körner (1756–1831):

An Goethe, 19. März 1799:

»[...] ich werde nicht eher ruhig seyn, bis ich meine Gedanken wieder auf einen bestimmten Stoff mit Hofnung und Neigung gerichtet sehe. Habe ich wieder eine Bestimmung, so werde ich dieser Unruhe los seyn, die mich jetzt auch von kleineren Unternehmungen abzieht. Ich werde Ihnen, wenn Sie hier sind, einige tragische Stoffe, von freier Erfindung, vorlegen, um nicht in der ersten Instanz, in dem Gegenstande, einen Mißgriff zu thun. Neigung und Bedürfniß ziehen mich zu einem frei phantasierten, nicht historischen, und zu einem bloß leidenschaftlichen und menschlichen Stoff, denn Soldaten Helden und Herrscher habe ich vor jetzt herzlich satt.«

NA XXX,39

An Körner, 8. Mai 1799:

»Jetzt bin ich gottlob wieder auf ein neues Trauerspiel fixiert, nachdem ich 6 Wochen lang zu keiner Resolution kommen konnte. Dießmal sollst Du das Sujet nicht eher als mit dem vollendeten Werk erfahren. Ich hoffe am Ende des Winters allerspätestens damit fertig zu seyn, denn fürs erste ist der Gegenstand nicht so widerstrebend als Wallenstein, und dann habe ich an diesem das Handwerk mehr gelernt.«

NA XXX,47

An Goethe, 4. Juni 1799:

»Ich habe mich nicht enthalten können, weil das Schema zu den ersten Akten der Maria in Ordnung, und in den lezten nur noch ein einziger Punkt unausgemacht ist, um die Zeit nicht zu verlieren, gleich zur Ausführung fortzu gehen. Ehe ich an den zweiten Akt komme, muß mir in den lezten Akten alles klar seyn. Und so habe ich denn heute den 4ten Juny dieses Opus mit Lust und Freude begonnen und hoffe in diesem Monat schon einen ziemlichen Thei der Exposition zurück zu legen.«

NA XXX,5

An Goethe, 11. Juni 1799:

»Bei meinem jetzigen Geschäft könnte die Anschauung eines neuen historischen Stücks auf der Bühne, wie es auch sonst beschaffen seyn möchte, nützlich auf mich wirken Die Idee, aus diesem Stoff ein Drama zu machen, gefäll mir nicht übel. Er hat schon den wesentlichen Vortheil be sich, daß die Handlung in einen thatvollen Moment con centriert ist und zwischen Furcht und Hofnung rasch zum Ende eilen muß. Auch sind vortrefliche dramatische Cha raktere darinn schon von der Geschichte hergegeben.«

NA XXX,5

An Goethe, 18. Juni 1799:

»Unter diesen Umständen kann ich freilich nicht, wie ich gedacht, bis zum Ende meines ersten Akts vor Ihrer Hie herkunft gelangen. Aber vorwärts gieng es doch bis jetz immer, und nulla dies sine linea[1]. Ich fange schon jetzt an bei der Ausführung, mich von der eigentlich *tragischen* Qualität meines Stoffs immer mehr zu überzeugen und darunter gehört besonders, daß man die Catastrophe gleich in den ersten Scenen sieht, und indem die Handlung de Stücks sich davon wegzubewegen scheint, ihr immer nähe und näher geführt wird. An der Furcht des Aristotele fehlt es also nicht und das Mitleiden wird sich auch schon finden.

1 »Kein Tag ohne einen Strich.« Der Ausspruch geht auf den griech Maler Apelles zurück, der keinen Tag verstreichen ließ, ohne sic durch das Zeichnen wenigstens einer Linie in seiner Kunst zu üben.

Meine Maria wird keine weiche Stimmung erregen, es ist meine Absicht nicht, ich will sie immer als ein physisches Wesen halten, und das pathetische muß mehr eine allgemeine tiefe Rührung, als ein persönlich und individuelles Mitgefühl seyn. Sie empfindet und erregt keine Zärtlichkeit, ihr Schicksal ist nur heftige Paßionen zu erfahren und zu entzünden. Bloß die Amme fühlt Zärtlichkeit für sie.
Doch ich will lieber thun und ausführen, als Ihnen viel davon vorsagen, was ich thun will.«

NA XXX,61

An Goethe, 12. Juli 1799:

»Mit meiner Arbeit geht es zwar nicht sehr schnell, aber doch seit einiger Zeit ohne Stillstand fort. Die nöthige Exposition des Prozeßes und der Gerichtsform hat, außerdem daß solche Dinge mir nicht geläufig sind, auch eine Tendenz zur Trockenheit, die ich zwar überwunden zu haben hoffe, aber doch nicht ohne viel Zeit dabey zu verlieren, und zu umgehen war sie nicht.«

NA XXX,71

An Goethe, 19. Juli 1799:

»Von der Maria Stuart werden Sie nicht mehr als Einen Akt fertig finden; dieser Akt hat mir deßwegen viel Zeit gekostet und kostet mir noch 8 Tage, weil ich den poetischen Kampf mit dem historischen Stoff darinn bestehen mußte und Mühe brauchte, der Phantasie eine Freiheit über die Geschichte zu verschaffen, indem ich zugleich von allem was diese brauchbares hat, Besitz zu nehmen suchte. Die folgenden Akte sollen wie ich hoffe schneller gehen, auch sind sie beträchtlich kleiner.«

NA XXX,73

An Körner, 9. August 1799:

»Mein langes Stillschweigen wird Dir ohne Zweifel schon bewiesen haben, daß ich über die Ohren in meiner neuen Arbeit stecke und so ists auch. Ich habe mich in den zwei lezten Monaten von allen andern Dingen abgezogen um so rasch als möglich in das Innerste meines Geschäfts zu kommen, und ich bin auch auf gutem Weg dazu. Ein Dritttheil der neuen Tragödie habe ich schon hinter mir, und das schwerste vom Ganzen. Ich bin nun sicher, daß ich mich im Stoff nicht vergriffen habe, ob man gleich glauben sollte, daß ein so allgemein bekannter und tragischer Stoff, eben weil er noch von keinem guten Poeten benutzt worden, einen geheimen Fehler haben müsse.«

NA XXX,80

An Goethe, 16. August 1799:

»In meiner dramatischen Arbeit geht es noch immer frisch fort und wenn nichts dazwischen kommt, so kann ich vor Ende Augusts den Zweiten Akt zurückgelegt haben. Im Brouillon[2] liegt er schon da. Ich hoffe daß in dieser Tragödie alles theatralisch seyn soll, ob ich sie gleich für den Zweck der Repräsentation etwas enger zusammen ziehe. Weil es auch *historisch* betrachtet ein reichhaltiger Stoff ist, so habe ich ihn, in historischer Hinsicht auch etwas reicher behandelt und Motive aufgenommen, die den nachdenkenden und instruierten Leser freuen können, die aber bei der Vorstellung, wo ohnehin der Gegenstand sinnlich dasteht, nicht nöthig und wegen historischer Unkenntniß des großen Haufens auch ohne Interesse sind. Übrigens ist bei der Arbeit selbst schon auf alles gerechnet was für den theatralischen Gebrauch wegbleibt und es ist durchaus keine eigne Mühe dazu nöthig wie beim Wallenstein.«

NA XXX,85

An Goethe, 3. September 1799:

»Ich werde nun in meiner dramatischen Arbeit eine Zeitlang pausieren müssen, wenn noch an den Almanach gedacht werden soll. Der Abschnitt ist auch schicklich, ich habe die Handlung bis zu der Scene geführt, wo die beiden Königinnen zusammen kommen. Die Situation ist an sich selbst moralisch unmöglich[3], ich bin sehr verlangend, wie es

2 erster schriftlicher Entwurf, Skizze.

3 Schillers Formulierung »moralisch unmöglich«, die auf die verschiedenste Weise gedeutet worden ist, heißt, wie H. Stefan Schultz (»Moralisch unmöglich«. In: Untersuchungen zur Literatur als Geschichte. Festschrift für Benno von Wiese. Berlin: Schmidt 1973. S. 85–91) geklärt hat, lediglich: *unwahrscheinlich*; daher auch Goethes Antwort vom 4. September: »Was die Situation betrifft so gehört sie, wenn ich

mir gelungen ist, sie möglich zu machen. Die Frage geht zugleich die Poesie überhaupt an und darum bin ich doppelt begierig sie mit Ihnen zu verhandeln.
Ich fange in der Maria Stuart an mich einer größern Freiheit oder vielmehr Mannichfaltigkeit im Silbenmaaß zu bedienen, wo die Gelegenheit es rechtfertigt. Diese Abwechßlung ist ja auch in den griechischen Stücken und man muß das Publicum an alles gewöhnen.«

NA XXX,95

An Körner, 26. September 1799:

»Es wäre recht schön, wenn Du mir Stoffe für dramatische Arbeiten zuführen könntest, denn an Stoffen fehlt mirs am meisten. Vor der Hand bin ich aber die historischen Sujets überdrüssig, weil sie der Phantasie gar zu sehr die Freiheit nehmen, und mit einer fast unausrottbaren Prosaischen Trockenheit behaftet sind.«

NA XXX,98

2. Uraufführung

Schillers »Maria Stuart« wird – fast ein Jahr vor dem Erscheinen in Buchform – am 14. Juni 1800 im Weimarer Hoftheater uraufgeführt. Die Gepflogenheit, ein Stück aufzuführen, bevor es gedruckt erscheint, wird anläßlich dieser Uraufführung von einem anonymen Kritiker in den »Gothaischen Gelehrten Zeitungen« vom 21. November 1801 gerügt:

»Ostermesse 1801. Bekanntlich haben die dramatischen Werke unserer beliebten bessern Schriftsteller, wie die Sonne in einigen Schweizer-Thälern einen doppelten Aufgang; einen für das sehende, den andern für das lesende Publikum. Kaum ist der Nahme eines neuaufgeführten Schauspiels durch die Theater-Zeitungen erschollen, als alle Directionen verhältnißmäßig ihre Kräfte aufbieten, um es aus der ersten oder aus einer zweiten und dritten Hand zu

nicht irre, unter die romantischen.« Das 18. Jahrhundert unterschied neben der »mathematischen oder geometrischen Gewißheit«, die völlige Sicherheit ausdrückt, eine »moralische Gewißheit«, bei der nur hohe Wahrscheinlichkeit angenommen wird.

erhalten, damit ja die neuheitslustigen Zuschauer nicht zu lange etwas Altes sehn. Mehrere Rücksichten vereinigen sich vielleicht bei dem Dichter, das Manuscript noch einige Zeit zurück zu behalten, und finden auch diese nicht statt, so eilt doch die Sprache jeder andern Mittheilung zuvor. Was von Schiller, Ifland oder Kotzebue durch den Druck erscheint, ist daher nur für diejenigen neu, die ein mißgünstiges Geschick von Thaliens Lieblingssitzen entfernt hält.«

Braun I,3, S. 100

Schiller selbst schaltet sich in die Probenarbeit ein und liest das Stück den Schauspielern auch in seinem eigenen Haus vor. (»Sein Vortrag wäre sehr schön gewesen, wenn nicht der Dialekt die Wirkung hier und da etwas abgeschwächt hätte [...]« Eduard Genast: Aus Weimars klassischer und nachklassischer Zeit. Erinnerungen eines alten Schauspielers. Neu hrsg. von Robert Kohlrausch. 3. Aufl. Stuttgart: Lutz o. J. S. 70.)
Amalie von Voigt (1778–1840), Schwiegertochter des weimarischen Staatsministers Christian Gottlob Voigt, von dessen gleichnamigem Sohn sie 1809 geschieden wird, berichtet über die Proben:

»Die vier ersten Akte der Maria Stuart waren fertig. Ehe Schiller noch an den fünften ging, wollte er sich einer ihm genügenden Elisabeth versichern, indem ihm für die Darstellung dieser Rolle mehr bangte, als für die der Maria. Er lud daher eine kleine Gesellschaft, unter der sich Demoiselle Jagemann befand, oder vielmehr diejenige war, auf die er es abgesehen, zu sich ein, die fertigen vier Aufzüge vorlesen zu hören. Er hatte damals schon, auf dringende Vorstellung von Ärzten und Freunden, der schädlichen Gewohnheit entsagt, erst nach Sonnenaufgang sich zur Ruhe zu legen und die Nächte der Arbeit zu widmen; aber es ging ihm damit wie vielen Anderen, die ungern eine Lieblingsneigung aufgeben; er ergriff begierig jede Veranlassung, die ihm einen Vorwand lieh, zu der alten Sitte zurückzukehren und sich deßhalb doch bei sich selbst rechtfertigen zu können. Die Vorlesung sollte zeitig beginnen, um fünf Uhr war auch die ganze Gesellschaft bis auf ein einziges Glied beisammen; Schiller aber bestand darauf, zu

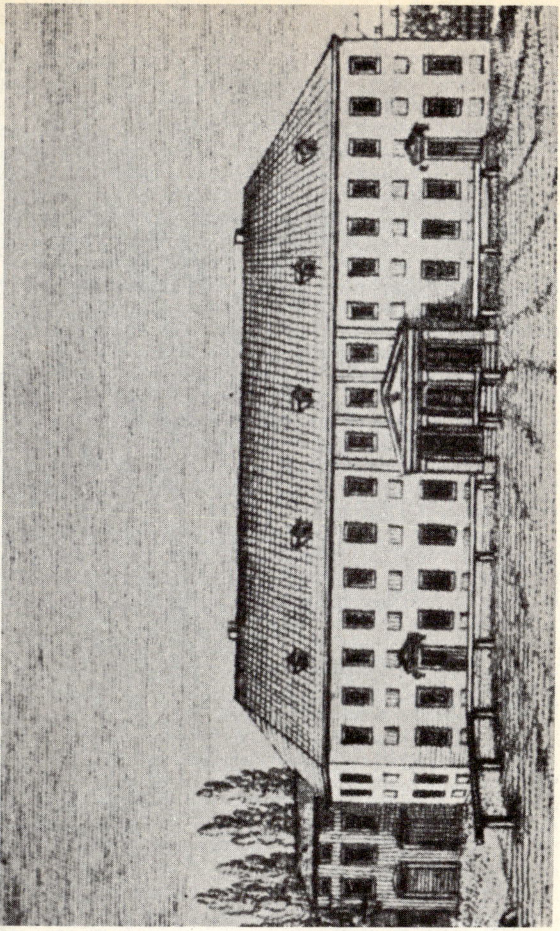

Weimarer Hoftheater. Stich um 1800

warten, unterhielt so angenehm und geistreich und war so herzlich vergnügt, daß man wohl gestehen mußte, für das Harren mehr als entschädigt zu seyn. Endlich erschien der Zögernde, man bestürmte ihn mit Vorwürfen, er verantwortete sich aber dadurch, daß er die Schuld auf Schillern wälzte, der ihn erst zum Abendessen eingeladen habe, und wirklich konnte dieser sich nicht ganz von dem Vorwurf reinigen, als habe er mit Vorbedacht die Einladung so zweideutig gestellt, um das Vorlesen erst spät zu beginnen. Bis zum Essen sei die Zeit nun offenbar zu kurz, meinte Schiller; nach Tische gäbe es keine Unterbrechung mehr, und so wäre es rathsamer erst dann anzufangen. Als man einstweilen doch etwas Näheres über die Anlage des Stückes wissen wollte, verweigerte er es lächelnd, um den Eindruck nicht zu schwächen; bloß so viel gestand er ein, daß er seine Maria nicht schuldlos genommen, weil eine ganz engelreine Heldin ihm untragisch vorkomme. Später, bei dem Lesen selbst, sagte er, es habe ihm der Sache angemessener geschienen, gleich zu Anfange die Schuld, welche auf Marien laste, kund zu machen; im Verfolg des Stückes verringere sich dann immer mehr und mehr ihr Vergehen und zuletzt stehe sie fast makellos da, statt daß es eine unziemliche Wirkung thun würde, wenn erst nach und nach ihr Vergehen an den Tag komme; man dürfe nicht lange in Ungewißheit bleiben, was in den Beschuldigungen ihrer Feinde Verläumdung, was Wahrheit sei.
Ein fröhliches Gespräch, das Schiller trefflich zu beleben und zu leiten wußte, verlängerte das Verweilen bei Tische. Einige Fläschchen Konstanzia-Wein (die Gabe eines Buchhändlers, der Lust hatte, Schiller's Verleger zu werden) wurden auf das Gelingen des Trauerspiels geleert, besonders auf das des fünften Aktes, vor dem sich Schiller ein wenig scheuete. Unmittelbar nach dem Essen wollte er nicht lesen, und so nahete eilf Uhr heran, ehe die Vorlesung begann. Rechnet man, daß die vier Aufzüge, ohne alle Weglassung (und es ist wahrscheinlich, daß im Druck noch hier und da etwas wegblieb) vorgelesen wurden, und daß Unterbrechungen durch die Zwischenreden des kleinen Publikums, das seinem Entzücken über die herrlichen Dinge, die es vernahm, doch auch Worte geben wollte, nicht ausblieben, so wird man sich nicht wundern, daß die Mainacht noch

während des Lesens zum Maimorgen wurde, und die Gesellschaft erst bei'm Beginn der Morgenröthe auseinander ging.
Schiller las stehend, zuweilen auf einem Stuhle knieend, nicht, was man eigentlich schön oder kunstgerecht nennt, woran ihn auch sein etwas hohles Organ hinderte, aber mit Begeisterung, mit Feuer, ohne Manier und Übertreibung, so daß er auch als Vorleser genügte, und seine Begeisterung die Zuhörer hinriß. Demoiselle Jagemann weigerte sich im geringsten nicht, die Elisabeth darzustellen, zumal auch Schiller und die Übrigen es anschaulich machten, welche ungleich größere Kunstleistung es sei, die Elisabeth darzustellen, als die Maria, indem diese sich gewissermaßen von selbst spiele.
Damals wollte der Dichter die beiden Repräsentantinnen der Elisabeth und Maria miteinander in den Rollen wechseln lassen, bis er späterhin von der Unstatthaftigkeit dieses Planes überzeugt wurde, doch aber ungern davon abging.«

Schillers Persönlichkeit III,113–115

Über die Uraufführung selbst liegen mehrere Berichte vor; in dem für die Proben zitierten Aufsatz von Amalie von Voigt heißt es weiter:

»Der heiße Juniusabend hielt das Publikum nicht ab, sich in's Theater zu drängen und geduldig bis nach 10 Uhr darin auszuharren. In der Folge wurde einiges gekürzt, die Königinnen eilten mehr mit dem Umziehen, in der ersten Aufführung aber spielte das Stück volle vier Stunden.
Madame Vohs, als Maria Stuart, verfehlte den Geist ihrer Rolle fast ganz, sie war nur die leidende Dulderin, nirgends die gekränkte Königin; sie war viel zu wenig stolz, viel zu weich, und nur den Zug von schwärmerischer Frömmigkeit, der in der Rolle lag, gab sie treulich wieder. So urtheilten die Kunstrichterinnen; die Kritiker, zumal die jüngeren, waren billiger; sie meinten, bei einer so schönen Frau denke man doch eher an weiblichen Reiz, als an Königliche Würde, und da schade es so viel nicht, wenn auch die Frau mehr als die Königin hervortrete; die herrlichen Augen, den anmuthsvollen Mund kleide die Trauer, der Schmerz so gut, wie sonst die Fröhlichkeit, sie sei reizend im Weinen wie im Lachen; und die schwärmerische,

für Liebe nicht unempfindliche, schottische Monarchin könne recht wohl so ausgesehen haben. Indeß gaben sie doch zu, daß sie der Thränen zu viel habe und die unvergleichliche, begeisterte Scene bei'm Anfange des dritten Aktes mißgreife, indem sie, statt im dithyrambischen Aufflug zu sprechen, weinerlich, langsam, fast klagend sprach. Die schöne Frau hatte überhaupt die Schwäche mancher Künstler, ihr eigentliches Talent zu verkennen: in dem munteren und naiven Fache war sie von entzückender Anmuth und Laune, da hielt sie die richtige Mittelstraße zwischen zu kalt und zu frei; [...] aber das Tragische, wozu gerade sie die Neigung trieb, war ihr natürlicher Boden nicht, obgleich sie auch hier durch Fleiß, Anstrengung, richtige Deklamation der Verse, guten Anstand und vortreffliches Gedächtniß mehr als das Mittelmäßige erreichte und die Rollen niemals geradezu verdarb; immer aber bewegte sie sich auf dem Kothurn nicht so ungezwungen und würdevoll, wie natürlich und liebreizend im Soccus. Ihre liebliche Stimme paßte nicht für das Trauerspiel, sie schlug, wie man es nennt, über, wurde kreischend, weinerlich und grell, und da sie sich in den hohen Tönen herumtrieb, auch eintönig. Madame Bethmann, damals Unzelmann, spielte unter ihren Gastrollen in Weimar auch die Maria. Hier vermißte man niemals jene, die hohen Vorrechte der Königlichen Würde nie vergessende Fürstin, und auch die schwärmerische, liebevolle Frau war nicht vernachlässigt; aber das Ideal, das dem Dichter dabei vorgeschwebt, erreichte doch die Darstellerin nicht allenthalben. Sie sprach jene berühmte, oben erwähnte Stelle keinesweges weinerlich, sondern mit Begeisterung, aber nicht mit der einer dichterischen Seele; ihre Begeisterung war vielmehr nur angebildet, viel zu fein und künstlich, um reiner, wahrer Aufschwung der Einbildungskraft zu seyn. Ihr zu modischer Anzug verdarb dabei auch manches, und gab durch die glasirten Handschuhe, die steif vom Ellbogen abstanden, den Bewegungen der Arme etwas Ungraziöses. Den fünften Akt spielte sie, auch was die Treue und Pracht des Kostüms anbelangt, untadelhaft; nur in der Stelle, wo sie ihr Herz nach Frankreich zu senden befiehlt, klang das: ›Ach! es war immer dort‹, im Tone des Lustspiels. Im Ganzen übertraf sie ihre Vorgängerin, die ihr dagegen an

Jugend und Schönheit weit überlegen war, und deßwegen immer eine große Partei für sich hatte. Herr Vohs gab den Mortimer mit Feuer und Anstand, er deklamirte vortrefflich, überschrie sich selten, und war überhaupt tadellos bis auf die Scene mit der Maria im Garten, die er allzu leidenschaftlich spielte. Streng genommen hatte der darstellende Künstler Recht, sie so aufzufassen, da der Dichter sie so angelegt; aber die Bühnen-Decenz erheischt hier eher unwahres Zurücktreten, als eine, wenn auch naturgetreue, Verletzung des Schicklichen. Im Lesen beleidigt die Scene nicht, aber wohl bei'm Sehen; das Ohr ist nicht so empfindlich, wie das Auge. Da Vohs diese Scene mit seiner Frau spielte, so trug er um so weniger Bedenken, sie fortwährend zu umfassen; diejenigen, welche diese Rolle später spielten, folgten nicht so genau der Vorschrift des Dichters und thaten besser daran.

Demoiselle Jagemann feierte ihren Triumph als Elisabeth. Kein Augenblick, wo sie nicht Königin gewesen wäre. Der Zuschauer konnte nicht an ihrer Heuchelei zweifeln, und doch artete diese nicht in Kleinlichkeit oder Gemeinheit aus; es schien nur Nothwendigkeit, nicht niedrige Gesinnung. Sie gab sie mit dem ganzen Stolze, eine große Königin zu seyn, den der Dichter vielleicht zu sehr der Schauspielerin überließ und zu wenig in die Worte der Rolle legte. Madame Wolff, welche die Elisabeth nach ihr spielte, hat sie darin nicht erreicht, ob sie gleich die höhere schlanke Gestalt vor ihr voraus, statt daß jene den großen Vortheil des sonoren Organs hatte. In der Scene im Staatsrath benahm sich Madame Wolff nicht als Monarchin, die es gewohnt ist, auf Thronen zu sitzen; es fehlte ihr an Sicherheit, sie prahlte sogar ein wenig. Madame Schröder mochte die Jagemann als Elisabeth vielleicht erreichen, übertreffen gewiß nicht.

Las man in den rundlichen, zarten Gesichtsformen, in den dunkelen Augen mit dem vollen schwärmerischen Blicke der *Maria* freundlichstes Wohlwollen und ein für Liebesglut, Lebensgenuß und frommen Glauben empfängliches Gemüth, so sprachen dagegen die scharf gezeichneten Züge, das regelmäßige antike Profil, die geistvollen großen Augen vom schönsten Blau der *Elisabeth* Hoheit und kalte Strenge auf's würdigste aus. Auf eine ganz eigene, selbst

Schiller'n überraschende Weise mißlang die vielbesprochene Zank-Scene der beiden Königinnen, indem Maria als die gedemüthigte, Elisabeth als die triumphirende erschien. Gemein wurde die Vohs nicht, aber sie wimmerte entweder, oder enthob sich nicht genug der Sphäre des bürgerlichen Schauspiels; sie flüsterte der Elisabeth die argen Schmähungen, worin sich ein in seinen innersten Tiefen verwundetes, zur Leidenschaft gesteigertes Herz ausspricht, halb verstohlen zu, ohne alle tragische Erhebung und großartigen Sinn.
Leicester's Darsteller (Herr Cordemann) ließ vieles zu wünschen übrig; er hatte jedoch leidliche Haltung und Anstand, vernachlässigte nicht das in dieser Rolle so nöthige stumme Spiel und dehnte nicht; kurz er war mit diesen negativen Tugenden noch immer einer der besseren Leicester's der Bühne. Schiller selbst hielt diese Rolle für schwer, er fürchtete, sie könne leicht bis zur moralischen Nichtswürdigkeit herabgezogen werden, da er sich doch in Leicester durchaus keinen Theater-Bösewicht, sondern einen glatten, temporisirenden Hofmann, in welchem der Ehrgeiz mächtiger als die Liebe herrscht, gedacht hatte, und ein solcher möchte der wirkliche Leicester auch wohl gewesen seyn.
Unter den übrigen darstellenden Personen zeichnete sich besonders Madame Wolff (Malcolmi) als Hanna Kennedy aus; auch Herr Graff als Shrewsbury. Die anderen, mit Ausnahme des durch und durch gezierten Grafen Bellievre, störten wenigstens nicht, sondern trugen vielmehr zur gefälligen Rundung des Ganzen bei.
Das erste Urtheil über dieses Stück war nicht durchaus günstig; man fand es in der Form, im dramatischen Effekte gelungener, als den Wallenstein; aber man vermißte ungern idealische Gestalten, wie Max und Thekla, und an die Zank-Scene zwischen den beiden Königinnen, noch mehr aber an die Abendmahl-Scene stieß sich Mancher; man sprach von Entheiligung und hielt es für einen starken Mißgriff, die Eigenthümlichkeit des unter ganz anderen Bedingungen entstandenen griechischen Theaters, das ja zum gottesdienstlichen Gebrauche mit bestimmt gewesen sei, nach Deutschland verpflanzen zu wollen. Einzelne Stimmen, die da meinten, nicht nur alte heidnische, auch

moderne, christliche Dichter, wie die strenggläubigen Spanier, hätten, ohne im geringsten Ärgerniß zu geben, das Heilige auf das Theater gebracht, verhallten unbemerkt, und bei der zweiten Aufführung im nächsten Herbste ward alles Störende beseitigt und überhaupt gar Manches geändert und abgekürzt.«

Cäcilie: Erste Aufführung der Maria Stuart am 14. Juni 1800. In: Weimars Album zur vierten Säcularfeier der Buchdruckerkunst am 24. Juni 1840. S. 152–155

Der Weimarer Schauspieler Eduard Genast (1797 bis 1866) berichtet:

»Dem ›Macbeth‹ folgte ›Maria Stuart‹, die am 14. Juni 1800 gegeben wurde. Schiller las, da der fünfte Akt noch nicht beendet war, uns zunächst vier Akte vor und nach wenigen Tagen auch den letzten.
Bei der Besetzung der beiden Königinnen war man zweifelhaft, ob man der Vohs die Maria und der Jagemann die Elisabeth geben sollte, oder umgekehrt. Endlich entschied der Vohs schlanke, üppige Gestalt für die Maria und der Jagemann geistige Kraft für die Elisabeth.
Die letztere war anfänglich höchst ungehalten darüber und sandte die Rolle mit dem Bemerken zurück, daß weder ihre Persönlichkeit noch ihr Talent sich für die Elisabeth eigne; aber Schillers freundliche Bitte und seine treffliche Auseinandersetzung des Charakters gewannen sie vollkommen, und mit einer wahren Leidenschaft ging sie endlich an das Studium dieses Charakters. Schiller hatte auch in seiner Ansicht vollkommen Recht; die Vohs war eine sehr schöne Frau und ihr Talent allenfalls ausreichend für die Maria, zur Elisabeth aber fehlte ihr die geistige Fähigkeit.
Schiller leitete die Proben mit unermüdlichem Eifer und trefflicher Anordnung. Einen großen Anstoß gab die Abendmahlszene, und Herder besonders soll gegen diese Profanierung der Kirche protestiert haben; dennoch wurde sie dargestellt, aber nur einmal, denn das Publikum selbst erklärte sich dagegen.
Von allen Orten waren Zuschauer herbeigeströmt und alle Räume des Auditoriums bis auf den letzten Platz besetzt. Schillers Ruhm hatte sich nicht nur in den Städten Thü-

ringens, sondern auch auf den Dörfern schon verbreitet, und selbst Bauern sah man im Theater, wenn ein Schillersches Stück gegeben wurde. Die Darstellung ging gut zusammen. Die Jagemann als Elisabeth, Vohs als Mortimer, der allerdings in der Gartenszene etwas übers Maß ging, waren vortrefflich; Graff (Talbot), Becker (Burleigh), die Vohs (Maria), Cordemann (Leicester) lösten ihre Aufgaben zu allgemeiner Zufriedenheit; die Übrigen beeiferten sich, zum vollkommenen Gelingen des Ganzen beizutragen. Besonders war die Rezitation tadellos, denn die Schauspieler hatten sich bereits in die Schillerschen Jamben hineingelebt, so daß sie sich derselben öfters im gewöhnlichen Leben bedienten.

Nächst Vohs zeichnete sich darin Cordemann aus, der die gewöhnlichste Phrase in Verse, womöglich in gereimte, einzukleiden suchte, wie:

's ist Zeit nun, nach dem Mittagsmahl zu sehn;
Mit Gott ihr Lieben; mög's Euch wohlergehn.

Diese Übungen sollten ihm und Vohs bei einer Wiederholung der ›Maria Stuart‹ in Lauchstädt trefflich zu statten kommen.

Die Jagemann hatte an die Szene mit Leicester, am Schluß des zweiten Akts, nicht gedacht; rechtzeitig bemerkte ich, daß sie nicht an ihrem Platze stand; schnell eilte ich nach ihrer Garderobe und rief ihr durch die Tür zu, daß die Szene mit Mortimer gleich zu Ende sein würde. Von innen erscholl der Schreckensruf: ›Mein Gott! ich habe an die Szene nicht gedacht und bin im Umkleiden begriffen, aber ich komme gleich!‹ Vorsorglich flüsterte ich aus der ersten Kulisse den beiden Spielenden die Verlegenheit zu und beide hatten Geistesgegenwart genug, sich nicht aus der Fassung bringen zu lassen. Die frühere Mitwirkung in der extemporierten Komödie, in welcher der Schauspieler Selbständigkeit haben mußte, half ihnen dabei. Immer waren meine Augen auf die Kulisse gerichtet, woher die Jagemann kommen mußte; nur wenige Verse waren bis zum Schluß der Szene noch übrig. Endlich vor den Worten: ›Maria hofft‹, sah mich Vohs mit fragenden Blicken an, die ich pantomimisch verneinen mußte; darauf extemporierte er sechs bis sieben Verse; ein Gleiches tat Cordemann, der nochmals seine Zweifel über das Gelingen des Plans aussprach und die Worte: ›Bringt ihr die Schwüre meiner ew'gen Liebe!‹ passend anreihte. In Todesangst hatte ich der Entwickelung dieses Dramas zugesehen, doch zum Glück erschien die Jagemann auf ihr Stichwort, allerdings ohne Krönungsmantel und Krone. Als ich Schiller bei unserer Heimkehr dieses Intermezzo mitteilte, amüsierte er sich köstlich darüber und sagte: ›Ja, ja, der Vohs ischt ä ganzer Kerle, aber dem Cordemann hätt' ich's net zugetraut.‹«

Genast: Aus Weimars klassischer und nachklassischer Zeit. Stuttgart: Lutz o. J. S. 71 f.

Aufschlußreiche Informationen enthält auch der Brief eines anderen Weimarer Schauspielers, Friedrich Haide (1770 bis 1832), an den Weimarer Gymnasialdirektor Karl August Böttiger (1760–1835) vom 22. Juni 1812, den zuerst Robert Boxberger im »Archiv für Litteraturgeschichte« 6 (1877) S. 274 f. veröffentlicht hat:

»In Ermanglung meines Tagebuchs bemerke ich über Maria Stuart nur einiges. Schiller las das Stück mehreren Kunstfreunden vor: nur die Mitglieder der Gesellschaft, denen bedeutende Rollen zu Theil wurden, waren gegenwärtig. Ich bekam den Melvil, und obendrein, da Vohs bald erkrankte, den Mortimer, so daß ich nun in diesem Stücke, wie's mir in Wallensteins Tod widerfuhr, ebenfalls zwei Rollen zu spielen hatte. So lange Mdme Vohs die Stuart spielte, blieb in der kecken Angriffsscene auf Mariens Schönheit im 3. Akt, keine Zeile weg. Schiller sah da keine Indezenz – das bessere Gefühl rechtfertigte ihn bei der Aufführung. Als Dmlle. Jagemann die Rolle bekam, bat sie mich, aus eigener gewissenhafter Delikatesse die eindringlichsten Redensarten wegzulassen; ich hielt mich an mein: scripta manent[4] und sagte, was da stand. Seit meiner Wiener Excursion spielte Oels diese Rolle, und nun ist vieles gestrichen.
Mit warmer Vorliebe legte mir Schiller die Scene im 5. Akte ans Herz. Als Katholik mußte ich ihm den ganzen kirchlichen Ritus der Ohrenbeichte und des Abendmahls mittheilen. Er gab mir auf, so weit es mit den Worten über-

4 »Geschriebenes bleibt.«

einstimme, die übliche Priestermanier bei Administration beider Sacramente genau darzustellen, die Absolution mit dem ein dreifaches Kreuz bildenden Gest deutlich zu bezeichnen und das Abendmahl unter zweierlei Gestalt zu reichen, indem zu dem Kelche – dem Vorzug der katholischen Priester, auch die Könige berechtigt seien. Nach einer Vorprobe wurde der Herzog von dieser – Profanation nanntens einige, unterrichtet; er schrieb Schillern einen ausnehmend artigen eigenhändigen Brief, und bat ihn: die öffentliche Feier einer religiösen Weihe vom Theater wegzulassen, indem er und die besseren wohl mit ihm einverstanden seien, allein die gemeine Masse dürfte daran wohl Anstoß nehmen. Schiller ließ mich rufen: er war so aufgebracht, daß er leidenschaftlich ausfiel: Ich will ein Stück schreiben, worin eine genothzüchtigt wird und – sie *müssen* zusehen. Allein er änderte meine Rolle: Ciborium und Kelch blieben weg, und er schloß mit der Absolution. Im 2. Akte fiel die Beschreibung einer Hoffête weg, und jetzt schließt das Stück bei uns mit Lesters Monolog im Gefängniß, die Scene mit der Elisabeth wird weggelassen, ohne daß ich begreife warum.«

Schillers Persönlichkeit III,116 f.

Schiller selbst teilt seinen unmittelbaren Eindruck – wohl nicht ganz ohne diplomatische Höflichkeit – in einem Brief vom 15. Juni 1800 an den Weimarer Schauspieler Heinrich Becker (1764–1822), den Burleigh der Uraufführung, mit:

»Die gestrige Vorstellung ist ein vortrefliches Ganzes gewesen und ich kann Ihnen nicht genug sagen, wie anständig, würdig und bedeutungsvoll es sich dargestellt hat. Wir dürfen keck jede andre deutsche Bühne herausfodern, eine solche Vorstellung zu geben als die gestrige war. Sagen Sie allen meinen Besten Dank, Ihnen bin ich noch ins besondre für die würdige untadelhafte Ausführung Ihrer Rolle verpflichtet, und es hat mich gefreut, in den Urtheilen die ich gestern noch über die Repräsentation gehört habe, zu vernehmen, daß man Ihrem Verdienst um diese Rolle Gerechtigkeit widerfahren läßt. Sie kommen diesen Vormittag vielleicht einen Augenblick zu mir, wo wir zusammen überlegen wollen, wie die künftigen Repräsentationen noch um eine Viertelstunde verkürzt werden können.«

NA XXX,161 f.

Das größte Aufsehen erregt schon vor der Aufführung die Abendmahlsszene V,7, was noch heute Verwirrung stiftet: Ob der vollständige Text der Erstausgabe bei der Uraufführung gespielt wird, ist nicht mehr eindeutig zu erschließen. Der Weimarer Herzog Karl August (1757–1828) richtet wenige Tage vor der Aufführung – auf Anregung des Weimarer Superintendenten Johann Gottfried Herder (1744–1803), wie man vermutet hat (vgl. den Bericht von Genast, S. 71) – an Goethe folgenden Brief:

»Es ist mir gestern abend erzählt worden, daß in der Marie Stuart eine förmliche Kommunion oder Abendmahl auf den Theater passieren würde. Vermutlich soll sie katholisch sein und sich vie[l]leicht mit der in den Jesuiten[5] entschuldigen: indessen ist doch auf unserer Bühne bei der Vorstellung der Jesuiten die Sache so anständig gemacht worden, daß, bis auf ein Kruzifix, das wohl auch hätte wegbleiben können, nichts sehr Anstößiges vorkam. Siehe doch zu, daß dieses auch bei Marie Stuart der Fall sei; ich erinnere dich daran, weil ich der prudentia mimica externa Schilleri[6] nicht recht traue. So ein braver Mann er sonsten ist, so ist doch leider die göttliche Unverschämtheit oder die unverschämte Göttlichkeit, nach Schlegelscher Terminologie, dergestalt zum Tone geworden, daß man sich mancherlei poetische Auswüchse erwarten kann, wenn es bei neuern Dichtungen darauf ankommt, einen *Effekt*, wenigstens *einen sogenannten* hervorzubringen, und der Gedanke, oder der poetische Schwung nicht zureichen wollte, um durch Worte und Gedanken das Herz des Zuhörers zu rühren. Leb wohl.

Carl August.«

Briefe an Goethe. Bd. 1. Hrsg. von Karl Robert Mandelkow. Hamburg: Wegner 1965. S. 349

Daraufhin schreibt Goethe am 12. Juni 1800 an Schiller:

»Der kühne Gedancke, eine Communion aufs Theater zu bringen, ist schon ruchtbar geworden und ich werde veranlaßt Sie zu ersuchen diese Functktion zu umgehen. Ich darf

5 Tragödie von Johann Gottfried Lucas Hagemeister (1762–1806), in der Bearbeitung von Christian August Vulpius im Mai 1799 aufgeführt.
6 Schillers äußere dramaturgische Rücksicht.

jetzt bekennen daß es mir selbst dabey nicht wohl zu Muthe war, nun da man schon zum voraus dagegen protestirt, ist es in doppelter Betrachtung nicht räthlich. Mögen Sie mir vielleicht den 5ten Ackt mittheilen? und mich diesen Morgen nach 10 Uhr besuchen? damit wir die Sache besprechen könnten. Vielleicht gingen Sie auch einmal das Schloß zu sehen? wozu es heute ein schöner Tag ist.«

NA XXXVIII,I,269

Sicher ist, daß Schiller dann die Szene ändert, wie sie in den Theatermanuskripten überliefert ist. Ob das aber *vor* der Uraufführung (vgl. Haide, S. 73 f.), *nach der ersten* Aufführung (vgl. Genast, S. 71) oder *später* (vgl. Cäcilie, S. 70) geschieht, ist strittig. Schillers Brief an Iffland vom 22. Juni 1800 legt nahe, daß zunächst der volle Text gegeben wird (»Sollte man auf dem Berliner Theater nicht so weit gehen dürfen, als ich in der sechsten Scene[7] des fünften Akts gegangen bin, und hier in Weimar gehen durfte [...]« NA XXX,163 f.), würde dann aber seinem Hinweis im Brief vom 3. Juli 1800 an Körner widersprechen (»Ich bemerke nur noch, daß Du nicht stutzen darfst, wenn Du an die siebente Scene des fünften Akts kommst. Diese Scene ist bei der Vorstellung abgeändert worden [...]« NA XXX,168).

Einen bisher wohl unbeachteten Hinweis, daß die Szene möglicherweise unverändert aufgeführt worden ist, bietet das Buch »Einige Briefe über Schillers Maria Stuart« (s. Kap. IV,1a), das schon 1800, also offenbar vor dem Erscheinen der Erstausgabe, veröffentlicht wird. Der Verfasser sagt darin: »Möge das empfangene Sacrament für sie [»Madam Vohs« als Maria] eine heilige Weihe zu immer größern Fortschritten in der Kunst sein.« (S. 106), eine Bemerkung, die – wenn überhaupt – sicher blasphemischer ist als Schillers ganze Szene.

Ein durchschlagender Erfolg wird die Aufführung der Weimarer Truppe am 3. Juli 1800 in Lauchstädt; so schreibt der erwähnte Schauspieler B e c k e r an Schiller am 7. Juli 1800:

7 Daß Schiller die Szene einmal als V,6 und einmal als V,7 bezeichnet, hat nichts mit der Änderung des Textes zu tun (so NA XXX,381), sondern damit, daß das für Iffland abgeschriebene Theatermanuskript V,4 nicht als eigene Szene bezeichnet (s. NA IX,351).

»Das Stück hat so gefallen, daß ich mich einer solchen Sensation nicht erinnern kann. Das einstimmige Urtheil von allen Zuhörern war: es ist das schönste Schauspiel welches Deutschlands Bühne je dargestellt hat. Der Professor Niemeyer und meist alle Professoren von Halle, waren gegenwärtig. Den Cassierer hat man gar nicht zur Casse kommen lassen. Nachmittag um halb 5 Uhr hatte man schon alle Billets aus seiner Wohnung abgeholt. Die Wuth der Menschen über das kleine Haus war so gros, daß wir die Musici aus dem Orchester auf das Theater plazirten, und Selbes mit Zuschauern vollpropften, sie boten Einnander selbst für ein Billet welches 8 g: kostet 3 Rthlr: Dennoch musten über 200 Menschen zurück bleiben. Um sie nicht der langen Hizze auszusetzen ließen wir um halb 5 Uhr schon anfangen.«

NA XXXVIII/I,284

3. Erstdruck – Übersetzung ins Englische – Theatermanuskripte

Schillers Manuskript von »Maria Stuart« liegt nicht vor. Die Erstausgabe erscheint Ende April 1801 bei Cotta in Tübingen und gibt den von Schiller zum Druck autorisierten und daher maßgeblichen Text wieder.
Allerdings existieren weitere Versionen, die die Standardausgabe auf aufschlußreiche Weise beleuchten:

Die englische Übersetzung

Schon während Schiller an dem Stück arbeitet, beginnt der in Weimar lebende Engländer Joseph Charles Mellish (1768 bis 1823) mit der Übersetzung, von der nach seiner eigenen Aussage (Brief an Schiller, 9. 4. 1800) zwei Akte im April und nach Schillers Notiz (Brief an Cotta, 27. 7. 1800) »2 und ½ Acte« im Juli 1800 fertig sind. Die Ausgabe erscheint 1801. Da Schiller während der Arbeit an seinem Manuskript noch ändert, *nachdem* er es Mellish stückweise zum Übersetzen gegeben hat, bewahrt die englische Ausgabe an einigen Stellen eine frühere und gelegentlich umfangreichere Stufe der Textgestalt. Geringfügige Änderungen nimmt Mellish aus seiner Kenntnis des englischen Publi-

kums wohl selbst vor. Schillers Hand ist erkennbar, wenn in Mellishs Version durch zusätzlichen Text unvollständige Verse der Erstausgabe sich zu vollständigen Blankversen runden.
Schiller charakterisiert Mellish und seine Arbeit in einem Brief an den in England tätigen Hauslehrer und Übersetzer Georg Heinrich Nöhden (1770–1826) folgendermaßen:

»Dieser H Mellisch ein sehr gebildeter, in alter und neuer Litteratur vollkommener erfahrner Mann, wohnt seit einigen Jahren ohnweit Jena und wir hätten den Vortheil einer schnellen und leichten Communication. Er hat auch schon verschiedenes aus Wallenstein übersetzt, das nach meinem Urtheil vollkommen genau und, nach dem Urtheil der Kenner des englischen Sprachgeistes, auch sehr schön gelungen ist.«

NA XXX,90

Mellish versieht seine Übersetzung mit einer dreizehn Seiten langen Einleitung, in der er dem englischen Publikum Schillers Freiheiten gegenüber der Historie zu erklären versucht. Er bezieht sich dazu und zur Form des Stücks immer wieder auf Aristoteles als Autorität. Die Abendmahlszene rechtfertigt er damit, daß in ihr die Religion nicht verunglimpft werde: »Die Darstellung [. . .] wird mit der Würde durchgeführt, die zu dieser Handlung [dem Abendmahl] gehört; und dadurch, daß sie die Zuschauer in Ehrfurcht versetzt, überzeugt sie sie um so mehr von Marias Beichte.« Der Leser des Vorworts bekommt nicht den Eindruck, als habe Mellish geistig Schiller bei der Ausarbeitung sehr nahe gestanden.
Da sich kein Londoner Verleger für die englische Ausgabe findet, übernimmt Cotta das finanzielle Risiko. Er läßt sich auf einen vollständigen Mißerfolg ein.

Die Theatermanuskripte

Da »Maria Stuart« in Weimar und Berlin aufgeführt wird, bevor das Stück gedruckt erscheint, und in Leipzig und Hamburg unmittelbar danach, werden von Schillers Handschriften Theatermanuskripte hergestellt. »[. . .] ich muß die zwey ersten Abschriften, die gemacht werden, nach Berlin und Leipzig senden« (Schiller an Körner, 16. 6. 1800,

NA XXX,162). Diese Bühnenversionen enthalten einerseits Passagen, die Schiller später für den Druck ändert oder streicht, andererseits aber zu Aufführungszwecken auch Streichungen von Passagen, die in der Erstausgabe vorhanden sind. Schwerwiegend sind die Unterschiede nur an wenigen Stellen, auf deren Wiedergabe wir uns hier beschränken können, weil Säkularausgabe und Nationalausgabe die verschiedenen Lesarten vollständig verzeichnen. Die Versionen des Leipzig-Dresdner und des Hamburger Bühnenmanuskripts sind handschriftlich in ein Druckexemplar der Cottaschen Handschriftensammlung im Deutschen Literaturarchiv in Marbach eingetragen. Das Berliner Bühnenmanuskript hat zuerst Johannes Hoffmann untersucht (Schillers ›Maria Stuart‹ und ›Jungfrau von Orleans‹ auf der Hamburger Bühne in den Jahren 1801–1848. Phil. Diss. Greifswald 1906. S. 1–30).

Alle drei Versionen unterscheiden sich untereinander nur geringfügig. Bemerkenswerte Einzelheiten sind in den Erläuterungen zu einzelnen Versen erwähnt.

Die Streichungen in den Theatermanuskripten betreffen meist Abschnitte, die zu viel historische Information enthalten, so etwa umfangreiche Passagen von Burleigh in II,7. Gravierend sind Änderungen nur im 5. Akt. Da die Abendmahlszene V,7 schon vor der Uraufführung Anstoß erregt, schreibt Schiller sie für die Bühne um und verharmlost ihre religiöse Substanz. Im folgenden die Abendmahlszene nach dem Leipzig-Dresdner Theatermanuskript, wobei die Abweichungen gegenüber dem Erstdruck kursiv gesetzt sind, Lesarten des Hamburger Theatermanuskriptes sind in Fußnoten beigegeben.

Fünfter Aufzug. Siebenter Auftritt

Maria. Melvil.

Maria. Ich habe alles Zeitliche berichtigt
Und hoffe, keines Menschen Schuldnerin
Aus dieser Welt zu scheiden – Eins nur ist's,
Melvil, was der beklemmten Seele noch
Verwehrt, sich frei und freudig zu erheben.
Melvil. Entdecke mir's. Erleichtre deine Brust,
Dem treuen Freund vertraue deine Sorgen.
Maria. Ich stehe an dem Rand der Ewigkeit,

Bald soll ich treten vor den höchsten Richter,
Und noch hab ich den Heil'gen nicht versöhnt.
Versagt ist mir der Priester meiner Kirche.
Des Sakramentes heil'ge Himmelspeise
Verschmäh ich aus den Händen falscher Priester.
Im Glauben meiner Kirche will ich sterben,
Denn der allein ist's, welcher selig macht.

Melvil. Beruhige dein Herz. Dem Himmel gilt
Der feurig fromme Wunsch statt des Vollbringens.
Tyrannenmacht kann nur die Hände fesseln,
Des Herzens Andacht hebt sich frei zu Gott;
Das Wort ist tot, der Glaube macht lebendig.

Maria. Ach Melvil! Nicht allein genug ist sich
Das Herz, ein irdisch Pfand bedarf der Glaube,
Das hohe Himmlische sich zuzueignen.
Drum ward der Gott zum Menschen und verschloß
Die unsichtbaren himmlischen Geschenke
Geheimnisvoll in einem sichtbarn Leib.
– Die Kirche ist's, die heilige, die hohe,
Die zu dem Himmel uns die Leiter baut;
Die allgemeine, die kathol'sche heißt sie:
Denn nur der Glaube aller stärkt den Glauben;
Wo Tausende anbeten und verehren,
Da wird die Glut zur Flamme, und beflügelt
Schwingt sich der Geist in alle Himmel auf.
– Ach die Beglückten, die das froh geteilte
Gebet versammelt in dem Haus des Herrn!
Geschmückt ist der Altar, die Kerzen leuchten,
Die Glocke tönt, der Weihrauch ist gestreut,
Der Bischof steht im reinen Meßgewand,
Er faßt den Kelch, er segnet ihn, er kündet
Das hohe Wunder der Verwandlung an,
Und niederstürzt dem gegenwärt'gen Gotte
Das *freudig* überzeugte Volk – Ach! Ich
Allein bin ausgeschlossen, nicht zu mir
In meinen Kerker dringt der Himmelssegen.

Melvil. Er dringt zu dir, er ist dir nah, *ihn schließt*
Kein Tempel ein, kein Kerker schließt ihn aus.
Nicht in der Formel ist der Geist enthalten,
Den Ewigen begrenzt kein irdisch Haus.
Das sind nur Hüllen, nur die Scheingestalten
Der unsichtbaren Himmelskraft:
Es ist der Glaube, der den Gott erschafft.

Maria. Melvil! Versteh ich Euch? Ja! Ich versteh Euch!
Hier ist kein Priester, keine Kirche, kein
Hochwürdiges – Doch der Erlöser spricht:
»Wo zwei versammelt sind in meinem Namen,

Da bin ich gegenwärtig unter ihnen.«
Was weiht den Priester ein zum Mund des Herrn?
Das reine Herz, der unbefleckte Wandel.
– So seid Ihr mir, auch ungeweiht, ein Priester,
Ein Bote Gottes, der mir Frieden bringt. 3640
– Euch, *Euch* will ich *mein letzt Bekenntnis* tun,
Und Euer Mund soll mir das Heil verkünden. 3642

Melvil. *Wenn mich dein Herz dafür erklärt, so bin ich*
Für dich ein Priester, diese Kerzen sind
Geweiht[8]*, und wir stehn an heilger Stätte.*
Ein Sakrament ist jegliches Bekenntnis,
Das du der ewigen Wahrheit tust. Spricht doch
Im Beichtstuhl selbst der Mensch nur zu dem Menschen,
Es spricht der Sündige den Sünder frei;
Und eitel ist des Priesters Lösewort,
Wenn dich der Gott nicht löst in deinem Busen.
Doch kann es dich beruhigen, so schwör ich dir,
Was ich jetzt noch nicht bin, ich will es werden.
Ich will die Weihn empfangen, die mir fehlen.
Dem Himmel widm' ich künftig meine Tage;
Kein irdisches Geschäft soll diese Hände
Fortan entweihn, die dir den Segen gaben
Und dieses Priesterrecht, das ich voraus
Mir nehme, wird der Papst bestätigen.
Das ist die Wohltat unsrer heil'gen Kirche,
Daß sie ein sichtbar Oberhaupt verehrt,
Dem die Gewalt inwohnet, das Gemeine
Zu heil'gen und den Mangel zu ergänzen;
Drum wenn der Mangel nicht in deinem Herzen,
Nicht in dem Priester ist er – diese Handlung
Hat volle Kraft, sobald du daran glaubst.
(Marie kniet vor ihm nieder.)
Hast du dein Herz erforscht, schwörst du, gelobst du,
Wahrheit zu reden vor dem Gott der Wahrheit?

Maria. Mein Herz liegt offen da vor dir und ihm. 3673

Melvil. Sprich, welcher Sünde zeiht dich dein Gewissen,
Seitdem du Gott zum letztenmal versöhnt?

Maria. Von neid'schem Hasse war mein Herz erfüllt,
Und Rachgedanken tobten in dem Busen.
Vergebung hofft' ich Sünderin von Gott
Und konnte nicht der Gegnerin vergeben.

Melvil. Bereuest du die Schuld, und ist's dein ernster 3680
Entschluß, versöhnt aus dieser Welt zu scheiden?

Maria. So wahr ich hoffe *auf des Himmels Freuden.*

Melvil. Welch andrer Sünde klagt das Herz dich an?

8 *Geweihet*

Maria. Ach, nicht durch Haß allein, durch sünd'ge Liebe
Noch mehr hab ich das höchste Gut beleidigt.
Das eitle Herz ward zu dem Mann gezogen,
Der treulos mich verlassen und betrogen!
Melvil. Bereuest du die Schuld, und hat dein Herz
Vom eiteln Abgott sich zu Gott gewendet?
Maria. Es war der schwerste Kampf, den ich bestand,
Zerrissen ist das letzte ird'sche Band.
Melvil. Welch andrer Schuld verklagt dich dein Gewissen?
Maria. Ach, eine frühe Blutschuld, längst *erlassen*,
Sie kehrt zurück mit neuer Schreckenskraft
Im Augenblick der letzten Rechenschaft
Und wälzt sich schwarz mir vor des Himmels Pforten:
Den König, meinen Gatten, ließ ich morden,
Und dem Verführer schenkt' ich Herz und Hand!
Streng büßt' ich's ab mit allen Kirchenstrafen,
Doch in der Seele will der Wurm nicht schlafen.
Melvil. Verklagt das Herz dich keiner andern Sünde,
Die du noch nicht *bekannt* und *ab*gebüßt?
Maria. Jetzt weißt du alles, was mein Herz belastet.
Melvil. Denk an die Nähe des Allwissenden!
Der Strafen denke, die *den Meineid treffen*,
Der *den Wahrhaftigen belügt*! Das ist
Die Sünde zu dem ew'gen Tod, denn das
Ist wider seinen Heil'gen Geist gefrevelt!
Maria. So schenke mir die ew'ge Gnade Sieg
Im letzten Kampf, als ich dir wissend nichts verschwieg.
Melvil. Wie? deinem Gott verhehlst du das Verbrechen,
Um dessentwillen dich die Menschen strafen?
Du sagst mir nichts von deinem blut'gen Anteil
An Babingtons und Parrys *Königsmord*?
Den zeitlichen Tod stirbst du für diese Tat,
Willst du auch noch den ew'gen dafür sterben?
Maria. Ich bin bereit, zur Ewigkeit zu gehn;
Noch eh' sich der Minutenzeiger wendet,
Werd ich vor meines Richters Throne stehn,
Doch wiederhol ich's: *mein Bekenntnis* ist vollendet.
Melvil. Erwäg es wohl. Das Herz ist ein Betrüger.
Du hast vielleicht mit list'gem Doppelsinn
Das Wort vermieden, das dich schuldig macht,
Obgleich der Wille das Verbrechen teilte.
Doch wisse, keine Gaukelkunst berückt
Das Flammenauge, das ins Innre blickt!
Maria. Ich habe alle Fürsten aufgeboten,
Mich aus unwürd'gen Banden zu befrein,
Doch nie hab ich durch Vorsatz oder Tat
Das Leben meiner Feindin angetastet!
Melvil. So hätten deine Schreiber falsch gezeugt?

Maria. Wie ich gesagt, so ist's. Was jene zeugten,
Das richte Gott!
Melvil. So steigst du, überzeugt
Von deiner Unschuld, auf das Blutgerüste?
Maria. Gott würdigt mich, durch diesen unverdienten Tod
Die frühe schwere Blutschuld abzubüßen. 3736
Melvil. Du fehltest nur aus weiblichem Gebrechen. 3740
Blut kann versöhnen, was das Blut verbrach, 3739
Dem sel'gen Geiste folgen nicht die Schwächen 3741
Der Sterblichkeit in die Verklärung nach. 3742
Sinke als ein[9] ergebnes Opfer am *Altar*! 3738
Gib hin dem Staube, was vergänglich war,
Die ird'sche Schönheit und die ird'sche Krone!
Und als ein schöner Engel schwinge dich
In seines Lichtes Freudenzone[10],
Wo keine Schuld mehr sein wird und kein Weinen,
Gereinigt in den Schoß des ewig Reinen!
(Geht an die Türe; Maria bleibt in stiller Andacht auf den Knien liegen.)
Melvil (zurückkommend).
Dir bleibt ein harter Kampf noch zu bestehn. 3758
Fühlst du dich stark genug, um jede Regung
Der Bitterkeit, des Hasses zu besiegen? 3760
Maria. Ich fürchte keinen Rückfall. Meinen Haß
Und meine Liebe hab ich Gott geopfert.
Melvil. Nun so bereite dich, die Lords von Leicester
Und Burleigh zu empfangen. Sie sind da.

Der Abschied Marias von Leicester in V,9 ist 12½ Zeilen länger, die nach V. 3821 eingeschoben sind, so daß dadurch auch der Halbvers 3822 vervollständigt wird. Ob die Kürzung Schilllers ein Gewinn ist, erscheint durchaus diskutierenswert. Die erweiterte Fassung:

Maria. Ihr haltet Wort, Graf Leicester – Ihr verspracht 3819
Mir Euren Arm, aus diesem Kerker mich 3820
Zu führen, und Ihr leihet mir ihn jetzt! 3821
Gekommen ist der lang ersehnte[11] *Tag,*
Und in Erfüllung geht[12], *was ich mir*
In süßen Träumen gaukelnd vorgebildet.
Mylord von Leicester, der erwartete,
Der heiß ersehnte Freund, er ist erschienen
Zu Fotheringhayschloß, ich seh ihn mitten
In meinem Kerker stehen; alles ist

9 *Sink ein*
10 *freudenreiche Zone*
11 *erflehte*
12 *gehet*

Bereit zum Aufbruch, alle Pforten offen;
Ich schreite endlich über diese Schwelle
An seiner Hand und hinter mir auf ewig
Bleibt dieses traurige Gefängnis. – Alles
Erfüllet sich, Mylord, und Eure Ehre
Habt Ihr gelöst.
(Er steht wie vernichtet. Sie fährt mit sanfter Stimme fort.)
Ja, Leicester, und nicht bloß 3822
Die Freiheit wollt' ich Eurer Hand verdanken.
Ihr solltet mir die Freiheit teuer machen,
An Eurer Hand, beglückt durch Eure Liebe,
Wollt' ich des neuen Lebens mich erfreun.
Jetzt, da ich auf dem Weg bin, von der Welt
Zu scheiden und ein sel'ger Geist zu werden,
Den keine ird'sche Neigung mehr versucht,
Jetzt, Leicester, darf ich ohne Schamerröten 3830
Euch die besiegte Schwachheit eingestehn –
Lebt wohl, und wenn Ihr könnt, so lebt beglückt!
Ihr durftet werben um zwei Königinnen;
Ein zärtlich liebend Herz habt Ihr verschmäht,
Verraten, um ein stolzes zu gewinnen:
Kniet zu den Füßen der Elisabeth!
Mög' Euer Lohn nicht Eure Strafe werden!
Lebt wohl! – Jetzt hab ich nichts mehr auf der Erden! 3838

4. *Einflüsse*

a. Schillers historische Quellen

Wie seine »Geschichte des Abfalls der vereinigten Niederlande von der spanischen Regierung« (1788) und mehrere kleinere Arbeiten belegen, gehört das 16. Jahrhundert zu den Spezialgebieten des Historikers Schiller. Über seine allgemeinen Kenntnisse hinaus liest und verarbeitet er aber eine Fülle von historischem Material. Die Quellenfrage ist im wesentlichen, wenn auch nicht mit letzter Sicherheit gelöst. Es scheint allerdings – nach der Sorglosigkeit zu urteilen, die die neueren Schiller-Ausgaben diesbezüglich auszeichnet –, als ob die Schiller-Forschung des 20. Jahrhunderts das Interesse an diesem philologischen Problem verloren und das Wissen des 19. Jahrhunderts eher wieder verschüttet hat.

Im folgenden eine möglichst vollständige, wertende Aufstellung der historischen Quellen, die Schiller sicher oder wahrscheinlich benutzt hat. Auf besonders auffällige Abhängigkeiten ist in den Wort- und Sacherklärungen hingewiesen:

1. William Camden: Annales rerum anglicarum et hibernicarum regnante Elizabetha ad annum salutis 1589 [Jahrbücher der englischen und schottischen Geschichte zur Zeit Elisabeths bis zum Jahre des Heils 1589]. London 1615.

Schiller selbst erwähnt die lateinische Quelle schon 1783 in einem Brief an Wilhelm Friedrich Hermann Reinwald (1737–1815) (»Camden ist herrlich«, NA XXIII,69) und entleiht den Band am 24. April 1799 aus der Weimarer Bibliothek.

Camden (1551–1623), Protestant und prominentester englischer Historiker seiner Zeit, veröffentlicht den für Schiller relevanten ersten Teil seiner Jahrbücher 1615. (Der zweite Teil – bis zum Tode Elisabeths 1603 – erscheint erst nach seinem Tod.) Der Verfasser erhebt in seinem Vorwort den Anspruch, Elisabeths Schatzmeister Cecil habe ihm königliche und eigene Akten zur Verfügung gestellt und ihn dazu aufgefordert, seine zeitgeschichtliche Darstellung zu schreiben. Das hat, da Camden Maria Stuart eher mit Sympathie porträtiert, zu der Annahme geführt, daß Jakob I. durch dieses Buch das Ansehen seiner Mutter wiederherstellen wollte. Camden nennt Maria Stuart im Bericht über ihre Hinrichtung: »Eine in ihrer Religion verharrende Herrscherin von einzigartiger Gottesfurcht, unüberwindlicher Großmut des Geistes, weise über jedes weibliche Maß hinaus und von wunderbarer Schönheit. Eine Herrscherin, die unter die Fürsten gerechnet werden muß, deren Lebensglück sich in Elend und Unglück verwandelte.«

2a. George Buchanan: Rerum Scoticarum historia ad Jacobum VI. Scotorum regem [Schottische Geschichte bis zu Jakob VI., König der Schotten]. Amsterdam 1697.

2b. George Buchanan: Detectio Mariae reginae Scotorum [Entlarvung Marias, Königin der Schotten]. In: Samuel Jebb, s. Nr. 10.

Buchanan (1506–82), reformierter Schotte, der nach Reisen und Stellungen in Frankreich 1560 nach Schottland zurückkehrt und 1566 Marias Studienleiter wird, wendet sich nach ihrer Flucht gegen sie und wird Erzieher ihres Sohnes Jakob VI. Seine haßerfüllte Anklageschrift »Detectio ...« von 1568 wird beim Prozeß von York zusammen mit den Kassettenbriefen (vgl. Kap. II) gegen Maria verwendet und ist an Elisabeth gerichtet. Seine »Schottische Geschichte« von 1582 ist ebenfalls stark parteilich gegen Maria und als historische Quelle mit Vorsicht zu behandeln. Aber Schiller findet in Buchanans Werken die Sünderin Maria, deren Bild der 1. Akt entwirft.

3. Pierre de Bourdeille, Herr von Brantôme: Biographische Nachrichten von erlauchten Damen Frankreichs. Jena 1795. (Allgemeine Sammlung historischer Memoirs vom 12. Jahrhundert bis auf die neuesten Zeiten. Hrsg. von Friedrich Schiller. 2. Abt., Bd. 10.) Darin: »Maria Stuart, Königin von Schottland, ehemals auch von Frankreich«, S. 66–106.

Robert Boxberger weist 1868 (Eine bisher noch unbekannte Quelle zu Schillers ›Maria Stuart‹. In: Allgemeine Zeitung. Außerordentliche Beilage zu Nr. 351, S. 5363 f., und zu Nr. 353, S. 5399–5401) zuerst auf die von Schiller selbst herausgegebene deutsche Übersetzung der französischen Quelle hin. Schiller bemerkt darüber zu Goethe in seinem Brief vom 12. Februar 1796: »Ich habe vorige Messe ein Buch herausgegeben, das ich gestern angefangen habe zu lesen. Es ist ein neuer Theil der Memoires, Brantomes Characteristicken enthaltend, die manchmal recht naiv sind, und die zwar den Gegenstand sehr schlecht, ihn selbst aber desto beßer characterisieren« (NA XXVIII,193).

Der hohe Aristokrat Brantôme (um 1540 bis 1614) bewegt sich in der höfischen Welt seiner Zeit und führt ein ereignisreiches Leben voller Reisen und soldatischer Abenteuer. Er kennt Maria Stuart persönlich und begleitet sie 1561 nach Schottland. Die letzten dreißig Jahre seines Lebens widmet er seinem umfangreichen biographischen und autobiographischen Werk, das eine glänzende, wenn auch wenig zuverlässige Skandalchronik der »großen Welt« des 16. Jahrhundert bildet.

4. Andre Du Chesne: Histoire générale d'Angleterre, d'Ecosse et d'Irelande durant seize années jusque à

Jacques I. [Allgemeine Geschichte Englands, Schottlands und Irlands während sechzehn Jahren bis Jakob I.]. Paris 1614.

Schiller leiht das Werk des französischen Hofgeographen und -historikers (1584–1640), der eine Fülle historischer Werke veröffentlicht, am 26. April 1799 aus der Weimarer Bibliothek aus.

5a. De Rapin Thoyras: Histoire d'Angleterre [Geschichte Englands]. Tom. 6. La Haye ²1733.

5b. Paul von Rapin, Herr von Thoyras: Allgemeine Geschichte von England mit Tintals und de St. Marc Anmerkungen ... Hrsg. von S. J. Baumgarten. Bd. 5. Halle 1757.

Rapin (1661–1725), Jurist, Soldat und schließlich Erzieher, verläßt Frankreich wegen der Religionskämpfe und lebt in England und Holland. Hier erscheint 1724 in acht Bänden seine »Geschichte Englands«, die Schiller offenbar im Original und in Übersetzung liest. Auf den atmosphärischen Einfluß des Werkes in »Maria Stuart« weist Schiller in seinem Brief an Goethe vom 12. Juli 1799 (NA XXX,71) selbst hin: »Die englische Geschichte von Rapin Thoyras, die ich seit dieser Arbeit lese hat den guten Einfluß mir das englische Local und Wesen immer lebhaft vor der Imagination zu erhalten.«

6. Wilhelm Robertson: Geschichte von Schottland unter den Regierungen der Königin Maria und des Königes Jacobs VI. bis auf dessen Erhebung auf den englischen Thron [...] In zween Bänden [...] übersetzt [...] mit einer Vorrede begleitet von Matthias Theodor Christoph Mittelstedt. Braunschweig 1762.

Auf William Robertson (1721–93), der eine seiner Hauptquellen bildet, bezieht sich Schiller offenbar schon in einem Brief von Ende März 1788 an Charlotte von Lengefeld: »Ich schicke Ihnen die verlangte Geschichte von Schottland; das englische Original habe ich nicht bekommen können. Lassen Sie sich das Leiden der armen Königin zu Herzen gehen« (Jonas II,23). Daß Schiller das Werk auch bei der eigentlichen Konzeption von »Maria Stuart« verwendet, geht nicht nur aus dem Dramentext selbst, sondern auch aus einem Brief August Wilhelm von Schlegels (1767 bis 1845) an Goethe hervor: »Schiller hatte versprochen, mir einige authentische französische Sonette seiner Heldin mitzuteilen« (17. 6. 1800, NA XLII,298). Auf diese Sonette kann er wohl nur im Anhang des zweiten Bandes von Robertsons Werk gestoßen sein (S. 606–612), wie er wohl überhaupt das umfangreiche Dokumentenmaterial des Anhangs mehrfach verwendet hat.

Die »Geschichte von Schottland« macht den schottischen Geistlichen Robertson berühmt: Er wird Präsident der Universität von Edinburg und königlich-schottischer Hofhistoriker. Seine späteren großen Werke sind »Geschichte des Kaisers Karls V.« (1769) und »Geschichte Amerikas« (1777). Im Falle Maria Stuarts bemüht er sich um kritische Nüchternheit; sein Resümee:

»Unter Geschichtschreibern, die unter der Herrschaft aller dieser Leidenschaften stunden, und die ihr entweder alle tugendhafte und liebenswürdige Eigenschaften zugeschrieben, oder alle Laster, deren das menschliche Herz fähig ist, aufgebürdet haben, müssen wir vergebens den wahren Charakter der Maria suchen. Sie verdienet weder die übertriebenen Lobeserhebungen der einen, noch den allgemeinen Tadel der andern.

Bey allen Reizungen der Schönheit und der vollkommensten Artigkeit ihrer äußerlichen Gestalt, besaß sie alle Annehmlichkeiten, wodurch ihr Eindruck unwiderstehlich wird. Sie war höflich, gesprächig, einschmeichelnd, witzig und schrieb und sprach mit gleicher Leichtigkeit und Würde. Sie war inzwischen hitzig und ungestüm in allen ihren Neigungen; denn ihr Herz war empfindlich und ohne Argwohn. Widerspruch konnte sie nicht leiden, weil sie von Kindheit eine Königinn gewesen war. Zuweilen kostete es ihr keine Mühe sich zu verstellen, und an dem meineidigen Hofe, an welchem sie erzogen war, ward dieses unter die nothwendigsten Regierungskünste mit gerechnet. Sie war nicht unempfindlich gegen die Schmeicheley, und kannte das Vergnügen, womit fast ein jedes Weib den Einfluß ihrer eigenen Schönheit bemerket. Sie war gebildet mit den Eigenschaften die wir lieben, und nicht mit den Talenten, die wir bewundern; mehr ein angenehmes Weib, als eine außerordentliche Königinn. Die Lebhaftigkeit ihres Geistes, die durch eine starke Beurtheilungskraft nicht genug gemäßigt war, und ihr wallendes Herz, das nicht jederzeit unter dem Zwange der Behutsamkeit stund, stürzte sie so wohl in Fehler als in Verbrechen. Wenn wir sagen, sie sey allezeit unglücklich gewesen, so geben wir noch nicht alle Ursachen der so langen, und fast ununterbrochenen Reihe von Widerwärtigkeiten an, die auf sie fielen; wir müssen gleichfalls hinzusetzen, daß sie oft unvorsichtig gewesen. Ihre Leidenschaft gegen den Darnly war unbesonnen, jugendlich und ausschweifend. Und ob gleich der schleunige Übergang zum unversöhnlichen Hasse, eine natürliche Wirkung ihrer schlechtvergoltenen Liebe, und seine Undankbarkeit, Grobheit und Brutalität war; so können doch weder diese Vergehungen, noch Bothwells arglistige Künste und wichtige Dienste, ihre Zuneigung gegen diesen Edelmann rechtfertigen. Selbst die Sitten damaliger Zeiten, so frech und zügellos sie auch waren, sind keine Schutzrede für diese unglückliche Liebe: und sie können uns nicht hindern, auf die schreckliche und ehrlose Scene, die darauf folgte, mit Schaudern und Abscheu zu sehen. Die Menschlichkeit mag über diesen Theil ihres Charakters, den sie nicht billigen kann, einen Vorhang ziehen, und wird, vielleicht, einige bewegen, ihre Handlungen, mehr ihren Umständen, als ihren Neigungen zur Last zu legen; und eher die Unglückseligkeit der erstern bedauern, als die andern einer frevelhaften Bosheit anzuklagen. Die Leiden der Maria haben so wohl den Stufen, als der Dauer nach, alle traurige Widerwärtigkeiten überstiegen, die die Einbildung erdichtet hat, eine ängstliche Unruhe und Mitleiden zu erregen: und wenn wir sie mit Nachdenken übersehen, so möchten wir fast ihrer Schwachheiten vergessen; wir denken an ihren Fehler mit wenigem Unwillen, und billigen unsere Thränen, als wären sie über eine Person vergossen, die einer reinen Tugend weit näher gekommen wäre.

In Absicht auf die Person der Königinn, muß ein Umstand in der Beschreibung der Geschichte eines Weiberregiments nicht vergessen werden, dieser nämlich, daß alle damals lebende Autoren der Maria einstimmig die vollkommenste Schönheit des Gesichts, und das feineste Gewächs, dessen die menschliche Gestalt nur fähig ist, beylegen. Ihr Haar war schwarz, ob sie gleich, nach Gewohnheit ihrer Zeit, oft geborgte Locken von verschiedener Farbe trug. Ihre

Augen waren dunkelgrau, ihre Haut außerordentlich fein, und ihre Hände und Arme ungemein zärtlich, so wohl der Größe als der Farbe nach. Ihre Statur war von einer Höhe, die bis zum Majestätischen stieg. Sie tanzte, gieng und ritte mit gleicher Annehmlichkeit. Ihr Geschmack in der Musik war richtig, und sie sang und spielte auf der Laute mit seltner Fertigkeit« (Bd. 2, S. 184–186).

7. David Hume: Geschichte von England, von dem Einfalle des Julius Cäsar bis auf Elisabeth. Aus dem Englischen. 3. und 4. Bd. Breslau/Leipzig 1770/71.

Schiller beschäftigt sich mit Humes Werk, wie aus zwei Briefen an Körner hervorgeht (1. 1. und 6. 11. 1792; s. Anm. zu V. 331 f., Kap. I), schon Anfang der neunziger Jahre. Er entleiht es am 24. April 1799 aus der Weimarer Bibliothek. Hume (1711–76), der bedeutende englische Aufklärungsphilosoph, betont in seiner »Geschichte«, wie sehr Maria durch die politischen Umstände gebrochen worden ist und wie sehr »die eifersüchtige Gemütsart« Elisabeths ihr mitgespielt hat. Er faßt Marias Charakter zusammen:

»So starb in dem fünf und vierzigsten Jahre ihres Alters und in dem neunzehnten ihrer Gefangenschaft in England, Maria, Königinn von Schottland; eine Fürstinn von großen natürlichen und erworbnen, Leibes- und Gemüthsvollkommenheiten; die aber in ihrem Leben ohne Glück, und in einem gewissen Zeitpunkte sehr unglücklich war. Die Schönheiten ihrer Person und die Annehmlichkeiten ihres äussern Wesens vereinigten sich, sie zu dem liebenswürdigsten Frauenzimmer zu machen; und die Reize ihrer Gesprächigkeit und ihres Umgangs beförderten den Eindruck, den ihre liebenswürdige Gestalt auf die Herzen Aller machte, die sie ansahn. Sie war ehrgeizig und unternehmend, aber zur Munterkeit und Gesellschaft geneigt; von hohem Geiste, beständig, und sogar heftig in ihren Vorsätzen; jedennoch artig und gesprächig in ihrer Aufführung; sie schien nur soviel von männlichen Tugenden an sich zu haben, um sich in Achtung zu setzen, ohne jene sanften Annehmlichkeiten zu verlassen, die eigentlich die Zierde ihres Geschlechts ausmachen. Um uns den gehörigen Begriff von ihrem Charakter zu machen, müssen wir einen Theil ihrer Aufführung bey Seite setzen, so lange sie sich der Führung eines lüderlichen Menschen überließ; und

müssen diese Fehler, wir mögen sie als Unvorsichtigkeiten, oder als Verbrechen nehmen, als die Folge einer unerklärbaren, obgleich nicht ungewöhnlichen, Unbeständigkeit des menschlichen Herzens, der Schwachheit unsrer Natur, der Gewalt der Leidenschaft, und des Einflusses betrachten, den der äusere Zustand, und zuweilen augenblickliche Zwischenfälle, auf Personen haben, deren Grundsätze nicht durchgängig durch Erfahrung, und Nachdenken bestätiget sind. Aufgebracht durch das undankbare Betragen ihres Gemahls, verführt durch verrätherische Rathschläge eines Menschen, in den sie Vertrauen setzte, hingerissen durch die Heftigkeit ihrer eignen Gemüthsart, die nie hinlänglich unter der Leitung des Verstandes gehalten ward; ließ sie sich zu Handlungen verleiten, die schwerlich zu erklären sind, die aber keine Vertheidigung, auch nicht einmal ein milderes Urtheil zulassen. Eine Erzählung ihrer Eigenschaften mögte den Schein einer Lobrede haben; eine Beschreibung ihrer Aufführung aber müßte in einigen Stükken wie eine strenge Satire, und wie ein Vorwurf aussehn.
Ihre zahlreichen Unglücksfälle, die Einsamkeit ihrer langen und verdrüßlichen Gefangenschaft, und die Verfolgungen, denen sie ihres Glaubens wegen war ausgesetzt gewesen, hatten sie in ihren letzten Jahren auf eine hohe Stufe der Andächteley gebracht; und der herrschende Geist nebst den Grundsätzen dieses Zeitalters waren von der Art, daß es destoweniger Wunder ist, wenn ihr Eifer, ihre Empfindlichkeit und ihr Eigennutzen sich verbanden, und sie verführeten, ihre Einwilligung zu einem Entwurfe zu geben, den Verschwörer, die bloß von dem ersten dieser Beweggründe angetrieben wurden, wider Elisabeths Leben gemacht hatten« (Bd. 4, S. 213 f.).

8. Johann Wilhelm von Archenholtz: Geschichte der Königin Elisabeth von England. In: Historischer Kalender für Damen für das Jahr 1790. Von Archenholtz und Wieland. Leipzig [1789]. S. 1–189.

Archenholtz' im Prinzip antikatholische Darstellung kann Schiller nicht viel Neues bieten, da sie selbst weitgehend von seinen Quellen abhängt. Archenholtz (1743–1812) lebt nach der Teilnahme am Siebenjährigen Krieg und zahlreichen Reisen in Europa als historischer Schriftsteller in Hamburg. Seine Darstellungen »England und Italien«

(5 Bde., 1795), »Annalen der britischen Geschichte« (20 Bde., 1788–98) und »Geschichte des siebenjährigen Krieges« (2 Bde., 1793) sind weit verbreitet zu seiner Zeit. Einfluß hat Archenholtz auch als Herausgeber der historischen Zeitschrift »Minerva« von 1792 bis 1813.

9. Friedrich Gentz: Maria Königin von Schottland. In: Taschenbuch für 1799. Berlin [1798]. S. 1–126.

Am 26. April 1799 bittet Schiller Goethe brieflich: »Wenn Sie mir, etwa aus der Sammlung des Herzogs den Genzischen Historischen Calender der das Leben der Maria Stuart enthält verschaffen könnten, so wäre mirs sehr angenehm« (NA XXX,45). Friedrich von Gentz (1764–1832), »die Feder Europas«, ist einer der wirkungsmächtigsten Publizisten der Zeit Napoleons. Nach anfänglicher Sympathie für die Französische Revolution bekehrt er sich zum Konservativismus und tritt 1802 aus dem preußischen in den österreichischen Staatsdienst über, wo er als Hofrat zum Mitarbeiter und Vertrauten Metternichs wird. Seine nüchtern-historische Darstellung enthält ebenfalls nicht viel Material, das Schiller aus älteren Quellen nicht kennt.

Schillers Verwendung dieser Werke ist nachweisbar; daß er weitere benutzt hat, ist nicht zu bezweifeln. *Sichere* Hinweise gibt es nicht. Um die Zeit von 1900 wird von mehreren Forschern der Versuch unternommen, die weitere Quellenlage zu klären, und zwar in folgenden Beiträgen:

Carl Adolf Buchheim: Schillers Maria Stuart. Oxford 1895. (German Classics. Bd. 13.)

Heinrich Düntzer: Schillers Maria Stuart. Leipzig [5]1901. (Erläuterungen zu den deutschen Klassikern. Bd. 48/49.)

Aloysia Cüppers: Schillers Maria Stuart in ihrem Verhältnis zur Geschichte. Münster 1906.

Gotthold Hildebrand: Schillers ›Maria Stuart‹ im Verhältnis zu den historischen Quellen. Strehlen 1909.

Julius Petersen: Die Minneburg in Schillers ›Maria Stuart‹. [1912]. Auch in: J. P., Aus der Goethezeit. Gesammelte Aufsätze zur Literatur des klassischen Zeitalters. Leipzig 1932. S. 128–148.

Einen Anhaltspunkt bildet folgender Ausschnitt eines Briefes von Emilie Gore, der Tochter eines in Weimar lebenden Engländers, an Schilllers Frau Charlotte: »Je viens de parcourir avec mon père chaque volume de l'ouvrage en question et je vous envoye ci-joint tout ce que s'y trouve d'ancien et de moderne qui a rapport à la malheureuse reine d'Ecosse« (NA IX,368 f.; Übersetzung: Ich bin gerade mit meinem Vater alle Bände des betreffenden Werkes durchgegangen und schicke Ihnen anbei alles an Altem und Neuem, was sich auf die unglückliche Königin von Schottland bezieht). Düntzer schreibt dazu: »Gore ließ außer Cambden, Robertson und Brantôme einen Band eines Biographical Dictionary beilegen, ohne Zweifel, wie C. A. Buchheim [...] bemerkt, den dritten Band von Goadby's Dictionary of British Biography« (S. 20 f.). Möglicherweise hat es auch mit der Arbeit an »Maria Stuart« zu tun, daß Goethe Schiller am 16. Februar 1800, offenbar auf dessen Wunsch, »das englische Lexikon« (NA XXXVIII/I,230) schickt. Durch die genannten Forschungsbeiträge werden folgende weitere Quellen wahrscheinlich gemacht:

10. Samuel Jebb: De vita & rebus gestis serenissimae principis Mariae Scotorum reginae, Franciae dotariae [...] [Leben und Taten der allergnädigsten Fürstin Maria, Königin der Schotten, Königswitwe von Frankreich]. 2 Bde. London 1725.

Jebbs umfangreiche Foliobände sind in der Jenaer Universitätsbibliothek zu Schillers Zeit vorhanden. Ihr Einfluß ist an manchen Stellen fast zwingend. Gotthold Hildebrand hält sie für eine der Hauptquellen zum 5. Akt. Die beiden Bände enthalten auf Lateinisch, Französisch und Spanisch siebzehn vorwiegend zeitgenössische Texte, die das Schicksal Maria Stuarts beleuchten. Unter ihnen befindet sich auch Buchanans »Detectio«. Bei Robertson und Hume wird Jebb häufig als Quelle genannt.

11. Raphael Holinshed: The First and Second Volume of Chronicles [...] First Collected and Published by R. H., William Harrison and Others. Now Newly Augmented and Continued [...] to the Yeare 1586 by John Hooker [Der erste und zweite Band der Chroniken ... Zuerst gesammelt und veröffentlicht von ... Jetzt vermehrt und fortgesetzt ... bis zum Jahr 1586 von ...]. 2 Bde. London 1587.

Holinsheds von Carl Adolf Buchheim in die Diskussion gebrachte großformatige Sammlung von Arbeiten über

Geschichte, Geographie und Sitten Englands, Irlands und Schottlands – die wichtigste Quelle für Shakespeare – ist in der zweiten Auflage (Erstausgabe 1577) bei der Geschichte Englands und Schottlands bis Anfang 1587 fortgeführt. So könnte Schilller darin bequem auf den letzten 200 Seiten des zweiten Bandes viel relevantes Material gefunden haben. Auf den Seiten 1316–21 wird in allen Einzelheiten das Turnier um die Minneburg (»Maria Stuart«, II,1) geschildert, auf den Seiten 1571–78 die Babington-Verschwörung unter Nennung aller bei Schiller vorkommenden Namen abgehandelt, und den Schluß des Bandes (bis S. 1592) bilden die Vorgänge um die Verurteilung Maria Stuarts, wobei Reden der englischen Königin und Abgeordneter im Parlament abgedruckt werden.

12. John Nichols: The Progresses and Public Processions of Queen Elizabeth [Die Reisen und öffentlichen Umzüge der Königin Elisabeth]. 2 Bde. London 1788.

Einen Auszug aus Nichols Sammlung historischer Dokumente, den er Charles Gore verdankt, besitzt Schiller. Julius Petersen nimmt das Werk als Quelle für die Minneburg-Szene in Anspruch, ohne die Zustimmung von NA zu finden.

Während der Inhalt von »Maria Stuart« Schillers Kenntnis dieser Werke zumindest wahrscheinlich macht, ist dies bei einer weiteren Gruppe von möglichen Quellen nicht mehr gewährleistet. Da sie von Buchheim und Düntzer aber in die Diskussion gebracht worden sind, sei auf sie wenigstens hingewiesen:

13. Sir Dudly Digges (Hrsg.): The Compleat Ambassador: Or Two Treaties of the Intended Marriage of Qu: Elizabeth of Glorious Memory [. . .] [Der vollständige Botschafter: Oder zwei Unterhandlungen über die beabsichtigte Heirat der Königin Elisabeth glorreichen Andenkens]. London 1655.

Digges sammelt die englischen Korrespondenzen und Akten über die Heirat zwischen Elisabeth und einem Mitglied des französischen Königshauses, vor allem den Briefwechsel, der zwischen London und dem englischen Botschafter in Paris, Walsingham, hin- und hergeht. Das Material reicht von August 1570 bis September 1582, enthält also den zweiten Besuch des Herzogs von Anjou in London und das Minneturnier nicht mehr. Buchheim weist auf das Werk hin. Bei Hume und Robertson wird es häufig als Quelle zitiert.

14. The Memoirs of Sir James Melville of Halhill Containing an Impartial Account of the Most Remarkable Affairs of State During the Sixteenth Century [...] [Die Memoiren von Sir ... enthaltend einen unparteiischen Bericht der bemerkenswertesten Staatsangelegenheiten im 16. Jahrhundert]. London ³1752.

Melville (1535–1617), Bruder von Maria Stuarts Haushofmeister, der im 5. Akt von Schilllers Stück auftritt, hinterläßt Memoiren, die 1683 zuerst erscheinen. Eine französische Übersetzung wird 1745 publiziert. Der Diplomat und Höfling im Dienst Marias und dann Jakobs VI. gibt einen lebendigen Eindruck der politischen Ereignisse in Schottland und England von 1550 bis 1594, die er z. T. selbst miterlebt (z. B. Marias Entführung durch Bothwell, die Riccio-Episode). Für Schiller – sofern er das Buch überhaupt kannte – findet sich über Marias letzte Tage kein Material darin; dagegen kann er über ihre Regierungszeit, die im 1. Akt rekapituliert wird, allerlei Anregendes entnommen haben.

Außer den hier diskutierten Quellen hat Schiller noch den dritten Band des im Düntzer-Zitat schon erwähnten Lexikons verwendet:

15. John Towers: British Biography: or an Accurate and Impartial Account of the Lives and Writings of Eminent Persons, in Great Britain and Ireland; from Wichliff [...] to the Present Time. [Britische Biographie oder eine genaue und unparteiische Darstellung von Leben und Werken bedeutender Personen in Großbritanien und Irland von Wichliff ... bis zur Gegenwart]. 10 Bde. London 1766–77.

Die für die Abendmahlszene im 5. Akt von Schiller konsultierten Werke über alte Kirchenbräuche haben im Text des Stückes keine unmittelbaren Spuren hinterlassen.

Nicht den Einfluß einer *historischen Quelle*, aber den *aktueller historischer Ereignisse*, den man nicht übersehen sollte, legt folgende Information nahe: Albert Kennel veröffentlicht 1906 einen Artikel (Burleigh, Shrewsbury u. Leicester in Schillers Maria Stuart. Speyer 1906. Programm zum Jahresbericht des kgl. Humanistischen Gymnasiums Speyer für das Schuljahr 1905–06), in dem er nachzuweisen versucht, daß Schillers Drama eine Verarbeitung der Diskussion um die Hinrichtung des französischen Königs Ludwig XVI. (1793) enthält. Sein Aufsatz ist in einem kurzen Zeitungsbericht der Zeit referiert:

»Schillers ›Maria Stuart‹ und die Männer der französischen Revolution. Professor Albert Kennel macht in der wissenschaftlichen Beilage zum Jahresbericht des Gymnasiums in Speyer darauf aufmerksam, daß Schiller, der ja den Gang der Revolution in Frankreich mit Spannung verfolgte, in seiner »Maria Stuart« da, wo es sich um Vollziehung oder Aufschub der Hinrichtung der schottischen Königin handelt, in der Wahl seiner Ausdrücke und Wendungen nicht selten unter dem Einfluß der im Konvent gehaltenen Reden gestanden habe; Burleigh, Shrewsbury und Leicester seien nach dem Vorbild der Konventsmänner mit Zügen ausgestattet worden, die sich weder mit der Geschichte noch aus der Handlung mit Notwendigkeit ergäben. Burleighs Sprache erinnere an die Sprache Saint-Justs und Robespierres, wenn sie den Tod des Königs forderten und sich dabei durch keine Drohung des Auslandes, durch keine Berufung auf Menschlichkeit, auf Gerechtigkeit, auf das Urteil der Welt und Nachwelt beirren ließen; Shrewsbury ähnele dem ehrwürdigen Malesherbes, der mehr Tränen für das Schicksal seines Herrn als Kraft zu seiner Verteidigung besessen habe, auch dem für den Verurteilten um Gnade oder wenigstens um Aufschub bittenden Tronchet, oder dem die Unschuld des Königs beweisenden und die besseren Seiten des französischen Volkscharakters vergebens aufrufenden Desèze; Leicester endlich sei nach den Girondisten gezeichnet, die eine zweideutige, schwankende, unentschlossene Haltung bewiesen, wie zum Beispiel Verginaud, der für den Tod des Königs stimmte, aber mit dem Zusatz, es sei besonders zu beraten, ob es nicht dienlich sei, die Vollziehung des Urteils hinauszuschieben. Burleigh sagt (II,3) zu Elisabeth:

. . . . . Wenn du deinem Volk
Der Freiheit köstliches Geschenk, das teuer
Erworbene Licht der Wahrheit, willst versichern,
So muß sie nicht mehr sein. –

Ähnlich hatte Saint-Just am 13. November 1792 sein Urteil mit den Worten begründet: ›Der König muß sterben, um die Ruhe des Volkes zu sichern.‹ Ruft Burleigh (IV,9)

. . . . . Hier ist kein Urteil
Zu fällen, zu vollziehen ist's,

so äußert Saint-Just: ›Wir haben den König nicht sowohl zu richten als hinzurichten.‹
Burleighs Wort (I,7) über die Richter in Westminster:

Sind's nicht die ersten Männer dieses Landes,
Selbständig g'nug um wahrhaft sein zu dürfen?

klingt an Saint-Justs Äußerung vom 27. Dezember an: ›Seid mutig genug die Wahrheit zu sagen.‹ Für Maria eintretend, sagt Shrewsbury (II,3): ›Nicht Stimmenmehrheit ist des Rechtes Probe.‹ So hatte Desèze am 17. Januar 1793 nach Verkündigung des Todesurteils gesagt: ›Zittern Sie nicht, wenn Sie daran denken, daß das Wohl der Republik, das Wohl von 25 Millionen Menschen von fünf Stimmen abhängen kann?‹ – Klagt Shrewsbury der Königin Elisabeth gegenüber (V,15): ›Ich habe deinen edlern Teil nicht retten können‹, so hatte schon Desèze geklagt: ›Franken, wo ist denn jener alte Nationalcharakter, der euch sonst auszeichnete, jener edle Charakter von Größe und Edelmut?‹ Wie Verginaud betont, daß die Pflichten und Gesichtspunkte des Politikers andere sein könnten als die des Richters, so erklärt Leicester (II,3):

Wahr ist's, ich habe selber meine Stimme
Zu ihrem Tod gegeben im Gericht.
Im Staatsrat sprach ich anders. Hier ist nicht
Die Rede von dem Recht, nur von dem Vorteil.

Er fährt fort: ›Wozu sie also töten? Sie ist tot!‹ So sagte der Girondist Manuel bei der Abstimmung am 16./17. Januar: ›Der Tyrann liegt zu Boden. Er ist zu leicht zu töten, als daß ich den Streich gegen ihn führen möchte.‹ Dann setzt Leicester hinzu:

Verachtung ist der wahre Tod. Verhüte,
Daß nicht das Mitleid sie (die Königin) ins Leben rufe.

Das stimmt mit der Begründung, die Rabaut d'Etienne für seine Abstimmung gab: ›Ich bin überzeugt, daß die Asche vom Scheiterhaufen der Könige deren immer wieder neue erzeugt wie die Asche der Märtyrer, daß die Nation, die sich an ihrem zu Boden gestoßenen Tyrannen nur durch Verachtung rächt, sich die Hochachtung der fremden Nationen erwerben muß.‹ Wenn Maria (I,7) sich darüber beschwert, daß derselbe Mund, der das Gesetz gab, auch das Urteil spreche, so hatten Rabaut und andere dieselbe Beschwerde im Konvent erhoben. Maria wehrt sich gegen die Ungerechtigkeit, die darin liege, daß man das Gesetz gegen sie anwende, wo es streng sei, aber nicht für sie, wo es milde sei; dasselbe sagte Tronchet am 17. Januar als Verteidiger des Königs und in Beziehung auf ihn. Kennels Arbeit ist interessanter Beitrag zum Verständnis der Art, wie Schiller arbeitete und Zeitereignisse für seine Dichtung verwertete.«

Vossische Zeitung, 9. März 1907

b. Maria-Stuart-Dramen

Die Geschichte der Dramenliteratur über die historische Maria Stuart beginnt im 16. Jahrhundert unmittelbar nach ihrem Tode (Shakespeares »Hamlet«?) und weist schon bis zu Schiller zahlreiche Titel auf. Siehe dazu:

James E. Phillips: Images of a Queen. Mary Stuart in Sixteenth-Century Literature. Berkeley/Los Angeles 1964.

Karl Kipka: Maria Stuart im Drama der Weltliteratur vornehmlich des 17. und 18. Jahrhunderts. Ein Beitrag zur vergleichenden Literaturgeschichte. Leipzig 1907. (Breslauer Beiträge zur Literaturgeschichte IX.)

Einige Stücke in dieser Tradition könnte Schiller gekannt haben:

Eine bis ins Wörtliche gehende Abhängigkeit einzelner Passagen bei Schiller von Johannes Riemers (1658–1714) Stück über Maria Stuart, »Das Capitul von Staats-Eiffer« (in: Der Regenten bester Hoff-Meister, oder lustiger Hoff-Parnassus, 1679) glaubt J. Seitz (Das Urbild von Maria Stuart? In: Theater-Courier Nr. 803, 13. 5. 1909, S. 289 bis 291) feststellen zu können.

Kipka weist auf mehrere Stücke hin: »Es wäre immerhin möglich, daß Schiller außer der ›Maria Stuart‹ von Spieß auch noch die Dramen von Banks und St. John durch Vermittelung der in Weimar wohnenden Engländer Charles Gore und Mellish [...] kennen gelernt hat. Weniger wahrscheinlich ist, daß er Tronchins Stück in die Hand bekam« (S. 303). Daß diese Werke aber dem Publikum der Zeit gegenwärtig sind, zeigen etwa eine Passage aus Körners Brief an Schiller vom 9. Juli 1800 (»Es giebt ein englisches Stück über diesen Stoff von Banks, das ich besitze. Ich konnte mir nicht versagen es anzusehen, fand es aber erbärmlich.« NA XXXVIII/I,288) und eine Bemerkung in der Rezension zu Schillers Stück in den »Göttingischen Anzeigen von gelehrten Sachen« vom 8. Juni 1801 »Die neueste Englische Marie von St. John haben wir nicht bey der Hand, aber aus Banks ›Albion Queen's‹ ist sicher nichts entlehnt.«).

François Tronchins (1704–98) anonym aufgeführte »Marie Stuart« von 1734 hat im 4. Akt eine Begegnung der beiden Königinnen. An Schiller erinnert sonst höchstens Leicesters Liebe zu Maria und das Gegenspiel Leicester–Cecil. Im Mittelpunkt des Stücks steht die Norfolk-Verschwörung. Er und Maria sterben am Schluß – historisch unwahr, aber dramatisch wirkungsvoll – zu gleicher Zeit.

Der Engländer John Banks (um 1650 bis um 1710) schreibt seine Tragödie »The Island Queens« 1684, kann sie aber erst zwanzig Jahre später unter dem Titel »The Albion Queens or The Death of Mary Queen of Scots« aufführen lassen. Wieder steht die Norfolk-Verschwörung im Zentrum, wieder gibt es die Begegnung der Königinnen, die diesmal zunächst mit einer Versöhnung endet. Erst als sie sich zum zweitenmal gegenüberstehen, ist Elisabeth gnadenlos, was sie – zu spät – bereut. Aus Banks Stück »The Earl of Essex or The Unhappy Favorite« (1682) kennt Schiller mindestens die Teile, die in Lessings »Hamburgischer Dramaturgie« (54.–56. Stück) diskutiert werden. Dort heißt das Werk »Der unglückliche Liebling oder Graf von Essex«.

John St. Johns (1746–93) »Mary Queen of Scots« wird 1789 uraufgeführt. Das Stück – wiederum mit der Norfolk-Handlung – hat mit Schillers Tragödie sicher keine Ähnlichkeit; auffällig ist aber im Hinblick auf die von

Schiller konzipierten, aber wieder gestrichenen beiden Ladies Douglas die Gestalt einer Lady Douglas als Marias Vertrauter. Einen treuen Pagen Douglas, der sie 1568 aus Schloß Lochleven befreit hat, gibt es schon bei Banks.
Christian Heinrich Spieß (1755–99), Verfasser populärer Romane und Theaterstücke, bietet seine 1784 veröffentlichte »Marie Stuart« 1783 dem Mannheimer Nationaltheater zur Aufführung an, aber der Bühnenausschuß, dem seit 1. September auch Schiller als Hausdramatiker angehört, lehnt das Stück ab, das dann in Wien aufgeführt wird. Es kann also als sicher gelten, daß Schiller es kennt. Spieß ist offenbar von Banks beeinflußt: Es gibt zwei Begegnungen der Königinnen; die Norfolk-Handlung ist zentral – Norfolk begeht Selbstmord –; der Douglas-Page himmelt Maria an, wird dann aber aus verschmähter Liebe zum Verräter und endet durch Mord.
Keins der genannten Stücke ist im geistigen Rang auch nur annähernd Schiller vergleichbar. Sie bleiben durchweg im Sentimentalen stecken und sind dramatisch ungelenk. Wirklich befruchtend konnten sie auf Schiller wohl nicht wirken.

c. Schillers dramatische Theorie

In der zehnjährigen Spanne von der Vollendung von »Don Carlos« (1787) bis zu »Wallenstein« erarbeitet Schiller u. a. im Zusammenhang mit seiner Lektüre der philosophischen Werke Immanuel Kants (1724–1804) seine dramatische Theorie, die sein Menschenbild, die Rolle der Kunst überhaupt und Wesen und Wirkung der Tragödie klären soll. Während es einerseits kaum angebracht ist, Schillers dann folgende Dramen nur mit der Elle seiner eigenen Theorie zu messen, ist es andererseits ratsam, nicht aus den Augen zu verlieren, daß dramatische Theorie und Praxis für Schiller einen Zusammenhang bilden. Dies gilt allemal für »Maria Stuart«:
1. Sie ist nach »Wallenstein« (1799), der sich durch seine immer wachsenden Dimensionen dem geradlinigen theoretischen Zugriff entzieht, das erste Schauspiel Schillers nach der Ausarbeitung der Theorie und immer als das am regelmäßigsten gebaute empfunden worden.
2. Schiller beschäftigt sich während der Arbeit mit Lessings

»Hamburgischer Dramaturgie« und mit der Tragödie der Antike. Vor allem Goethes Tagebuchaufzeichnungen dieser Zeit belegen, mit welcher Insistenz und Kontinuität Goethe und Schiller ihr Gespräch über die moderne und antike Tragödie geführt haben. Die analytische Struktur von »Maria Stuart« und die variierenden Versformen in III,1 bringt Schiller selbst mit Euripides in Verbindung. Für seine Beschäftigung mit Lessing bildet der Brief an Goethe vom 4. Juni 1799 (NA XXX,53) ein Zeugnis: »Ich lese jetzt in den Stunden, wo wir sonst zusammen kamen, Leßings Dramaturgie die in der That eine sehr geistreiche und belebte Unterhaltung giebt. Es ist doch gar keine Frage, daß Leßing unter allen Deutschen seiner Zeit über das was die Kunst betrift am klarsten gewesen, am schärfsten und zugleich am liberalsten darüber gedacht und das Wesentliche worauf es ankommt am unverücktesten ins Auge gefaßt hat.« Der Einfluß von Lessings Theaterbriefen über Grundprobleme der Ästhetik, Dramatik, Dramaturgie, Bühnentechnik usw. auf »Maria Stuart« ist in Schillers Freiheit gegenüber dem historischen Stoff, in der regelmäßigen Bauart seines Stücks und im Rückbezug auf die Antike statt auf die klassische französische Interpretation zu spüren. Aber auch ganz konkret wirkt sich die Lektüre aus, denn Lessing bespricht in der »Hamburgischen Dramaturgie« über fünfzehn Kapitel (54.–68. Stück) zwei Essex-Dramen, wobei Formulierungen fallen, die nahezu wörtlich bei Schiller auftauchen (vgl. Anm. zu V. 1155 f., 1525–27, und V. 1902–06).

3. Die folgenden Auszüge aus Schillers Aufsätzen »Über das Pathetische« (1793) und »Über das Erhabene« (um 1794) stehen in engem Zusammenhang mit »Maria Stuart«:

Über das Pathetische

Darstellung des Leidens – als bloßen Leidens – ist niemals Zweck der Kunst, aber als Mittel zu ihrem Zweck ist sie derselben äußerst wichtig. Der letzte Zweck der Kunst ist die Darstellung des Übersinnlichen, und die tragische Kunst insbesondere bewerkstelligt dieses dadurch, daß sie uns die moralische Independenz von Naturgesetzen im Zustand des Affekts versinnlicht. Nur der Widerstand, den es gegen die Gewalt der Gefühle äußert, macht das freie Prinzip in uns kenntlich; der Widerstand aber kann nur nach der Stärke des Angriffs geschätzt werden. Soll sich also die Intelligenz im Menschen als eine von der Natur unabhängige Kraft offenbaren, so muß die Natur ihre ganze Macht erst vor unsern Augen bewiesen haben. Das Sinnenwesen muß tief und heftig leiden; Pathos muß da sein, damit das Vernunftwesen seine Unabhängigkeit kundtun und sich handelnd darstellen könne. [...]

Man gelangt also zur Darstellung der moralischen Freiheit nur durch die lebendigste Darstellung der leidenden Natur, und der tragische Held muß sich erst als empfindendes Wesen bei uns legitimiert haben, ehe wir ihm als Vernunftwesen huldigen und an seine Seelenstärke glauben.

Pathos ist also die erste und unnachlaßliche Forderung an den tragischen Künstler, und es ist ihm erlaubt, die Darstellung des Leidens so weit zu treiben, als es, ohne Nachteil für seinen letzten Zweck, ohne Unterdrückung der moralischen Freiheit, geschehen kann. Er muß gleichsam seinem Helden oder seinem Leser die ganze volle Ladung des Leidens geben, weil es sonst immer problematisch bleibt, ob sein Widerstand gegen dasselbe eine Gemütshandlung, etwas Positives, und nicht vielmehr bloß etwas Negatives und ein Mangel ist. [...]

Das erste Gesetz der tragischen Kunst war Darstellung der leidenden Natur. Das zweite ist Darstellung des moralischen Widerstandes gegen das Leiden. [...]

Der, welcher einem Schmerz zum Raube wird, ist bloß ein gequältes Tier, kein leidender Mensch mehr; denn von dem Menschen wird schlechterdings ein moralischer Widerstand gegen das Leiden gefordert, durch den allein sich das Prinzip der Freiheit in ihm, die Intelligenz, kenntlich machen kann. [...]

Der Kampf mit dem Affekt hingegen ist ein Kampf mit der Sinnlichkeit und setzt also etwas voraus, was von der Sinnlichkeit unterschieden ist. Gegen das Objekt, das ihn leiden macht, kann sich der Mensch mit Hilfe seines Verstandes und seiner Muskelkräfte wehren; gegen das Leiden selbst hat er keine andre Waffen als Ideen der Vernunft.

Diese müssen also in der Darstellung vorkommen, oder durch sie erweckt werden, wo Pathos stattfinden soll. Nun

sind aber Ideen im eigentlichen Sinn und positiv nicht darzustellen, weil ihnen nichts in der Anschauung entsprechen kann. Aber negativ und indirekt sind sie allerdings darzustellen, wenn in der Anschauung etwas gegeben wird, wozu wir die Bedingungen in der Natur vergebens aufsuchen. Jede Erscheinung, deren letzter Grund aus der Sinnenwelt nicht kann abgeleitet werden, ist eine indirekte Darstellung des Übersinnlichen.
Wie gelangt nun die Kunst dazu, etwas vorzustellen, was über die Natur ist, ohne sich übernatürlicher Mittel zu bedienen? [...]
Dadurch nämlich, daß alle bloß der Natur gehorchende Teile, über welche der Wille entweder gar niemals oder wenigstens unter gewissen Umständen nicht disponieren kann, die Gegenwart des Leidens verraten – diejenigen Teile aber, welche der blinden Gewalt des Instinkts entzogen sind und dem Naturgesetz nicht notwendig gehorchen, keine oder nur eine geringe Spur dieses Leidens zeigen, also in einem gewissen Grad frei erscheinen. An dieser Disharmonie nun zwischen denjenigen Zügen, die der animalischen Natur nach dem Gesetz der Notwendigkeit eingeprägt werden, und zwischen denen, die der selbsttätige Geist bestimmt, erkennt man die Gegenwart eines übersinnlichen Prinzips im Menschen, welches den Wirkungen der Natur eine Grenze setzen kann und sich also eben dadurch als von derselben unterschieden kenntlich macht. [...]
Zum Erhabenen der Handlung wird erfordert, daß das Leiden eines Menschen auf seine moralische Beschaffenheit nicht nur keinen Einfluß habe, sondern vielmehr umgekehrt das Werk seines moralischen Charakters sei. Dies kann auf zweierlei Weise sein. Entweder mittelbar und nach dem Gesetz der Freiheit, wenn er aus Achtung für irgendeine Pflicht das Leiden *erwählt*. Die Vorstellung der Pflicht bestimmt ihn in diesem Falle als *Motiv*, und sein Leiden ist eine *Willenshandlung*. Oder unmittelbar und nach dem Gesetz der Notwendigkeit, wenn er eine übertretene Pflicht moralisch *büßt*. Die Vorstellung der Pflicht bestimmt ihn in diesem Falle als *Macht*, und sein Leiden ist bloß eine *Wirkung*. Ein Beispiel des ersten gibt uns Regulus, wenn er, um Wort zu halten, sich der Rachbegier der Karthaginienser ausliefert; zu einem Beispiel des zweiten würde er uns

dienen, wenn er sein Wort gebrochen und das Bewußtsein dieser Schuld ihn elend gemacht hätte. In beiden Fällen hat das Leiden einen moralischen Grund, nur mit dem Unterschied, daß er uns in dem ersten Fall seinen moralischen Charakter, in dem andern bloß seine Bestimmung dazu zeigt. In dem ersten Fall erscheint er als eine moralisch große Person, in dem zweiten bloß als ein ästhetisch großer Gegenstand. [...]

Über das Erhabene

»Kein Mensch muß müssen« sagt der Jude Nathan zum Derwisch, und dieses Wort ist in einem weiteren Umfange wahr, als man demselben vielleicht einräumen möchte. Der Wille ist der Geschlechtscharakter des Menschen, und die Vernunft selbst ist nur die ewige Regel desselben. Vernünftig handelt die ganze Natur; sein Prärogativ ist bloß, daß er mit Bewußtsein und Willen vernünftig handelt. Alle andere Dinge müssen; der Mensch ist das Wesen, welches will.

Eben deswegen ist des Menschen nichts so unwürdig, als Gewalt zu erleiden, denn Gewalt hebt ihn auf. Wer sie uns antut, macht uns nichts Geringeres als die Menschheit streitig; wer sie feigerweise erleidet, wirft seine Menschheit hinweg. Aber dieser Anspruch auf absolute Befreiung von allem, was Gewalt ist, scheint ein Wesen vorauszusetzen, welches Macht genug besitzt, jede andere Macht von sich abzutreiben. Findet er sich in einem Wesen, welches im Reich der Kräfte nicht den obersten Rang behauptet, so entsteht daraus ein unglücklicher Widerspruch zwischen dem Trieb und dem Vermögen.

In diesem Falle befindet sich der Mensch. Umgeben von zahllosen Kräften, die alle ihm überlegen sind und den Meister über ihn spielen, macht er durch seine Natur Anspruch, von keiner Gewalt zu erleiden. Durch seinen Verstand zwar steigert er künstlicherweise seine natürlichen Kräfte, und bis auf einen gewissen Punkt gelingt es ihm wirklich, physisch über alles Physische Herr zu werden. Gegen alles, sagt das Sprichwort, gibt es Mittel, nur nicht gegen den Tod. Aber diese einzige Ausnahme, wenn sie das wirklich im strengsten Sinne ist, würde den ganzen Begriff des Menschen aufheben. Nimmermehr kann er das Wesen sein, welches will, wenn es auch nur *einen* Fall gibt, wo er schlechterdings muß, was er nicht will. Dieses einzige Schreckliche, *was er nur muß und nicht will*, wird wie ein Gespenst ihn begleiten und ihn, wie auch wirklich bei den mehresten Menschen der Fall ist, den blinden Schrecknissen der Phantasie zur Beute überliefern; seine gerühmte Freiheit ist absolut nichts, wenn er auch nur in einem einzigen Punkte gebunden ist. Die Kultur soll den Menschen in Freiheit setzen und ihm dazu behilflich sein, seinen ganzen Begriff zu erfüllen. Sie soll ihn also fähig machen, seinen Willen zu behaupten, denn der Mensch ist das Wesen, welches will.

Dies ist auf zweierlei Weise möglich. Entweder *realistisch*, wenn der Mensch der Gewalt Gewalt entgegensetzt, wenn er als Natur die Natur beherrschet; oder *idealistisch*, wenn er aus der Natur heraustritt und so, in Rücksicht auf sich, den Begriff der Gewalt vernichtet. Was ihm zu dem ersten verhilft, heißt physische Kultur. Der Mensch bildet seinen Verstand und seine sinnlichen Kräfte aus, um die Naturkräfte nach ihren eigenen Gesetzen entweder zu Werkzeugen seines Willens zu machen oder sich vor ihren Wirkungen, die er nicht lenken kann, in Sicherheit zu setzen. Aber die Kräfte der Natur lassen sich nur bis auf einen gewissen Punkt beherrschen oder abwehren; über diesen Punkt hinaus entziehen sie sich der Macht des Menschen und unterwerfen ihn der ihrigen.

Jetzt also wäre es um seine Freiheit getan, wenn er keiner andern als physischen Kultur fähig wäre. Er soll aber ohne Ausnahme Mensch sein, also in keinem Fall etwas *gegen* seinen Willen erleiden. Kann er also den physischen Kräften keine verhältnismäßige physische Kraft mehr entgegensetzen, so bleibt ihm, um keine Gewalt zu erleiden, nichts anders übrig als: *ein Verhältnis*, welches ihm so nachteilig ist, *ganz und gar aufzuheben* und eine Gewalt, die er der Tat nach erleiden muß, *dem Begriff nach zu vernichten.* Eine Gewalt dem Begriffe nach vernichten, heißt aber nichts anders, als sich derselben freiwillig unterwerfen. Die Kultur, die ihn dazu geschickt macht, heißt die moralische. [...]

Zwei Genien sind es, die uns die Natur zu Begleitern

durchs Leben gab. Der eine, gesellig und hold, verkürzt uns durch sein munteres Spiel die mühvolle Reise, macht uns die Fesseln der Notwendigkeit leicht und führt uns unter Freude und Scherz bis an die gefährlichen Stellen, wo wir als reine Geister handeln und alles Körperliche ablegen müssen, bis zur Erkenntnis der Wahrheit und zur Ausübung der Pflicht. Hier verläßt er uns, denn nur die Sinnenwelt ist sein Gebiet, über diese hinaus kann ihn sein irdischer Flügel nicht tragen. Aber jetzt tritt der andere hinzu, ernst und schweigend, und mit starkem Arm trägt er uns über die schwindligte Tiefe.

In dem ersten dieser Genien erkennet man das Gefühl des Schönen, in dem zweiten das Gefühl des Erhabenen. Zwar ist schon das Schöne ein Ausdruck der Freiheit, aber nicht derjenigen, welche uns über die Macht der Natur erhebt und von allem körperlichen Einfluß entbindet, sondern derjenigen, welche wir innerhalb der Natur als Menschen genießen. Wir fühlen uns frei bei der Schönheit, weil die sinnlichen Triebe mit dem Gesetz der Vernunft harmonieren; wir fühlen uns frei beim Erhabenen, weil die sinnlichen Triebe auf die Gesetzgebung der Vernunft keinen Einfluß haben, weil der Geist hier handelt, als ob er unter keinen andern als seinen eigenen Gesetzen stünde. [...]

Gern unterwerfen wir der physischen Notwendigkeit unser Wohlsein und unser Dasein, denn das erinnert uns eben, daß sie über unsre Grundsätze nicht zu gebieten hat. Der Mensch ist in ihrer Hand, aber des Menschen Wille ist in der seinigen. [...]

Bei dem Schönen stimmen Vernunft und Sinnlichkeit zusammen, und nur um dieser Zusammenstimmung willen hat es Reiz für uns. Durch die Schönheit allein würden wir also ewig nie erfahren, daß wir bestimmt und fähig sind, uns als reine Intelligenzen zu beweisen. Beim Erhabenen hingegen stimmen Vernunft und Sinnlichkeit *nicht* zusammen, und eben in diesem Widerspruch zwischen beiden liegt der Zauber, womit es unser Gemüt ergreift. Der physische und der moralische Mensch werden hier aufs schärfste voneinander geschieden; denn gerade bei solchen Gegenständen, wo der erste nur seine Schranken empfindet, macht der andere die Erfahrung seiner *Kraft* und wird durch eben das unendlich erhoben, was den andern zu Boden drückt.

Ein Mensch, will ich annehmen, soll alle die Tugenden besitzen, deren Vereinigung den *schönen Charakter* ausmacht. Er soll in der Ausübung der Gerechtigkeit, Wohltätigkeit, Mäßigkeit, Standhaftigkeit und Treue seine Wollust finden; alle Pflichten, deren Befolgung ihm die Umstände nahelegen, sollen ihm zum leichten Spiele werden, und das Glück soll ihm keine Handlung schwermachen, wozu nur immer sein menschenfreundliches Herz ihn auffordern mag. Wem wird dieser schöne Einklang der natürlichen Triebe mit den Vorschriften der Vernunft nicht entzückend sein, und wer sich enthalten können, einen solchen Menschen zu lieben? Aber können wir uns wohl, bei aller Zuneigung zu demselben, versichert halten, daß er wirklich ein Tugendhafter ist, und daß es überhaupt eine Tugend gibt? Wenn es dieser Mensch auch bloß auf angenehme Empfindungen angelegt hätte, so könnte er, ohne ein Tor zu sein, schlechterdings nicht anders handeln, und er müßte seinen eignen Vorteil hassen, wenn er lasterhaft sein wollte. Es kann sein, daß die Quelle seiner Handlungen rein ist, aber das muß er mit seinem eignen Herzen ausmachen: *wir* sehen nichts davon. Wir sehen ihn nicht mehr tun, als auch der bloß kluge Mann tun müßte, der das Vergnügen zu seinem Gott macht. Die Sinnenwelt also erklärt das ganze Phänomen seiner Tugend, und wir haben gar nicht nötig, uns jenseits derselben nach einem Grund davon umzusehen. [...]
Das höchste Ideal, wornach wir ringen, ist, mit der physischen Welt, als der Bewahrerin unserer Glückseligkeit, in gutem Vernehmen zu bleiben, ohne darum genötigt zu sein, mit der moralischen zu brechen, die unsre Würde bestimmt. Nun geht es aber bekanntermaßen nicht immer an, beiden Herren zu dienen, und wenn auch (ein fast unmöglicher Fall) die Pflicht mit dem Bedürfnisse nie in Streit geraten sollte, so geht doch die Naturnotwendigkeit keinen Vertrag mit dem Menschen ein, und weder seine Kraft noch seine Geschicklichkeit kann ihn gegen die Tücke der Verhängnisse sicherstellen. Wohl ihm also, wenn er gelernt hat, zu ertragen, was er nicht ändern kann, und preiszugeben mit Würde, was er nicht retten kann! Fälle können eintreten, wo das Schicksal alle Außenwerke ersteigt, auf die er seine Sicherheit gründete, und ihm nichts weiter übrigbleibt, als sich in die heilige Freiheit der Geister zu flüchten – wo es

kein andres Mittel gibt, den Lebenstrieb zu beruhigen, als es zu wollen – und kein andres Mittel, der Macht der Natur zu widerstehen, als ihr zuvorzukommen und durch eine freie Aufhebung alles sinnlichen Interesse, ehe noch eine physische Macht es tut, sich moralisch zu entleiben. [...]
Die Fähigkeit, das Erhabene zu empfinden, ist also eine der herrlichsten Anlagen in der Menschennatur, die sowohl wegen ihres Ursprungs aus dem selbständigen Denk- und Willensvermögen unsre *Achtung*, als wegen ihres Einflusses auf den moralischen Menschen die vollkommenste Entwickelung verdient. Das Schöne macht sich bloß verdient um den *Menschen*, das Erhabene um den *reinen Dämon* in ihm; und weil es einmal unsre Bestimmung ist, auch bei allen sinnlichen Schranken uns nach dem Gesetzbuch reiner Geister zu richten, so muß das Erhabene zu dem Schönen hinzukommen, um die *ästhetische Erziehung* zu einem vollständigen Ganzen zu machen und die Empfindungsfähigkeit des menschlichen Herzens nach dem ganzen Umfang unsrer Bestimmung, und also auch über die Sinnenwelt hinaus, zu erweitern.
Ohne das Schöne würde zwischen unsrer Naturbestimmung und unsrer Vernunftbestimmung ein immerwährender Streit sein. Über dem Bestreben, unserm *Geisterberuf* Genüge zu leisten, würden wir unsre *Menschheit* versäumen und, alle Augenblicke zum Aufbruch aus der Sinnenwelt gefaßt, in dieser uns einmal angewiesenen Sphäre des Handelns beständig Fremdlinge bleiben. Ohne das Erhabene würde uns die Schönheit unsrer Würde vergessen machen. In der Erschlaffung eines ununterbrochenen Genusses würden wir die Rüstigkeit des *Charakters* einbüßen und, an *diese zufällige Form des Daseins* unauflösbar gefesselt, unsre unveränderliche Bestimmung und unser wahres Vaterland aus den Augen verlieren. Nur wenn das Erhabene mit dem Schönen sich gattet und unsre Empfänglichkeit für beides in gleichem Maß ausgebildet worden ist, sind wir vollendete Bürger der Natur, ohne deswegen ihre Sklaven zu sein und ohne unser Bürgerrecht in der intelligibeln Welt zu verscherzen. [...]
Wenn die Natur in ihren schönen organischen Bildungen entweder durch die mangelhafte Individualität des Stoffes oder durch Einwirkung heterogener Kräfte *Gewalt erleidet*,

oder wenn sie, in ihren großen und pathetischen Szenen, *Gewalt ausübt* und als eine Macht auf den Menschen wirkt, da sie doch bloß als Objekt der freien Betrachtung ästhetisch werden kann, so ist ihre Nachahmerin, die bildende Kunst, völlig frei, weil sie von ihrem Gegenstand alle zufällige Schranken absondert, und läßt auch das Gemüt des Betrachters frei, weil sie nur den *Schein* und nicht die *Wirklichkeit* nachahmt. Da aber der ganze Zauber des Erhabenen und Schönen nur in dem Schein und nicht in dem Inhalt liegt, so hat die Kunst alle Vorteile der Natur, ohne ihre Fesseln mit ihr zu teilen.

Schiller: Vom Pathetischen und Erhabenen. Ausgewählte Schriften zur Dramentheorie. Hrsg. von Klaus L. Berghahn. Stuttgart: Reclam 1970. (Universal-Bibliothek Nr. 2731 [2].) S. 55 f., 58, 59 f., 61 f., 64, 72, 83 f., 86 f., 88 f., 96 f., 98 f., 100

Ein kurzes Resümee seiner Auffassung vom Verhältnis von Tragödie und Geschichte gibt Schiller jeweils in »Über die tragische Kunst« (1792) und in »Über das Pathetische«:

»Die Tragödie ist viertens poetische Nachahmung einer mitleidswürdigen Handlung, und dadurch wird sie der historischen entgegengesetzt. Das letztere würde sie sein, wenn sie einen historischen Zweck verfolgte, wenn sie darauf ausginge, von geschehenen Dingen und von der Art ihres Geschehens zu unterrichten. In diesem Falle müßte sie sich streng an historische Richtigkeit halten, weil sie einzig nur durch treue Darstellung des wirklich Geschehenen ihre Absicht erreichte. Aber die Tragödie hat einen poetischen Zweck, d. i. sie stellt eine Handlung dar, um zu rühren und durch Rührung zu ergötzen. Behandelt sie also einen gegebenen Stoff nach diesem ihrem Zwecke, so wird sie eben dadurch in der Nachahmung frei; sie erhält Macht, ja Verbindlichkeit, die historische Wahrheit den Gesetzen der Dichtkunst unterzuordnen und den gegebenen Stoff nach ihrem Bedürfnisse zu bearbeiten. Da sie aber ihren Zweck, die Rührung, nur unter der Bedingung der höchsten Übereinstimmung mit den Gesetzen der Natur zu erreichen imstande ist, so steht sie, ihrer historischen Freiheit unbeschadet, unter dem strengen Gesetz der Naturwahrheit, welche man im Gegensatz von der historischen die poetische Wahrheit nennt. So läßt sich begreifen, wie bei strenger Beobachtung der historischen Wahrheit nicht selten die poetische leiden, und umgekehrt bei grober Verletzung der historischen die poetische nur um so mehr gewinnen kann. Da der tragische Dichter, so wie überhaupt jeder Dichter, nur unter dem Gesetz der poetischen Wahrheit steht, so kann die gewissenhafteste Beobachtung der historischen ihn nie von seiner Dichterpflicht lossprechen, nie einer Übertretung der poetischen Wahrheit, nie einem Mangel des Interesse zur Entschuldigung gereichen. Es verrät daher sehr beschränkte Begriffe von der tragischen Kunst, ja von der Dichtkunst überhaupt, den Tragödiendichter vor das Tribunal der Geschichte zu ziehen und Unterricht von demjenigen zu fordern, der sich schon vermöge seines Namens bloß zu Rührung und Ergötzung verbindlich macht. Sogar dann, wenn sich der Dichter selbst durch eine ängstliche Unterwürfigkeit gegen historische Wahrheit seines Künstlervorrechts begeben und der Geschichte eine Gerichtsbarkeit über sein Produkt stillschweigend eingeräumt haben sollte, fordert die Kunst ihn mit allem Rechte vor ihren Richterstuhl. [...]

Noch mehr wird man sich davon überzeugen, wenn man nachdenkt, wie wenig die poetische Kraft des Eindrucks, den sittliche Charaktere oder Handlungen auf uns machen, von ihrer historischen Realität abhängt. Unser Wohlgefallen an idealischen Charakteren verliert nichts durch die Erinnerung, daß sie poetische Fiktionen sind, denn es ist die poetische, nicht die historische Wahrheit, auf welche alle ästhetische Wirkung sich gründet. Die poetische Wahrheit besteht aber nicht darin, daß etwas wirklich geschehen ist, sondern darin, daß es geschehen konnte, also in der innern Möglichkeit der Sache. Die ästhetische Kraft muß also schon in der vorgestellten Möglichkeit liegen.

Selbst an wirklichen Begebenheiten historischer Personen ist nicht die Existenz, sondern das durch die Existenz kund gewordene Vermögen das Poetische. Der Umstand, daß diese Personen wirklich lebten und daß diese Begebenheiten wirklich erfolgten, kann zwar sehr oft unser Vergnügen vermehren, aber mit einem fremdartigen Zusatz, der dem poetischen Eindruck vielmehr nachteilig als beförderlich ist. Man hat lange geglaubt, der Dichtkunst unsers Vaterlands einen Dienst zu erweisen, wenn man den Dichtern Nationalgegenstände zur Bearbeitung empfahl. Dadurch, hieß es, wurde die griechische Poesie so bemächtigend für das Herz, weil sie einheimische Szenen malte und einheimische Taten verewigte. Es ist nicht zu leugnen, daß die Poesie der Alten, dieses Umstandes halber, Wirkungen leistete, deren die neuere Poesie sich nicht rühmen kann – aber gehörten diese Wirkungen der Kunst und dem Dichter? Wehe dem griechischen Kunstgenie, wenn es vor dem Genius der Neuern nichts weiter als diesen zufälligen Vorteil voraus hätte, und wehe dem griechischen Kunstgeschmack, wenn er durch diese historischen Beziehungen in den Werken seiner Dichter erst hätte gewonnen werden müssen! Nur ein barbarischer Geschmack braucht den Stachel des Privatinteresse, um zu der Schönheit hingelockt zu werden, und nur der Stümper borgt von dem Stoffe eine Kraft, die er in die Form zu legen verzweifelt. Die Poesie soll ihren Weg nicht durch die kalte Region des Gedächtnisses nehmen, soll nie die Gelehrsamkeit zu ihrer Auslegerin, nie den Eigennutz zu ihrem Fürsprecher machen. Sie soll das Herz treffen, weil sie aus dem Herzen floß, und nicht auf den Staatsbürger in dem Menschen, sondern auf den Menschen in dem Staatsbürger zielen.«

Ebenda, S. 50 f. und 78 f.

IV. Die Wirkung

1. Die zeitgenössische Rezeption

a. des Bühnenwerks

Die veröffentlichten Kritiken der Uraufführung sind nicht ohne erhebliche Vorbehalte. Schon damals bildet die Begegnung der Königinnen *einen* Streitpunkt; zwei weitere sind die schon diskutierte Abendmahlszene und Mortimers leidenschaftliches Liebesbekenntnis zu Maria in III,6, das auf viele Zeitgenossen nahezu obszön wirkt. Nur daß »Madam Vohs« die Maria und ihr eigener Mann den Mortimer spielen, macht die Szene halbwegs erträglich.

Im »Journal des Luxus und der Moden« erscheint im Juli folgende Kritik, die dem schon erwähnten Karl August Böttiger zugeschrieben wird:

»Den 14ten und 16ten dies. M. ist das neue Trauerspiel ›Maria Stuart‹ von Schiller in Jamben hier aufgeführt worden. Es bleibt billig andern Kunstrichtern die hierzu innern und *äußern* Beruf in sich fühlen, überlassen, die Vorzüge des Stücks selbst genauer zu beleuchten und auseinander zu setzen. Man hatte viel erwartet. Man hat sehr viel und vieles anders, als man erwartet hatte, gefunden. Darüber kann aber nur Eine Stimme seyn, daß auch durch dieß langsam gereifte Werk eines anerkannten Meisters, unsre vaterländische Literatur um ein vorzügliches Stück reicher geworden ist, zu dessen vollkommner Würdigung vielleicht das Publikum selbst noch nicht den rechten Maßstab in der Hand hat. Bey einer vollendeten Darstellung der Hauptfiguren, verbunden mit einer würdigen, der hohen Sphäre, in der sich hier alles bewegt, entsprechenden Zusammenstimmung der Nebenfiguren müßte ohnstreitig eine vollkommne in einander greifende Vorstellung dieses Trauerspiels vor einem vorbereiteten Publikum die ergreifendste Wirkung hervorbringen, wie sie auf einem modernen Theater, wo die erhabene Kunst aus jener festlichen Gottesverehrung der Griechen und Römer in *spielende* Kurzweil ausartete, und wo das alles mäßigende, menschliche theilnehmende Chor ermangelt, unter verwöhnten Zuschauern, die der freyen Dichtung überall nur immer das Richtmaaß der schalen Wirklichkeit anzulegen beflissen sind, überhaupt hervorgebracht werden kann. Gewaltig verschlingt und entwickelt sich alles in dem kühn geknüpften und gelösten Knoten, der Zusammenkunft der beyden Königinnen im Schloßgarten zu Fotheringhay, wo der Dichter es wagte, die geschichtliche Wirklichkeit höhern Forderungen der dramatischen Kunst aufzuopfern. Man hat den unglücklichen Ausgang jener Unterredung der stolzen Elisabeth mit der aufglühenden Maria Stuart besonders gegen das Ende sehr hart und beleidigend gefunden; man hat aber auch die Nothwendigkeit eingesehen, gerade durch eine solche Fiktion die äußerst undramatische Unentschlossenheit der Elisabeth zu einem raschen Entschluß zu bringen, und man hat bemerkt, daß, wenn je eine solche Zusammenkunft, die, der Geschichte zufolge, Maria Stuart stets sehnlich erflehte, und Elisabeth stets listig vermied, statt gefunden hätte, sie ohngefähr denselben Ausgang genommen haben müßte, den hier der Dichter wirklich vorzeichnet. Furchtbar waltet das Schicksal über sein Opfer, die unglückliche (aber auch *schuldige*?) Maria. Freunde und Feinde, alles, was sich der Bedrängten nähert, wird in seine Netze verwickelt, und vor dem Auge des unterrichteten, zitternden Zuschauers ahnungslos dem Verderben geweiht. Groß ist die Kunst des Dichters in der Gruppirung und Gegeneinanderstellung der feindlichen und freundlichen Kräfte, gewaltig ihr Aneinanderrücken in bald mahlenden und sentenzenreichen, bald fortschreitenden Dialog. Selbst die gewagten Versuche, die lyrischen Aufflüge des Chors durch jene entfesselte, leichtschwebende Poesie, womit Maria, einst selbst glückliche Dichterin, vom Klange der Hörner und Zuge der Wolken beflügelt, ihre Freyheit auf den blühenden Teppichen der Natur begrüßt, in leisem Anklang ertönen zu lassen, und uns die letzten, schreckensschwangern Momente, wo die königliche Dulderin unter dem Henkersbeil blutet, durch die Verzweiflung eines von Furien gepeinigten *Höflings* (!) auf eine Weise zu vergegenwärtigen, wie ein Bothe im alten Trauerspiel durch seine Erzählung dessen, *was drinnen geschieht*, das Abwesende zur Anschauung zu bringen vermochte, werden für unsre durch solche Muster immer höher zu hebenden Bühne nicht verloren gehn.

Die Königin Elisabeth wurde von Dem. Jagemann mit der ihr eignen Feinheit und mit aller Erhebung zur stolzen Kälte gespielt, deren die Vielgewandte nur immer fähig ist. Viele glaubten in ihrer nur zu jugendlichen Figur ein etwas geschmeicheltes Portrait der betagten Maiden Queen zu finden. Ungern vermißte man auch bey der zweyten Vorstellung gewisse conventionelle Zeichen des damaligen Königs-Costumes in ihrer Kleidung. Mad. Vohs beschämte als Maria Stuart alle voreiligen Besorgnisse, und befriedigte selbst da in Anstand und Fassung durch den möglichsten Kraftaufwand, wo die höhere Aufgabe des Dichters der Phantasie einen viel weitern Spielraum überließ. Ob nicht durch eine vortheilhaftere und zeitgemäßere Costumirung auch hier einem kleinen Widerspruche mehr zu begegnen gewesen wäre, ist, da hier viel wichtigere Dinge in Untersuchung kommen, eine sehr unbedeutende Nebenfrage. Herr Vohs gab dem fanatischen Mortimer alle Heftigkeit und Energie, die dieser starkgezeichnete Charakter zu erfordern schien, und die hier um so wohlthuender wirkt, da man sich sonst überall mit kummergebeugten oder beengten Menschen umringt, und also in diesem Mortimer allein einen kräftigen Anhalt fand. Eine andere Frage bleibt freylich die, ob jene Heftigkeit bis zu gewissen Äußerungen, die er sich in den letzten Momenten gegen die durch Liebe und Haß gleich grausam verfolgte Maria erlaubt, überhaupt *darstellbar*, ja überhaupt in der Seele des religiösen Fanatikers erregbar gewesen sey? Auf jeden Fall hat die mildernde und, um mit Aristoteles zu sprechen, reinigende Kunst hier ihre heiligen Rechte. Auch die übrigen Schauspieler wirkten ein jeder zur Kraft und Schönheit des Ganzen mit voller Anstrengung und im gehaltenen Zusammenklang, wie man es schon in dieser Kunstschule gewohnt, und bey so fortgehender Übung nicht gemeiner Kräfte durch *solche* Aufgaben immer vollkommener zu erwarten berechtigt ist.«

Braun I/2,384–386

Eine Rezension aus der kurzlebigen, von Christian August Vulpius (1762–1827) herausgegebenen Zeitschrift »Janus« wird erst 1962 von Herbert Koch wiederentdeckt:

»Den 14ten Jun. wurde auf dem hiesigen Hoftheater, ›Maria Stuart‹, ein neues Trauerspiel in 5 Aufzügen, vom

Hrn. Hofr. Schiller, zum erstenmale vor einem sehr zahlreichen Publikum mit dem allgemeinsten Beifalle aufgeführt, und den 16ten wiederholt.
Die an sich schon interessante und rührende Geschichte der Gefangenschaft und Hinrichtung der Königin Maria von Schottland, der schönsten Prinzessin ihrer Zeit, die gewiß schon vielen Lesern des Robertson und Hume manche Thräne entlockt hat, und zu allgemein bekannt ist, als daß wir sie hier zu wiederholen brauchten, ist durch die Bearbeitung des großen Dichters eins der schönsten Werke der dramatischen Dichtkunst geworden. Er hat die Schätze seiner glänzenden Fantasie aufgeboten, um diesen für das Trauerspiel eigens gemachten Gegenstand mit allen Schönheiten und Reizen der Poesie auf das reichste auszuschmükken und zu verherrlichen. Er hat die schon in der Geschichte vorhandenen Situationen mit aller Kunst und Einsicht benutzt, und neue hinzugeschaffen, um das Interesse der Handlung auf alle Weise zu heben und zu verstärken. Dazu kömmt ein Reichthum und eine Fülle der Diktion, eine wunderschöne, kraftvolle, bilderreiche, und doch natürliche Sprache, kurz eine Stärke und ein Zauber der Beredsamkeit, der den Zuhörer unwiderstehlich fesselt und voll Bewunderung mit sich fortreißt. Nicht wenig tragen dazu die schönen und herrlichen Jamben bei, worin dies Trauerspiel geschrieben ist, die alle die Korrektheit, Politur, Ründung und Wohlklang haben, so man von der Meisterhand eines Schillers erwarten kann. Sie sind, wie in den ›Piccolomini‹ und ›Wallenstein‹, mit gereimten Versen vermischt, die, da sie jedesmal aus einer besonderen und lokalen Gemüthstimmung der redenden Person entspringen, eine sehr glückliche Wirkung thun. In ›Maria Stuart‹ aber ist der Dichter noch weiter gegangen, und hat selbst Reime im lyrischen Silbenmaaß gewagt. Als nämlich Maria auf kurze Zeit ihrem Gefängniß entlassen wird, und den Anblick der freien und blühenden Natur genießt, geräth sie in eine süße Begeisterung und schwärmerische Entzückung, die sie in einige herrliche Strophen voll lyrischem Schwung ergießt, und die wohldeklamirt, mit einem mächtigen Reiz auf das Ohr und Gemüth des Zuhörers wirken. Wir übergehen eine Menge glänzender Stellen, voll hoher poetischer Schönheit, wohin besonders die begeisterte Schilderung ge-

hört, die Mortimer der Königin Maria von seiner Reise in Italien, von der Jubelfeier und den Wundern der Kunst in Rom macht.
Im Ganzen ist der Dichter dem Gange der Geschichte treu geblieben: nur hat er die Begebenheiten näher zusammengerückt; er läßt beide Königinnen noch jung seyn, und eine Unterredung zusammen halten, die aber auf beiden Seiten sich mit bittern und schmäligen Vorwürfen endiget, wodurch der tief gekränkte Stolz und die entflammte Rachsucht der bisher noch schwankenden Elisabeth unwiderruflich bestimmt wird, den Befehl zur Hinrichtung der Königin Maria zu unterzeichnen, und ihren Tod zu beschleunigen.
Die traurige Katastrophe, Mariens zärtlicher Abschied von ihrer treuen Amme und von ihren übrigen Bedienten und Hausgenossen, ist so rührend und herzschmelzend dargestellt, daß gewiß wenig Zuschauer seyn werden, deren Augen sich nicht mit Thränen füllen. Darauf, nachdem sie ihrem Haushofmeister, Melvil, der die Stelle des Priesters vertritt, ihre Sünden gebeichtet, und ihr Gewissen entladen hat, erscheint der Graf von Leicester, nebst den übrigen Abgeordneten, die Maria zum Tode führen.
Nun folgt die letzte Szene, wo die Königin Elisabeth erscheint, ihre Staatssekretaire wegen des zu vorschnell vollzogenen Todesurtheils zur Rechenschaft zieht, und mit den härtesten Vorwürfen von sich verbannt und in's Gefängniß schickt. Sie fragt nach Leicester, und man sagt ihr, er seyn nach Frankreich abgesegelt. Auch der alte treue Shrewsbury verläßt sie, und sie sieht sich nun ganz allein, man verläßt, man flieht sie.«

Koch: Zwei unbekannte Schillerrezensionen. In: Jahrbuch der deutschen Schillergesellschaft. 6 (1962) S. 182 f.

Schon 1800 widmet ein bis heute nicht identifizierter Schreiber ein ganzes Buch von fast 150 Seiten Schillers »Maria Stuart« und den Eindrücken, die die Aufführung bei ihm hinterlassen hat:

»Der Verfasser beschreibt hier weiter nichts, als den Eindruck, den die Aufführung der Schillerischen ›Maria Stuart‹ bey ihm verursachte. [...]

So allgemein gespannt jetzt das Publikum auf ein neues dramatisches Product dieses großen Dichters ist, und es mit Recht seyn kan; so groß war auch unser aller Erwartung nach seinem neuesten Werk, nach seiner Maria Stuart. Hier traf das Sprüchelchen keinesweges ein: Parturiunt montes etc.[1] Nein, wir sahen ein in vieler Hinsicht vollendetes Meisterwerk. Es liegt darinn ein Reichthum von erhabnen und rührenden Ideen, von großen und neuen Bildern, von treffenden, feinen und tiefen Bemerkungen aufbewahrt, die mit Verwunderung gegen den Kopf in dem sie erwacht, und gegen den Geist erfüllen, welcher sie aufgefaßt und dargestellt hat. Man muß des Dichters innige Bekanntschaft mit der menschlichen Natur, die feine Nüancirung der Charactere, die interessante, lebendige Darstellung der verschiedenen Lagen durch welche er seine Helden führt, aufs innigste bewundern.

Vor seinen frühern dramatischen Producten hat es auch diesen Vorzug, daß es nicht so sehr von Prachtsentenzen strotzt, sondern weit sanfter und reiner dahin fließt. Wozu sollen auch bloße Zierrathen an einem edlen Gebäude. Sie vermindern durchaus den Eindruck und überladen unsern Verstand, wenn bloß unsere Phantasie und unser Herz in Thätigkeit gesetzt werden soll. [...]

[Marias] Erscheinen im Freyen ist nach meinem Gefühl unstreitig die tragischste Scene im ganzen Stück. Die Unglückliche ist so begeistert durch diese augenblickliche Freyheit, daß sie im Übermaaß ihrer Empfindungen dieselben im lyrischen Gewand ausdrückt. Diese kühne, neue Idee in einem Trauerspiel eine lyrische Stelle einzuflechten, ist hier so vortrefflich angebracht, daß sich eines jeden Auge mit Thränen füllte.

Kurz darauf erscheinen nun die beiden Königinnen gegen einander. [...]

Diese ganze Scene ist was die Wahrheit betrift, vortrefflich. Auch Königinnen sind ja Weiber und zwar so weibliche Weiber, als jede andere. Die Stufenfolge ist vortreflich. Allein es fragt sich, ob diese ganze Unterredung die Foderungen der Schönheit erfüllt? Der Zweck warum der Dichter die beiden Königinnen zusammenbringt war kein ande-

1 Horaz, Ars poetica: Parturiunt montes, nascitur ridiculus mus (Die Berge kreißen, aber nur eine lächerliche Maus wird geboren).

rer, als der Elisabeth noch ein bestimmtes Motiv zu geben das Todesurtheil der Maria zu unterschreiben. Konnte dieses, sagt man nun, nicht auch erreicht werden, ohne daß sich die beiden Königinnen wie Fischweiber zankten? Ein Blick der Maria oder irgend eine andere Art konnte dieß ja eben so gut bewirken. Ich glaube, nein. Wenn die Elisabeth sehr stark gereitzt werden sollte so waren ihre Eitelkeit und ihr Thron die beiden vorzüglichsten Punkte wo sie berührt werden mußte. Hier mußte also das geschminkte Gesicht und der Bastard am stärksten treffen. Hätte sich Maria mehr gemäßigt, so wäre sie eine Heuchlerinn geworden, denn sie war ein Weib, und zwar ein tief gekränktes Weib. Dieser Vorwurf, den man dem Stücke machte, möchte also wohl ungegründet seyn. Weit gerechter möchte man die darauf folgende Scene tadeln, wo Maria die ausgelassendste Freude darüber bezeicht; daß sie der Elisabeth doch die Wahrheit derb gesagt hat. Hier wäre es wohl königlicher gewesen, wenn sich die Maria ruhig verhalten, weder ihre Reden bereut, noch sich auch so ausgelassen darüber gefreut hätte. Denn so tief auch dieß aus der Natur des Weibes geschöpft ist, so ist doch diese Weiblichkeit für die Darstellung zu gemein und nicht veredelt genug. [...]

Auch dieses letzte Stück des Trauerspiels hat man tadeln wollen, und gesagt, es hätte sich das Ganze mit dem Tode der Maria schließen müssen. Allein ich glaube dieser Vorwurf ist ungerecht. Warum schloß Shakspaer seinen Julius Caesar nicht mit der Ermordung desselben? Eine Königin stirbt nicht wie jeder andre Mensch. Der Sturz einer Eiche reißt alle benachbarten Bäume mit sich darnieder. Wir müssen erst sehen was für Folgen ein solcher Tod hatte. Die Gerechtigkeit erfodert, daß die Elisabeth auch wieder etwas leide. Graf Schrewsbury kommt aus dem Gefängnisse, schildert den unglücklichen Zustand des Kurl, Mariens Geheimschreiber, und wie er bekenne, daß er falsch gegen die Maria gezeugt habe. Elisabeth muß eine neue Untersuchung versprechen, doch sieht man an ihr die Hoffnung, daß diese wohl nicht mehr nöthig seyn möchte. Schon durch die Beichte der Maria sind wir moralisch überzeugt, daß Maria unschuldig sterbe, ja gewissermaßen auch eben dadurch schon juristisch. Allein jetzt wird unsere Überzeu-

gung vollkommen, also auch der rührende Eindruck auf unser Herz vermehrt. [...]
Nach der unglücklichen Unterredung der beiden Königinnen, ist er [Mortimer] entzückt über Mariens Sieg:

Du warst die Königinn; sie die Gebeugte.

Nun ist er, das fühlt er, die einzige Stütze der Maria. Nun ist alles für sie verlohren, wenn er sie nicht rettet. Plan und alles ist fertig zur Rettung der Maria. Seine Gefährden haben das Sacrament darauf genommen. Um Marien zu retten, will er seinen eignen Onkel, seinen gleichsam liebevollen Vater, ermorden. Nun darf er auch schon mehr wagen; denn nun betrachtet er Marien als sein erworbnes Eigenthum. Glühend umarmt er die Geliebte und stärkt sich zu seinem großen Unternehmen. Jetzt erst sieht Maria, welcher Triebfeder sie ihre Rettung zu verdanken habe, und zitternd entwindet sie sich seinen Armen, mehr ihre Freunde, als ihre Feinde fürchtend.
Unstreitig sind in dieser Scene die Farben zu grell aufgetragen und ein Conatus Stupri violenti[2] ist wahrlich kein Object einer schönen theatralischen Vorstellung. [...]
Ich dächte doch auch, daß der theatralische Dichter in der Aufstellung solcher Charactere, am behutsamsten gehen müßte, weil dieser unmittelbar die Sinnen berührt. Wir sind noch bey weiten nicht auf der Stufe die ›Lucinde‹ mit reiner Religion zu lesen, geschweige eine solche Scene mit anzusehen. Der dramatische Dichter muß sich hier mehr, wie jeder andre, nach der Bildung der gegenwärtigen Zeit richten. Heil der Menschheit, wenn sie erst jene reine Stufe erstiegen hat, nur darf der dramatische Dichter hier nicht vorgreifen. [...]
Den meisten der Weimarischen Schauspieler und Schauspielerinnen muß man es in der That mit Ruhm nachsagen, daß sie Sinn für die Kunst haben, und wenn auch kein *vollendeter* Künstler unter ihnen ist, so sehen wir doch immer das tägliche Bestreben derselben es zu werden.
Wer wollte aber auch unter den Händen und vor den Augen der größten Männer nicht sein möglichstes thun. Goethe, *der Einzige*, steht an der Spitze des Theaters und hat die Oberdirection. Schiller lebt auch jetzt in Weimar

2 Notzuchtversuch.

und ist zwar nicht bey der Direction angestellt, arbeitet jedoch, zumal bey seinen eignen Stücken, unermüdet an der Bildung der Schauspieler. Noch lange vorher, ehe ein Stück von ihm aufgeführt werden soll, hält er in seinem Hause Leseproben mit ihnen und giebt uns gleichsam hier das Beispiel der alten Dichter, die ihre dramatischen Werke auch den Schauspielern einstudirten. Zumal bey den Versen ist dieses bey der Ungewohnheit der Schauspieler daran, nöthiger als sonst. [. . .]

Ein einziger großer Mann kann in dieser Hinsicht sehr viel thun, und wir fühlen recht gut die Fortschritte, die unser Theater gemacht hat, seit Schiller in Weimar ist und sein ›Wallenstein‹ da aufgeführt wurde.

Wie sehr wäre es zu wünschen, da Goethe durch andere Geschäfte abgehalten wird, so wie er könnte, auf das Theater zu wirken, daß Schiller diesen Theil der Direction übernähm, denn so könnten wir in Weimar eins der ersten Theater Teutschlands erhalten.«

Einige Briefe über Schillers Maria Stuart und über die Aufführung derselben auf dem Weimarischen Hoftheater. Jena: Schöne 1800. S. VIII, 1–3, 49, 51–53, 60 f., 82–85, 94–97

Sogar zu einem gut fünfundzwanzig Seiten langen, gedruckt erschienenen, wenn auch nicht gerade genialen Gedicht regt die Uraufführung an. Aus diesem Gedicht von Johann Bernhard Vermehren (1774–1803) ein Auszug über die Begegnung der Königinnen:

Auch nicht der *Ahndung* leise Stimme weckt
Elisabeth, aus ihrem sichern Traum.
Mit ihrer *Schönheit* will sie niederschlagen
Die Nebenbuhlerinn; den Sinn verblendet
Ihr trunkne Eitelkeit, daß sie das eigne
Verderben nicht mehr scheut, was dem Gespräch'
Mit der gehaßten Schwester mag entspringen.
Heut soll sich vor dem Blick der hohen Schönheit
Von Englands Königinn, die *schönste* Frau,
Die königliche Stuart niedrig beugen;
Heut will Elisabeth, das stolze *Weib*,
Der Eitelkeit Triumf mit Wollust feiern! –
Mit Lust erhört sie ihres Buhlen Flehn,

Und giebt's ihm zu, daß aus dem engen Kerker
Man die Gefangne laß' ins freie Feld,
Um hier die reine Luft des reinen Äthers,
In die beklemmte Brust mit heitrer Freude,
Nach langer Zeit *zum erstenmal* zu saugen.

Und sehet! Maria mit himmlischer Lust
Erblicket die schöne Natur,
Entzücken hebet die klopfende Brust
Auf freier grünender Flur.

Sie fühlt sich gestärkt, ein fröhliches Leben
Kehrt in die Erstorbene ein;
Mit heiterem Muth, mit wonnigem Streben
Beschließt sie den neuen Verein.

»Das Leben ist schön, und mein ist die Welt!
Ein Gott lebt, der schüzend die Unschuld erhält!«
Doch plözlich steht vor ihr ein Schreckens-Bild. –
Wer ist das stolze Weib, das mit Verachtung
Auf eine *Königinn* zu blicken wagt?
Es ist *Elisabeth!* Vom Bliz getroffen,
Fährt die Gekränkte vor dem Feind zurück,
Sie kann den Blick nicht tragen, der ins Herz
Ihr des Verderbens mordend Eisen bohrt.
Sie kann das Aug' nicht sehn; des Lasters Tücke
Wirft in die Seele ihr der todte Blick. –
Doch naht voll Unschuld *bald* das große Weib,
Mit edlem Entschluß sich der niedern Feindinn;
»Fleht, daß sie nicht mit *Haß* die *freie Liebe*
Ihr lohne, fleht, daß sie *Vertrauen* nicht
Mit schnöder *Hinterlist* vergelte, *frei*
Und *offen* lieber sich zur eignen Schwester,
Voll *Huld* und *Liebe* seegnend wend', auf immer
Die ihr so lang verhaßte Feindschaft aus
Den schwesterlichen Herzen *fern verbanne,*
Und mit *Versöhnung* schnell, und gern dem Feinde,
Treuherzig reiche die *befreund'te* Hand.«

So bittet die erhabne Königinn,
In ihrer Unschuld edlem Hochgefühl.

Doch nichts erweicht die Brust Elisabeths,
Die Stahl und Eisen leicht besiegt; dem Felsen
Schlägt nicht ein menschlich Herz im Innern, *Stein*
Ist die Umgebung, *Stein* des Felsens Seele!
Jezt trägt es länger nicht Maria Stuart,
Jezt spricht in ihr das mächt'ge *Selbstgefühl.*
»Auch *sie* ist *Königinn!* Sie ist's *mit Recht!*
Ein *Bastard* raubt in furchtbarer Gestalt
Der *Schwester*, ihr den *angeerbten* Thron.«
Kaum hat gesprochen sie dies Wort der Wahrheit,
Als mit des Todes Blick Elisabeth
Sie niederschlägt, des Schreckens Spruch verkündend,
In ihrer wüthenden, verzerrten Miene. –
Die Grausame verläßt sie unmuthsvoll,
Vor aller Augen tiefgekränkt, erniedrigt. –
»Nun muß sie sterben! *Muß!*« so windet sich
Das schwarze Laster aus der schwarzen Seele. –
Verlassen steht Maria, ganz allein!

Vermehren: Über Schillers Maria Stuart. Ein Gedicht. Jena: Stahl 1800. S. 18–24

Die erste Berliner Aufführung (8. 1. 1801) wird in der »Eunomia« vom April 1801 besprochen:

»Das Tragische in dem Stoffe dieses Trauerspiels, das Unglück einer jungen Königin, die von einer eifersüchtigen Nebenbuhlerin gefangen gehalten und hingerichtet wird; ist allerdings geeignet durch rührende Situationen zu erschüttern, für den Augenblick zu interessiren und hinzureißen. – Aber die Form, in welcher der Stoff im Ganzen dargestellt wird, und die einzelnen, sich widerstrebenden Bestimmungen desselben, lassen keinen Total Eindruck zu, den man aus der Vorstellung nach Hause nähme. Das *gygantische Schicksal*, das wir so gern im Trauerspiele handeln, und die Kraft des Menschen mit ihm im Kampfe sehn, weil, nach Schillers eigner Bemerkung, dieser Kampf, selbst wenn der Mensch in ihm erliegt, schon hebt; – denn nur dem Unendlichen erliegt die endliche Kraft – dies gygantische Schicksal verwandelt sich in diesem Trauerspiele in die *kleinliche Leidenschaft eines elenden Weibes*, dem es zwar nicht an Bosheit, wohl aber an Muth fehlt, boshaft zu scheinen, und das sich deswegen hinter Vorbehalte versteckt, die Jeder durchschauen kann. Nur ein Senfkörnchen Gerechtigkeit oder Großmuth in die Seele der Elisabeth gelegt, und – die ganze Tragödie kömmt um ihre Existenz!

›Aber die Thatsache ist wahr – die Geschichte sagt sie aus‹ – alles richtig; nur – die Geschichte ist kein Kunstwerk.

Mariens Unglück interessirt uns, wir sehen sie unschuldig leiden – *unschuldig*? freilich insofern Elisabeth nicht das Recht hat, sie zu strafen, und weil man sie eines Verbrechens wegen straft, das sie nicht beging; aber wirklich unschuldig? nein! [...]

Je weniger sich nun dieser – *so bestimmte* – Stoff zu einem Trauerspiele schickt, je mehr ist die Kunst zu bewundern, mit welcher Schiller daraus eins seiner schönsten dramatischen Werke gebildet hat. Es giebt einzelne Scenen in demselben, die zu den schönsten gehören, die je auf einer Bühne vorgestellt sind. Dahin rechne ich die Zusammenkunft der beiden Königinnen im Garten – die Scene, wo Marie ihre Dienerschaft entläßt – die Scene, wo Leicester in der Phantasie die Hinrichtung mit ansieht, und man den ganzen Act in seinem Spiele, wie in einem Spiegel erblickt. Ergreifender würde die Scene noch seyn, hätte Schiller ein Mittel gefunden, ihn die Hinrichtung in der Ferne wirklich ansehen zu lassen. So groß der Dichter sich nun zeigt, so unbegreiflich ist es, ihn gegen das Ende wider eine Regel fehlen zu sehen, deren Richtigkeit man doch seit Aristoteles Zeiten nicht bezweifelt hat. ›Jedes Drama muß ein Ende haben.‹ Marie spielt noch eine gute Zeit fort, wenn das Drama schon wirklich zu Ende ist. Dies schließt mit dem fatalen Streich, der das Leben der Marie endet und den Leicester niederstürzt – aber nun sollen die *Folgen dieses Acts für Elisabeth noch sichtbar gemacht werden* – und sie betritt die Bühne aufs neue. Wir sehen sie noch auf eine gleisnerische Weise ihre That bemänteln – sehen sie von ihren Freunden und Lieblingen verlassen, – und freuen uns der Vergeltung, welche in diesen Folgen das unedelmüthige, rachsüchtige Weib trift – aber der Eindruck des Mitleids, den wir über Mariens Unglück hinausnehmen würden, ist geschwächt, und andere Gefühle haben sich an die Stelle gedrängt.

Diese nachtheiligen Folgen für die Elisabeth sind abermals

historisch; und in einer historisch-dramatischen Bearbeitung einer *Geschichte der Elisabeth* dürften sie nicht übergangen werden; aber als Anhang oder Nachtrag zu dem Schicksal Mariens sind sie, wie mich dünkt, am unrechten Orte; weil sie zur Unzeit das Interesse von Marien ab auf Elisabeth lenken. Ich will noch etwas über die Hauptcharaktere in diesem Trauerspiel sagen.

Marie ist die Hauptperson des Dramas; für sie will der Dichter gewinnen, ihr Unglück soll uns rühren. Ihr Unglück ist ihre Gefangenschaft, ihre Hinrichtung durch Elisabeth, welche sie nicht verschuldet hat. Warum schwächt der Dichter diesen Eindruck durch die eingemischte, nicht zur Handlung gehörige Erzählung älterer Thatsachen, wie die Ermordung ihres Gemahls, welche Marie sich hatte zu Schulden kommen lassen, und stellt dadurch ihren Charakter in ein so abscheuliches Licht? [...]

Sollte die Elisabeth selbst nicht haben edler dargestellt werden können? Wenn man sie, bei den wirklichen Angriffen auf ihr Leben, von Seiten der katholischen Parthey, überzeugt hätte: daß sie die Sicherheit ihres Lebens, ihres Reiches und der eingeführten Religion nur durch den Tod der *unschuldigen* Marie erkaufen könne, so wäre Marie als ein Opfer der Zeitumstände – des *Schicksals* – gefallen; sie verdiente um so mehr unser Mitleid, und Elisabeth nicht unsern Abscheu! [...]

In Hinsicht der Sprache unterscheidet sich Marie sehr vortheilhaft vom Wallenstein. Man trifft weniger rhetorischen Schmuck darin an – hört weniger den Dichter in eigner Person. Daher dringt die Sprache mehr zum Herzen – ist dramatischer.

Die Darstellung dieses Trauerspiels auf unsrer Bühne gewährt einen hohen Genuß. Madame Unzelmann giebt uns in der Marie eine sehr vollendete Darstellung. In der Rolle des Leicester haben wir die beiden ersten Künstler unsrer Bühne wechseln sehen – Iffland und Fleck.«

Braun I/3,84–87

b. der Erstausgabe

Als Druckwerk wird »Maria Stuart« gleich nach dem Erscheinen von verschiedenen Zeitschriften besprochen. Das Urteil schwankt zwischen kleinlicher Mäkelei und höchstem

Lob. Zwei Passagen aus den »Göttingischen Anzeigen von gelehrten Sachen« vom 8. Juni 1801:

»Die Liebe zwischen Marien und Leicester wird aber wohl den meisten Lesern oder Zuschauern wenig Interesse gewähren. Leicester ist ein stolzer, elender Höfling, der eigentlich nicht lieben kann, sondern nur der Gemahl einer Königinn werden will, Marien vergessen haben würde, wenn ihn Elisabeth in den Besitz ihrer Hand so wie in den ihrer Gunst gesetzt hätte. Selbst allein als Werk der Darstellung betrachtet, interessirt Leicester nicht, und da Mariens Liebe zu ihm auch nicht als eine sehr lebhafte Leidenschaft gezeigt wird, so ist uns die Wahrheit des oft von Voltaire geäußerten Grundsatzes wieder recht anschaulich geworden, daß, wenn die Leidenschaft der Liebe in einem Trauerspiele nicht sehr feurig geschildert wird, sie nur den Eindruck des Ganzen schwächt, anstatt ihn zu erhöhen. Mortimer ist freylich feurig verliebt, aber in der Scene, wo er dieses am meisten zeigt, will er Marien Gewalt anthun. Die verzweiflungsvolle Lage, in welcher er sich befindet, hat den Eindruck des höchst Indelicaten in seinem Betragen bey uns nicht weggewischt; besonders auffallend auf der Bühne möchte diese Scene leicht werden. Maria wird als leichtsinnig beschrieben. Wir sehen in ihr durch Reue und Unglück gemilderte Hoheit, leicht zu reitzende Lebhaftigkeit und Religiosität. Der Charakter Elisabeth's ist nach der Geschichte gezeichnet, muß also ein höchst unliebenswürdiger Charakter seyn. Daß Kunst in der Schilderung dieses Charakters angewandt worden, verkennen wir nicht, aber da wir Hrn. S. nach unserer völligsten Überzeugung mit nichts Größerem als mit sich selbst, in seinem Meisterstücke vergleichen können, so müssen wir hinzufügen, daß nach unserm Urtheile seine Elisabeth weit hinter seinem Philipp im Carlos steht. [...]

Die Scene des Stücks, die uns in eine lebhafte Bewegung versetzte, wobey uns warm ums Herz ward, und die einen starken Eindruck zurückließ, ist die im dritten Act zwischen den beiden Königinnen. Diese Zusammenkunft ist nicht aus der Geschichte entlehnt, sondern die Erfindung gehört dem Dichter, und also natürlich auch das große Verdienst der Schönheit der Ausführung. Mißbilligen müssen wir es aber sehr, daß Maria im fünften Acte auf dem Theater beichtet, die Absolution erhält und die Communion empfängt, wobey die Einsetzungsworte ausgesprochen werden, weil es nicht fehlen kann, daß die Vorstellung auf dem Theater von einer Handlung, die zu dem feyerlichsten Cultus der drey Religions-Parteyen gehört, die Anhänger dieser drey Parteyen beleidigen muß. Das Übel wird auch nicht durch das dramatische Interesse, was diese Handlung erregt, einiger Maßen wieder gut gemacht.«

Braun I/3,88 f.

Der Berliner Schriftsteller Garlieb Merkel (1769–1850) kommentiert die literarischen Ereignisse um 1800 unter dem doch wohl etwas anspruchsvollen Motto »Parteilos, aber kühn! Kühn, aber besonnen!« in seinen sechsbändigen »Briefen an ein Frauenzimmer über die wichtigsten Produkte der schönen Literatur«. Der 35. und der 39. Brief im 3. Band – insgesamt fast 40 Seiten – beschäftigen sich mit »Maria Stuart«:

»Nach dem Genuße, den man bei einem solchen Gedichte gefunden hat, ist es eine unangenehme Pflicht, nicht bloß zu bewundern, sondern auch *denen* Eigenschaften desselben nach zu spüren, die es verhindern, etwas noch Vollkommneres zu seyn. [...]
Unter allen deutschen Dichtern zeigte keiner eine größere Perfectibilität und benutzte sie sorgfältiger und unverdrossener, als Schiller, vorzüglich als tragischer Dichter. [...]
Mit Maria Stuart beginnt Schiller seine dritte Periode, die wahrscheinlich die glänzendste werden wird. Jetzt sichert seine Kunsteinsicht ihn gegen die Fehler, die seine ersten Stücke entstellten, und da die nothwendige Regel ihm jetzt nicht mehr Fessel, sondern leichte Gewohnheit geworden ist, fühlt der Leser und Zuschauer auch bei seinem Werke nicht mehr die peinliche ermüdende Beklemmung, die ihm die zu sichtbare Anstrengung des Dichters, zuweilen beim Don Carlos oder Wallenstein verursacht. Voll Zuversicht auf seine ausgebildete Kraft, vollständig Herr seiner Bewegungen, schwingt der König der Lüfte sich empor zu Kampf und Sieg. – [...]
Im vierten Akte war die Handlung weiter nichts, als ein verstecktes Fortschleppen: im fünften fehlt sie ganz. Wenn Burleigh am Ende des vierten Akts zur Vollziehung des

Urtheils forteilt, – so ist das eigentliche Drama zu Ende. Von den Triebfedern, die in demselben gegen einander in Bewegung gesetzt waren, ist die eine Hälfte zerbrochen, und die andere braucht nicht mehr zu streben. Von den streitenden Parteien ist die eine vernichtet, also kämpft die andere nicht mehr: das Stück hat uns nichts mehr zu melden. Wenn der Dichter nicht den Fehler begeht, eine ganz neue Opposition auftreten, eine ganz neue Handlung anfangen zu lassen, so kann der fünfte Aufzug schlechterdings nichts seyn, – als was das Ballet ›Die Krönung Roxolanens‹ nach der Oper die drei Sultaninnen, in seiner Art ist: ein Prunkgemählde der Feierlichkeit, welche durch den Schluß der geendigten Handlung veranlaßt wird. Schiller selbst scheint das gefühlt zu haben: daher ist in diesem ganzen Aufzuge sein Hauptbestreben, durch zartes Detail zu rühren. Der fünfte Act ist ein Gemählde, das mehr das Verdienst der sorgfältigen Ausführung, als der genialischen Composition hat. [...]

Endlich tritt sie selbst herein, in festlich-religiösem Anzuge, blickt mit ruhiger Hoheit im Kreise umher, und sagt – – ein abgedroschenes Sophisma. ›Man solle über ihren Tod nicht klagen, sondern sich über ihn freuen.‹ Haben von hundert Heldinnen und Helden, die auf der Bühne starben, nicht wenigstens funfzig, – ja, hat nicht jeder Beichtvater am Sterbebette etwas Ähnliches im Munde? – Man ist so daran gewöhnt, – und man fühlt so bestimmt, daß die ganze Phrase nichts als eine frostige, unwahre Antithese ist, daß sie Ekel einflößt. Wie viel erschütternder und zugleich wie unendlich wahrer ist es, wenn Göthens Egmont ausruft: ›Von dir soll ich scheiden, süßes Leben, von dir, süße Gewohnheit des Daseyns und Wirkens!‹ – Bei dem ersten Auftreten zeigt sich Maria im Reifrocke des Prunks und alles, was sie nun weiter thut, ihre Erkundigungen nach abwesenden Bedienten, ihre Anordnungen und so weiter, rühren uns nur halb, scheinen uns nur ein pathetisches Spiel mit dem – Fächer. – Und nun vollends die Scene, in der sie Melvillen ihre religiösen Bedürfnisse vorlegt, ihm beichtet, – diese macht sie uns völlig fremde. Es ist wahr, ihre Individualität ist mit meisterhafter Haltung durchgeführt, aber in dieser Individualität liegt so wenig Allgemein-Menschliches, so wenig, was allen Herzen zuspricht: den

Historiker und den eigentlichen Philosophen befriedigt sie, aber sind diese denn die einzigen oder nur die *ersten*, denen der Dichter muß zu gefallen suchen? Der Ästhetiker muß die langweiligen Episoden fehlerhaft finden, und die bloß fühlenden Zuschauer – gähnen, wenn sie nicht allenfalls ihre Neugier munter erhält.
Es ist schwer zu errathen, was der Dichter mit dieser Scene wollte, die uns ja in Mariens Charakter keine neue Seite zeigt, und die der übrigen Handlung ganz fremd ist. Wollte er etwa dadurch, daß Maria auch ihren Beichtvater versichert, sie sei an dem Verbrechen, durch das man ihre Hinrichtung motivirt, unschuldig, – wollt' er dadurch das Interesse für sie erhöhen? Wie unzählig viele eingreifendere Mittel als diese zwölf Seiten lange Scene standen ihm dazu zu Gebote. Aber darin gesteht sie ja auch hier noch einmal den Mord ihres Gemahls: und was ist uns nun ihre Unschuld an der versuchten Ermordung der Elisabeth? Das Gefühl richtet nicht nach menschlichen Formen und einzelnen Veranlassungen. Es folgt dem Rechtsgange der göttlichen Nemesis und sieht nach einem lasterhaften Leben in einem leidenvollen Ende nichts, als geübte Gerechtigkeit, welcher Umstand auch *dieses* Ende herbeiführen mag. –
Die folgenden Scenen verwischen diesen unangenehmen Eindruck indessen wieder; sind voll der zartesten und rührendsten Züge: aber wär' es nicht besser, und würden sie nicht einen ungleich tiefern Eindruck machen, wenn sie nichts zu verwischen brauchten? Vorzüglich die Erhabenheit, mit der Maria Leicestern durch wenig Worte zu Boden schlägt: o wie viel, wie sehr viel größer würde sie scheinen, wie unendlich mehr würde sie wirken, hätte man uns nicht so kurz vorher erinnert, daß es eine Verbrecherin, eine Gattenmörderin ist, die sie zeigt. Meisterhaft dagegen, eines Sophokles würdig, ist die letzte Scene gedacht und ausgeführt, die nehmlich, in welcher Leicester zwischen Entschlossenheit und dem Gefühl seiner Niedrigkeit schwankt, uns die einzelnen Vorgänge bei der Hinrichtung aufzählt, wie er sie fast unwillkührlich erlauscht; – und endlich bei dem Todesstreich niederstürzt, als wär' er der Getroffene. Hätte man die Hinrichtung vor unseren Augen vollzogen, es hätte uns nicht so erschüttern können, als die Wirkung, die wir sie auf ihren Veranlasser thun sehen. –

Aber hier ist das Stück wieder zu Ende und der Vorhang sinkt noch nicht; ja die Scene verändert sich. Nachdem was wir angesehen haben, was kann uns der Dichter noch zu geben haben, das uns nicht gleichgültig, langweilig wäre? – Wir sehen Elisabeth die Nachricht von Mariens Tode mit einer Unruhe erwarten, die wir nicht theilen können, da wir schon Gewißheit haben; – wir hören Shrewsbury neue Beweise von Mariens Unschuld bringen, die uns längst nicht mehr zweifelhaft ist; wir sehen die Königin eine neue Schändlichkeit gegen den Staatssekretär üben. Er ist uns gleichgültig; sie verachten wir: was soll uns der Vorgang? Burleigh erscheint, wenige Minuten nachdem wir ihn auf einem entfernten Schlosse gesehen haben, um Rechenschaft davon abzulegen, was er dort that: welche Unwahrscheinlichkeit, und wozu? Er wird verwiesen; Shrewsbury legt seine Würden nieder; Lester ist nach Frankreich geflohen: wozu, wozu erfahren wir das Alles? Was gehn uns diese Menschen alle weiter an? Befürchtete der Dichter etwa, daß wir einen zu lebhaften Eindruck von seinem Werke mitnehmen möchten? Oder hielt er uns für so rachgierig, daß wir unzufrieden gewesen wären, wenn wir ihn nicht eine Art von poetischer Gerechtigkeit hätten üben sehen? O, um uns in dieser Rücksicht zu befriedigen, hätte diese Gerechtigkeit anders ausfallen müssen; hätte Elisabeth nicht gegen Davison eben eine neue Büberey verüben müssen. Daß sie sich neue Minister wählen muß, – was ist das einem so herzlosen Weibe, als Elisabeth sich im ganzen Stücke gezeigt hat? – Diese angehängten Scenen, statt dem Drama Vollendung zu geben, rauben sie ihm. Mariens Tod füllte unsere Seele so ganz, daß es uns nicht einfallen konnte, noch über etwas weitere Belehrung zu wünschen. Jezt erst, da uns der Dichter in fortdauernde Verhältnisse, in die Welt zurückgeführt hat, jezt erst können wir uns nicht der Frage erwehren: Und was nun weiter? Wie endet es mit dem unglücklichen Davison? Mit dem entflohenen Lester? – – [...]

Zum Schlusse erlauben Sie mir, mein Urtheil über dieses Trauerspiel kurz zu wiederholen. Es hat eine sehr große Einheit der Handlung, eine vollkommne Einheit des Interesse: nur hört die eigentliche Handlung zu frühe auf; und ihre Verwickelungen werden nicht aufgelöst, sondern von außen her, durch den Meuchelmörder, zerrissen; – nur ist das Interesse nicht rein und haftet unverhältnismäßig mehr an den Vorgängen, als an den Personen. Fast jede Scene zeigt uns eine anziehende Situation: aber manche Situation macht doch auch einen widerlichen, empörenden Eindruck. – Die Charaktere sind mit einer unübertrefflichen Wahrheit geschildert und meisterhaft gehalten: es ist aber, den Neben-Charakter Shrewsbury's abgerechnet, kein einziger unter ihnen, für den man sich mit reiner hochachtender Wärme interessiren könnte. Die Sprache ist kräftig und meistentheils edel, vielleicht indeß nicht überall den Sprechenden ganz angemessen. Der Dialog ist, einige Scenen abgerechnet, sehr natürlich, und der Dichter hat ihm jedesmal, jetzt das würdevolle, langsame Fortschreiten, jetzt die rasche, fast springende Eile zu geben gewußt, die der Inhalt forderte. Die Verse sind ungleich dramatischer, das heißt, *der Prosa näher*, als in irgend einem andern Schillerschen Stücke. Das Bestreben des Dichters, das Metrum so zu verstecken, daß es beim Hersagen der Verse nicht vorklinge, ist sichtlich: warum aber behält er überhaupt etwas bei, das er dann wieder zu verbergen suchen muß? Schillern, vor allen andern unserer Dichter, muß es möglich seyn, eine Prosa zu geben, die an Würde und Wohlklang solchen Versen wie das Drama verträgt, wenigstens gleich kommt und sie an Wahrheit und Kraft übertrift. –«

Braun I/3,106 f., 116–119, 122 f.

Im wesentlichen kritisch äußert sich die »Neue Allgemeine Deutsche Bibliothek«:

»Seitdem die neueste Ästhetik, wie die neueste Philosophie, soviel von Tendenzen spricht, und mit Tendenzen zu thun hat, sind auch in der schönen Literatur die Tendenzen so verkehrt und vertendirt worden, daß man kaum weiß, nach welchen Grundsätzen die neuesten Produkte unsrer schönen Geister zu beurtheilen sind! Auf dem Kopfe steht, was ehemals auf den Füßen stand, und Verwirrung und schwankende Begriffe walten, wo man sich sonst bemühete, Ordnung und Bestimmtheit herrschen zu lassen. Keine Regel, die aus den ewigen Gesetzen der Natur und anerkannten Meisterwerken abstrahirt, vor Zeiten die zügellose Phantasie band, und jeder Art und Kunst ihre Gränze anwies, die sie nicht zu überschreiten wagte, als um höherer Wahrheit und Schönheit willen, gilt mehr. Man darf Täuschung und Wirkung verfehlen, wenn man nur sagt, es geschehe aus genialischer Kraft. Das allerneueste Genie achtet keine Regeln. Es verwirft sie entweder ganz, oder schafft sich solche, die so gut sind, wie keine. Es liebt Sprünge in's Blaue hinein. Es überläßt sich blinder Willkühr; keine Ordnung, als die seiner eigenen wilden Eingebungen, unbekümmert um Schönheit und Wahrheit, ohne die doch, sey es in den redenden, sey es in den bildenden schönen Künsten, keine Produktion der Phantasie für ächtes Kunstwerk gelten kann. Das allerneueste Genie setzt: es *müsse* so seyn, *schlechthin*, *unbedingt* und *ohne allen Beweis*!

Es gehörte, z. B. seit der ersten Vervollkommung der tragischen Kunst durch die griechischen Schauspieldichter, seit der scharfsinnigen Theorie, die Aristoteles aus ihnen abzog, durchaus zu einem vollkommnen Trauerspiele, daß der Held ein *handelndes, selbstständiges Wesen* sey; daß er, wenn Unfälle auf ihn einstürmen, nicht bloß leide und dulde, sondern daß er gegen sein Ungemach *ankämpfe*; nicht bloß klage und jammere, und klagend und jammernd fremde Willkühr, nach Belieben, mit sich schalten lasse; sondern daß er seine Kraft aufbiete, sich ihr zu entziehen, und *thätig* sich sträube. Es durfte ferner, sollte ein Trauerspiel für vortrefflich gelten, die handelnde Person *nicht mehr* sagen, als was zur *Sache*, zur *Entwicklung ihres Charakters* nothwendig war; nichts äußern, was nicht der *Leidenschaft*, die sie trieb, der *Empfindung*, die sie regte, der *Situation*, in der sie sich befand, *angemessen* war; es durfte nichts auf die Bühne gebracht werden, was mehr unsre *Schaugier*, als das Interesse unseres Geistes beschäfftigte; am wenigsten, was unsre Augen, unsre Ohren, unsere Herzen *empörte*, was das Theater zum Tummelplatze widernatürlicher Leidenschaften und ekelhafter Ausbrüche derselben machte. Auch in den höchsten Ausbrüchen der empörten Leidenschaft mußte der Dichter seine Darstellung den Gesetzen des Anstandes und der Schönheit unterwerfen, wenn er uns anziehen, und Theilnahme für seinen Helden einflößen wollte. Das Alles ist jetzt anders. Die neueste tragische Kunst stellt Helden auf, deren Thätigkeit mehrentheils im Handeln *wollen*, in Empfindungen und *langen*

– so Gott will, poetisch-schönen – *Reden* besteht; keiner von ihnen *handelt* sich aus seinen Unfällen heraus, sondern läßt sich die *Nothwendigkeit* treiben; selten setzt einer seinem Unglücke weiter Etwas entgegen, als schöne *Phrasen* und schönverbrämte Sentenzen, worin sich der Dichter selbst mehr, als der tragische Held den Zuschauern gefällt. Statt eines Leidenschaft und Charakter bezeichnenden und versinnlichenden Dialogs, giebt die neueste *tragische Kunst* uns oft *Deklamationen*, *Bilderkram* und *Reflektionswesen*, worin *nicht die dargestellte Person*, sondern *der Dichter* seine Phantasie und sein Herz erleichtert. Statt die Handlung fortrücken zu laßen, tönen uns Ellen lange wort- und bilderreiche Tiraden und weitläuftig ausgesponnene Räsonnements entgegen, wozu die Helden, die vor uns auftreten, wenn man ihre Situation betrachtet, der Natur nach weder Stimmung noch Zeit haben könnten, und erhalten Gemälde und Beschreibungen, die nur in das *malende* nicht das *dramatisch-vorgestellte* Gedicht gehören, und weder der gegenwärtigen Stimmung, noch der Situation der sprechenden Personen angemessen, die Handlung still stehen machen, die gefördert werden sollte. Wir sehen sogar zuweilen auf dem Theater Dinge vorgehen, die allen Anstand beleidigen, und leidenschaftliche Ausbrüche, von denen wir mit Ekel unsre Augen wegwenden; – Alles dieses geschiehet aus *Übermaaß von Genie*!

Ungeachtet diese Einleitung nicht bloß von dem vorhabenden Trauerspiele veranlaßt worden ist: so bedauert doch der Rec. bey der ungeheuchelten Hochachtung, die er sonst für die ausgezeichneten Dichtertalente des Verf. hat, bekennen zu müssen, daß ein großer Theil seiner Klagen über die verkehrten Tendenzen der allerneuesten Ästhetik leider! auch dieß neueste Produkt der Schillerschen Muse trifft. Sie durften aber um so weniger unterdrückt werden, je gefährlicher das Beyspiel eines Dichters, wie dieser, für die Aftergenies ist, die jetzt gern den Ton in der schönen Literatur angeben möchten, und, so weit sie auch entfernt sind, jemals auch nur die kleinste seiner *Vortrefflichkeiten* zu erreichen, doch gar zu leicht verleitet werden dürften, seine *Verirrungen* von Schönheit und Wahrheit zum Deckmantel *ihrer Verwirrungen* zu machen, mit der sie Vernunft und Natur, Geschmack und Menschensinn verkrüppeln.

Eine so freymüthige und strenge Beurtheilung aber nun auch der Leser, nach diesem Geständnisse, zu erwarten hat: so darf er doch auch zum voraus darauf rechnen, daß sie gegen jede anerkannte Schönheit eben so gerecht, als offenherzig bey Anzeige der Mängel seyn wird, in die Hr. Sch. dießmal verfiel, da er seinem bessern Genius ungetreu ward.

Zur Sache. Wenn schon bey der Beurtheilung des ›Wallensteins‹ sich fast alle Stimmen vereinigten, den Helden jenes dramatischen Gedichtes des *Mangels an Handlung* und *Selbstthätigkeit* zu beschuldigen, wie vielmehr trifft dieser Vorwurf die Heldinn des gegenwärtigen Trauerspiels! Bey Wallenstein ist doch noch Kampf mit sich selbst, Wollen und Nichtwollen; Streit zwischen seinem Ehrgeitze und seiner Pflicht, Schwanken zwischen Entschluß und That; wenigstens doch *Trieb zur Gegenwirkung*, da die Gefahr auf ihn eindringt; Sträuben gegen die ihn gebietende Nothwendigkeit, und endlich, wenn schon *abgedrungenes*, Losgehn auf sein Ziel. Das kann doch wenigstens *einigermaaßen* für dramatisches Handeln gelten. Wenigstens konnte Schiller sich auf eine der vorzüglichsten Charakterzeichnungen des Shakespearschen Dichtergeistes, auf Hamlet, berufen, der auch, obgleich von dem Geiste seines Vaters zweymal aufgefordert, immer zwischen Beschluß und Vollführung schwankend, nur zu der beschwornen Rache *hingerissen* wird, nicht sie *freywillig* ausübt. Aber bey Maria Stuart ist nicht einmal *Kampf* und *Sträuben*, nicht einmal *Wille* zur Gegenwirkung; bloß *Resignation* und *unthätige Hoffnung*. Maria leidet nur, *handelt* durchaus *nicht*. Wir erfahren freylich, daß sie es *ehemals* gethan; aber dieß *ehemals* kann uns in einem Drama nicht für jetzt gelten. Wir müssen sie handeln *sehen*, nicht bloß uns *erzählen lassen*, was sie vorher gethan habe, wenn sie für uns ein ächter tragischer Charakter seyn sollte. Was sie *jetzt* etwa thut, geschieht mehr durch *fremde* Willkühr, als durch ihre eigene, und mehr auf *Überredung*, als durch Trieb in *ihr selbst*. Diesen Vorwurf abgerechnet hat der Dichter große Schönheiten in die Darstellung seiner Heldinn gelegt, die uns den Mangel an Thätigkeit zwar nicht ersetzen; aber doch weniger empfinden lassen. Maria zieht uns auf manche Weise an, und wir ahnen, ein wieviel höherer tragischer Charakter sie in den Händen *dieses* Bildners geworden seyn würde, wenn es ihm beliebt hätte, sie uns *thätiger* und *handelnder* aufzuführen. Selbst Elisabeth hätte dabey gewonnen; Maria's gesetzlicher Mord wäre ihr dann mehr *abgedrungen* worden.«

Neue Allgemeine Deutsche Bibliothek. 69 (1802) 1. St., 3. H., S. 129–132

Die lange Rezension in der »Allgemeinen Literatur-Zeitung« vom 1. und 2. Januar 1802 ragt insofern über die anderen Kritiken hinaus, als sie die Beziehung zwischen Geschichte und Drama und Schillers ästhetische Theorie in die Erörterung einbezieht:

»Marias Mißgeschick übertrifft, nach Robertson's Bemerkung, an Größe und Dauer die tragischen Unfälle, welche die Einbildungskraft erdichtet, um Furcht und Mitleiden zu erwecken. Hieraus sollte man schließen, daß eine pathetische Darstellung des Schicksals jener unglücklichen Fürstin leicht sey, und keinen großen Aufwand von Talent und Genie erfordere. Bey genauerer Betrachtung findet es sich anders.

›Der letzte Zweck der Kunst‹, sagt Schiller in der Abhandlung über das Pathetische, ›ist Darstellung des Übersinnlichen, und die tragische Kunst insbesondere bewerkstelliget dieses dadurch, daß sie uns die moralische Unabhängigkeit des Menschen von Naturgesetzen im Zustande des Affects versinnlicht. Das *erste Gesetz* der tragischen Kunst‹, fügt er hinzu, ›ist Darstellung der leidenden Natur, das zweyte ist Darstellung des moralischen Widerstandes gegen das Leiden.‹

Wendet man diese Grundsätze auf das an, was die Geschichte mit fast allgemeiner Übereinstimmung von Maria's Schicksal erzählt: so entdeckt man in dem historischen Stoffe vieles, was der pathetischen Darstellung widerstrebt; Schwierigkeiten, die nur das Genie überwinden kann.

Erstens. Der unglücklichen Königin Leiden, ihre lange Gefangenschaft und ihr schmählicher Tod, rührten zwar zunächst her von der Übermacht und Ungerechtigkeit einer feindseligen Nebenbuhlerin, aber mittelbar waren sie verschuldet, sie waren die Folge von einer Reihe thörichter, gesetzwidriger, frevelhafter Handlungen, ruchloser und frecher Missethaten. Um das Eigenthümliche ihres Verhängnisses darzustellen, muß der Dichter uns an alles jenes lebhaft erinnern, und wie kann er das, ohne Empfindungen in uns zu erwecken, welche dem tragischen Mitleiden und der künstlerischen Stimmung überhaupt so ungünstig sind?

Zweytens. – Was außerdem entscheidend auf Maria's Schicksal wirkte, war ihr Fanatismus für eine heillose Religion, die in jenen unglücklichen Zeiten ganz Europa zerrüttete, und in Jammer und Elend stürzte. Dieser Fanatismus erstickte bey ihr die Gefühle der Natur; denn sie sagt in ihrem Testamente ausdrücklich, daß sie ihren Sohn nur unter der Bedingung zum Erben ihrer Krone erkläre, wenn er der Irrlehre, d. h. der protestantischen Religion entsage; wo nicht, so vermache sie alle ihre Rechte und Ansprüche dem katholischen Könige. Ja, was noch wichtiger ist, laut der Geschichte war der Fanatismus, der sie in das Verderben zog, es allein, der sie bey ihren schrecklichen Leiden aufrecht erhielt. Was ihr auf dem Blutgerüste die bewunderte Standhaftigkeit gab, war der Gedanke, daß sie als eine Märtyrerin ihres Glaubens sterbe. Die große Aufgabe für den Dichter ist, uns diesen Fanatismus nicht nur als verzeihlich, sondern selbst als edel und sittlich darzustellen; denn sonst übertritt er das zweyte von den angeführten Gesetzen der tragischen Kunst.

Drittens. Selbst das Außerordentliche und Ungeheure in Maria's Verhängnisse scheint eine pathetische Darstellung nicht zuzulassen. Ausgestattet von der Natur und dem Schicksale mit allem, was einen heitern und frohen Lebensgenuß, was Ruhm, Glanz und Herrlichkeit verheißt; als ein Kind von acht Tagen gesalbte Königin von Schottland, in der Jugend vermälte Königin von Frankreich, von dem katholischen Europa anerkannt als Königin von England, muß sie in einem Alter von 25 Jahren aus ihrem Reiche entfliehen, diejenige um Hülfe anrufen, der sie die Krone streitig machte, sieht sich in einem Gefängnisse eingeschlossen, worin sie 18 Jahre vergessen von der Welt schmachtet, und aus dem man sie endlich entläßt, um sie von dem Blutgerüste herab in ein ehrloses Grab zu stürzen. Und dieses Schicksal war mit dem Schicksale einer unzähligen Menge von Menschen, mit dem Schicksale der ganzen Christenheit auf das innigste verschlungen. Wir erwarten von dem Dichter, daß er uns nach seinem ganzen Umfange übersehen lasse, daß er uns das unermeßliche Elend fühlen lasse, unter welchem damals die Welt seufzte, und dessen ganze Last auf das unselige Haupt jener bejammernswerthen Fürstin zusammenstürzte. Wie ist es möglich, diese Erwartungen zu befriedigen, in einem Werke von so geringem Umfang, als eine Tragödie ihrer Natur nach seyn kann? Und doch muß der Dichter sie befriedigen: denn sonst verletzet er das erste von den oben angegebenen Gesetzen der tragischen Kunst, welches angemessene Darstellung der leidenden Natur gebietet.

Viertens. Eine unerläßliche Forderung, wie an den Dichter überhaupt, so auch an den tragischen, ist anschauliche Zweckmäßigkeit. Diese aber vermißt man durchaus in dem, was die Geschichtschreiber von Elisabeths Verhalten gegen Marie erzählen. Alle kommen überein, sie habe darin den Charakter einer Königin und die natürlichen Gefühle einer Frau verleugnet. ›Wenn wir uns alles‹, sagt Gentz, ›was Selbstsucht, Furcht und Haß der Königin von England eingeben konnten, in einem Punkte gesammelt denken: so scheint es noch immer nicht hinreichend, den schrecklichen Entschluß zu erklären, der eine so tief gefallene, in Gram und Leiden verzehrte Frau, eine Königin und ihre nächste Verwandtin dem Blutgerüste übergab.‹

Hierbey kann der Geschichtschreiber stehen bleiben; denn sein Geschäft ist nur, darzustellen, was wirklich war; der Dichter muß weiter gehen, und uns nicht nur begreiflich, sondern auch anschaulich machen, wie es möglich, wie es nothwendig war. Denn in dem Reiche der Kunst darf der Zufall nicht walten. Durchschaut der Verstand nicht klar die Ursachen von der Verknüpfung der Ideen, welche die Einbildungskraft hervorbringt: so wird diese in ihren Bewegungen gehemmt, und die Täuschung unterbrochen.

Von welcher Seite soll der Dichter den Charakter der Elisabeth fassen, welche Reihe von Begebenheiten soll er herbeyführen, um die Lücken, welche die Geschichte läßt, auszufüllen? Dies sind die Schwierigkeiten, die sich dem Dichter der vorliegenden Tragödie entgegenstellten. Jetzt einige Bemerkungen über die Art, wie er sie bekämpft hat.

[Der Rezensent untersucht nun die vier Probleme einzeln und kommt zu dem Ergebnis, daß Schillers Genie die Schwierigkeiten des Stoffes überwunden habe, bei Punkt »Viertens«, der Gestalt Elisabeths, allerdings nur »größtenteils«, u. a. wegen des Burleigh und dann Mortimer angetragenen Meuchelmords an Maria. Auf den letzten Seiten wird das Stück gegen Vorwürfe der zeitgenössischen Kritik verteidigt:]

Nach diesen allgemeinen Bemerkungen sei es uns erlaubt, einiges hinzuzusetzen über einzelne Schönheiten, an denen diese Tragödie so reich ist.

Von der dem Dichter eigenen Kunst im Gebrauche des Reims an Stellen, wo die Empfindung sich hebt, und starke Leidenschaft spricht, hat er auch in dieser Tragödie die glücklichste Anwendung gemacht. Wir haben über die Ursachen nachgedacht, warum in solchen Fällen der Reim die Darstellung verschönert, und wir glauben, sie gefunden zu haben.

Der Reim in einem reimlosen Gedicht überrascht; die Überraschung spannt die Aufmerksamkeit, und erregt Erwartungen, die den Hörer für den Inhalt empfänglicher machen. Ferner! Die sich reimenden Zeilen setzet der Gleichlaut am Ende in eine Harmonie, welche macht, daß bey dem Anhören der zweyten Reimzeile die erste wieder anklingt, und die schon einmal erregten Gefühle von neuem erregt. Hierdurch wird die Ideenfülle erhöht, das erste Element des Schönen. Endlich! In dem Reime offenbart sich sehr anschaulich eine Zweckmäßigkeit, welche desto mehr Wohlgefallen erweckt, je heftiger jene tobt. Denn das ist der Triumph der Kunst, alles zu begränzen und zu binden, und der Bewegung jeglicher Kraft, Maaß, Ziel und Schranke zu setzen, und dann am meisten, wenn diese Bewegung am heftigsten ist. [...]

Die Scene (III. 6.) in welcher Mortimer der Maria seine Liebe bekennt in Ausdrücken, welche nur eine durch Sinnenreiz bis zur Wuth empörte Leidenschaft eingeben kann, nehmen wir gegen die Meynung vieler in Schutz, erstlich, weil sie, wie oben gezeigt ist, in die Organisation des Ganzen eingreift; ferner, weil sie in Niemanden, der Sinn für Darstellung hat, die Phantasiekraft verunreinigen, und in eine unkünstl[er]ische Stimmung versetzen kann, endlich, weil sie der Maria Gelegenheit giebt, in wenigen Worten, das Eigenthümliche ihres Verhängnisses darzustellen. Sie sagt:

Furchtbares Schicksal, grimmig schleuderst du
Von einem Schreckniß mich dem andern zu!
Bin ich geboren, nur die Wuth zu wecken?
Vereint sich Haß und Liebe, mich zu schrecken?

In der Unterredung (IV. 6.) zwischen Elisabeth, Burleigh und Lester bedient sich dieser gegen jenen beschimpfender Ausdrücke. Er nennt ihn *frech*, er nennt ihn einen *Plauderer*, einen *Schwätzer*, einen *Überlästigen*. Die Weltleute tadeln dies und sagen, es sey gegen den schuldigen Respect, daß zwey vornehme Herren in Gegenwart der Königin solche Worte mit einander wechselten. Es ist möglich, daß die Weltleute darin Recht haben, aber eben so gewiß ist, daß die Natur sich nicht nach den Hofsitten bequemt; der Natur aber ist es gemäß, daß zwey ehrgeizige Männer, die sich tödtlich hassen, unter solchen Umständen eine solche Sprache zu einander führen.
Das Schickliche in der Kunst ist ganz verschieden vom Schicklichen im Leben. Alles nicht Ekelhafte und Abscheuliche, alles was weder dem Interesse der Sinnlichkeit, noch dem Interesse der Vernunft geradezu widerstreitet, alles, was weder durch zu starken Reiz noch durch zu starke Rührung die Bewegungen der Phantasie in ihrem freyen Spiele gewaltsam hemmt, – alles dieses ist, wenn es anschauliche Zweckmäßigkeit hat, *poetisch schicklich*. Hienach muß man auch die Unterredung beider Königinnen beurtheilen. Daran, daß diese einander mit so weniger Schonung die Vergehungen in der Liebe vorwerfen, kann nur der Anstoß nehmen, der durch das französische Drama zu einer unkünstlerischen *Decenz* verwöhnet worden, – Göthe läßt einmal den Tasso sagen:

Frey will ich seyn im Denken und im Dichten.
Im Handeln schränkt die Welt genug uns ein.

Derselbe Dichter preist seine Muse dafür:

Daß des Lebens bedingender Drang nicht
den Menschen (in ihm) verändert.

Ohne Zweifel will er hiedurch andeuten, daß der Künstler

zwar in der Wirklichkeit sich dem Herkommen fügen müsse, in seinen Darstellungen aber keine Rücksicht darauf nehmen dürfe.

Die Abendmahlsscene (V. 7, S. 219.) wird verschieden beurtheilt. Einige halten sie für unpoetisch, andere für irreligiös. Wir halten sie weder für das eine, noch für das andere. – Die christliche Vorstellung, nach welcher das Abendmahl innige Vereinigung des Menschen mit der Gottheit versinnlicht, ist wahrhaft religiös! Denn sie ist in den sittlichen Anlagen des Menschen gegründet. Das Eigenthümliche der Seelenstimmung, worin der Christ durch den Genuß des Abendmahls versetzt wird, besteht darin, daß er das Übersinnliche mit dem *Gefühle* ergreift. Ohne mit dem Christen den Glauben zu theilen, kann jeder Moralischgesinnte mit ihm die Andacht theilen. Diese andächtige Stimmung aber ist durchaus künstlerisch: denn wie wir oben gesehen haben, ist ja der Zweck aller Kunst *Darstellung des Übersinnlichen.* Alles wahrhaft Heilige ist wahrhaft schön.

So wenig jene Scene als unpoetisch erscheinet, eben so wenig ist sie irreligiös. Denn wie kann es irreligiös seyn, die beseligende Kraft des Glaubens an das Übersinnliche in einem Kunstwerke darzustellen? –

Auf der anderen Seite aber, da das Publicum, welches die Theater am häufigsten besucht, des reinen Kunstsinnes am meisten ermangelt; da es im Schauspiele größtentheils nichts sucht und findet, als nichtigen Zeitvertreib, so läßt sich denken, daß die Obrigkeit, welche Aufsicht über die öffentlichen Vergnügen führt, die Darstellung jener Scene auf der Bühne bedenklich findet, um nicht das Heilige für den großen Haufen zum Spielwerke zu machen. – Dieses aber gereicht nicht dem Dichter, sondern nur dem Publicum zum Vorwurfe.

Elisabeth hat dem Lester befohlen, der Hinrichtung der Maria beyzuwohnen, um sich von dem Verdacht, der auf ihm laste, zu befreyen. [...] Davon, daß Lester der Maria nicht folgt, wird jedem die psychologische Ursache einleuchten. Weniger einleuchtend ist es vielleicht Manchem, warum er nicht flieht, sondern zu seiner eigenen Marter *anhört*, was ihm *anzuschauen* graut. – Allein es ist in der Natur, daß bey einer heftigen Seelenangst der Mensch nichts so sehr scheuet, als zu sich selber zu kommen; er will das Gräßliche lieber in der Empfindung, als in der Vorstellung haben, lieber gegenwärtig in den Sinnen, als abwesend in der Phantasie. Daher ist es auch vollkommen zweckmäßig, daß Lester, als er den verhängnißvollen Streich fallen hört, sinnlos niederstürzt. Geschähe dieses nicht: so müßte er sich selbst tödten.«

Braun I/3,173–175, 187 f., 190–192

Der Absicht, Mortimers vielgeschmähte Liebesszene zu verteidigen, dient offenbar Ludwig Ferdinand Hubers (1764–1804) Aufsatz aus dem Jahre 1803:

»Eine Frau von Geist sagte, daß ihr Mariens Charakter in Schillers Trauerspiel durch nichts so anschaulich geworden wäre, wie durch Mortimers Betragen gegen sie in der Szene nach der unseligen Zusammenkunft zwischen den beiden Königinnen.

Diese Szene, in welcher Mortimers Leidenschaft bis zu einer so bedenklichen Höhe steigt, hat hie und da starken Anstoß gegeben. In der That ist sie für die theatralische Darstellung eine gefährliche Klippe, an welcher nur eine weiblich zart empfindende Schauspielerin in der Rolle der Maria ihren Mitschauspieler vorüberführen kann. Aber gerechtfertigt wird sie unstreitig durch jenen Gesichtspunkt, den ein richtiges weibliches Gefühl traf, und jener Gesichtspunkt wirft zugleich ein sehr helles Licht über Schillers ganzes Gedicht. [...]

Nur eine Frau, deren Persönlichkeit mehr Reiz als Hoheit ausdrückte, mehr verführerisch als imponirend war, nur eine femme à faiblesses[3], die der Ruf der Galanterie umgab, konnte auf einen jungen, durch heftige Sinnlichkeit zuerst zum religiösen Schwärmer hinaufgespannten Mann so würken, wie Maria auf Mortimern. In der königlichen Leidenden erblikt er die holde Sünderin, und diese ist es, die, verschönert durch den gewaltsamen Auftritt, dessen Zeuge er von fern war, sein Blut bis zur Raserei entflammt. Ihre fromme Reue, die sanfte Würde, mit der sie Unglük und Unrecht trägt, hindern ja auch nicht, daß sie, selbst in der Handlung welche während des Stüks vorgeht, sich in

3 etwa: Frau mit Schwächen, Frau der Fehltritte.

ihrem Verhältniß mit Leicester noch auf dem alten Wege ihrer weiblichen Schwachheiten befinde; denn man würde sich sehr in Marien irren, wenn man glaubte, daß sie in diesem Verhältniß nur das schreklich dringende Interesse ihrer Lage empfände, daß nicht der heimliche Liebeshandel noch einen Reiz für sie behielte. So ist es denn auch schöne tragische Gerechtigkeit, wenn unmittelbar nach dem unwürdig grausamen Hohn ihrer Feindin, dessen Erfolg in Leicesters Gegenwart der Eitelkeit Mariens schmeichelte, Mortimers liebende Wuth die nämliche Saite wie Elisabeth berührt, und sie mit den Worten ängstet:

Nicht kalter Strenge klagt die Welt dich an,
Dich kann die heisse Liebesbitte rühren u.s.w.

Diese Idee von Mariens Charakter lag auch durch die Ausführung klar genug am Tage, um im Allgemeinen nicht eigentlich misverstanden zu werden; aber man hat hie und da gefunden, daß durch dieselbe das tragische Interesse von Mariens Situation verfehlt würde. Daß es auf eine etwas gefährliche Spize gestellt sey, könnte man allenfalls sagen, wenn eine solche Spize, auf welche nur Genie das Interesse zu stellen wagt, das Genie abschreken dürfte.

Maria, die in Fesseln gehaltene, einem Scheingericht und dem Tod auf dem Blutgerüst übergebene *Königin*, braucht sich nur als solche zu fühlen, um in vollstem Maasse tragische Person zu seyn. Was Marien, das *Weib*, betrift, so hat es Stimmen im Publikum gegeben, die gewünscht hätten, daß man in Ansehung ihrer wenigstens im Zweifel geblieben wäre. Dies hieß aber, was doch die Meinung nicht war, überhaupt etwas ganz Anderes wünschen als das Schillersche Trauerspiel. Man vergaß, daß die *Königin*, welche Marien unterdrükt und verdirbt, als *Weib* eine heuchlerische kalte Prüde ist, und daß in dem Kontrast zwischen diesen beiden Frauen das Charakteristische des ganzen Drama's liegt. Dieser Kontrast aber gestattete in Ansehung Mariens keinen Zweifel. Der Monolog der Elisabeth im vierten Akt, und Mariens Beichte, waren die Gelegenheiten, das Innerste Beider aufzudeken, dort das hassenswürdige, hier das liebenswürdige *Weib*, beide in ihrem geheimsten Selbst vorzuführen; und zur tragischen Liebenswürdigkeit Mariens gehörte bereutes Laster, wie zur tra-

gischen Hassenswürdigkeit ihrer Feindin die in finstern politischen Egoismus sich auflösende prüde Koketterie. [...]
In einem Werke des Genie's soll man die Theile, aus denen es besteht, nicht zu einzeln betrachten. Es ist ein Kennzeichen der Schülerhaftigkeit, wenn die verschiednen Charaktere eines Drama's nur jeder für sich ausgearbeitet scheinen, ohne daß sie wechselseitig einander bestimmen. [...]
Diese griechische Lehre des Kontrasts, mit welcher das Geheimniß der moralischen Würde des Trauerspiels so sehr verbunden ist, schwebte Schillern in allen seinen neueren Werken ganz besonders vor, und er hat von dieser Seite nichts zu vermissen gelassen – als eine allgemeinere, gedachtere Empfänglichkeit dafür bei'm Publikum. Es ist ein leichter Tadel, der auf einer Seite die Darstellung von Mariens Leiden, in Verbindung mit ihrer nicht zu bezweifelnden Schuld, – (aber, wohl zu merken, einer Schuld, die ihre Unterdrüker nichts angeht) – und auf der andern die empörenden Kunstgriffe der Elisabeth trift; es ist ein Tadel, auf welchen sich kaum etwas erwiedern läßt, wie jeder Tadel, der in die gerechte Willkühr des Dichters eingreift – aber er fällt von selbst hinweg, wenn man beide Personen, die er in Anspruch nimmt, ihre Situation, ihr äußeres Handeln und ihre inneren Triebfedern, nicht mehr abgesondert, sondern in ihren Wechselwürkungen betrachtet.«

Huber: Maria Stuart und die Jungfrau von Orleans. In: Taschenbuch für Damen auf das Jahr 1803. Tübingen: Cotta [1802]. S. 115–121

2. *Die weitere Wirkung*

a. als Bühnenwerk

»Maria Stuart« hat lange – wie fast alle Stücke Schillers – mit den Zensurbestimmungen des 19. Jahrhunderts zu kämpfen. Heinrich Hubert H o u b e n (1875–1945) hat diese Problematik aufgearbeitet:

»Die Berliner Aufführung [...] fand am 8. Januar 1801 statt. Obgleich sich die ›Tante Voß‹ über die ›viehische Sinnlichkeit‹ Mortimers entsetzte, erwies sich ›Maria Stuart‹

auch in Berlin als eines der zugkräftigsten Werke des Dichters; dennoch mußte sie oftmals vom Spielplan weichen, denn auch sie gehörte zu den Trauerspielen, die König Friedrich Wilhelm III. nun einmal ›nicht leiden‹ konnte (Varnhagens Tagesblätter vom 24. April 1826). In Stuttgart mußte auf Befehl des Herzogs Friedrich nach der ersten Aufführung (25. März 1802) die Szene Leicesters im 5. Aufzug während der Hinrichtung Marias fortbleiben, weil sie seine Nerven zu sehr erschüttert hatte! Die Beichtszene wurde von vornherein gestrichen, auch Schillers gemilderte Bearbeitung hatte der Oberintendant nicht zugelassen.

Weit heftigere Gegner fand die unglückliche schottische Königin natürlich in Gegenden mit vorwiegend katholischer Bevölkerung, wo die Lokalbehörden meist eine Zensur nach den engherzigsten pfäffischen Rücksichten ausübten. Als während der Revolutionskriege ein Teil der Rheinprovinz französische Republik wurde, konnten sich die dortigen Theaterunternehmer freier regen. Aber schon unter Napoleons Konsulat, seit 1799, gewann die Geistlichkeit wieder Einfluß auf die Zensur. Am 2. Februar 1802 gab man in Köln ›Maria Stuart‹, aber zwei Tage später wurde sie vom Maire (Bürgermeister) verboten, weil trotz Befehls die Abendmahlszene nicht fortgeblieben war. In Aachen wurde die Aufführung des Werkes noch im Juni 1812 ein für allemal untersagt (vgl. Hashagen, ›Das Rheinland und die Französische Herrschaft‹. 1908. S. 177).

Das Schicksal des Stückes im katholischen Österreich war demnach vorauszusehen. 1792 noch hatte das Landstraßer Theater in Wien eine ›Maria Stuart‹ von dem Räuberromanschriftsteller C. H. Spieß aufgeführt, und ›um dieses vortreffliche Stück noch interessanter zu machen‹, wurde ›die Enthauptung der Königin von Schottland öffentlich auf dem Theater exekutiert‹! 1795 aber dekretierte der Zensor Hägelin: Das moderne Theater ›darf nie mit Blut befleckt werden‹. Denn zwei Jahre vorher war jene Vorstadttheaterromantik furchtbare Wirklichkeit geworden: Maria Antoinette, die Tochter Maria Theresias, die Tante des Kaisers Franz, starb auf der Guillotine. Als nun Schillers ›Maria Stuart‹ 1801 im Druck erschien, wurde sie für den gesamten Kaiserstaat sofort verboten, aber der Intelligenz ›erga schedam‹ (gegen besondern, nur persönlich ausgestellten Erlaubnisschein) zur Lektüre gestattet; in den Gesammelten Werken des Dichters beanstandete man sie jedoch nicht. Von einer Aufführung aber konnte, abgesehen von der Hinrichtung eines gekrönten Hauptes, schon wegen der religiösen Elemente des 5. Aktes in Wien keine Rede sein. In Prag wagte man sich gleichwohl schon am 17. Juni 1804 daran, und zwar nach der Dresdener Einrichtung. Daraufhin befürwortete sogar der Wiener Polizeipräsident v. Sumerau 1805 die Aufführung auf dem Burgtheater, stieß aber dabei auf den energischen Widerstand des Kaisers. Das schreckte die seit 1807 amtierende ›Theaterunternehmungsgesellschaft‹, die ein Stück Schillers nach dem andern den Fängen der Zensur zu entreißen wußte, nicht ab. Der Leiter des deutschen Schauspiels, Graf Palffy, kam in immer erneuten Eingaben auf dieses Werk zurück, das sogar nach des Zensors v. Hager Urteil als Schillers ›gelungenste Arbeit in ästhetischer Hinsicht‹ bezeichnet wurde. Hager selbst befürwortete die Aufführung, obgleich die Hinrichtung Marias ›an ein ähnliches unglückliches Ereignis der jüngsten Vergangenheit‹ erinnere. ›Egmont‹ und ›Wilhelm Tell‹ seien ja jetzt auch erlaubt. Aber der Kaiser blieb unzugänglich: an das Schicksal seiner Tante Maria Antoinette wollte er nicht gemahnt sein. Hager wurde geradezu beredt in der Verteidigung Schillers; die Haupttendenz des Stückes, legte er 1812 dem Kaiser dar, könne zwar nicht verwischt werden, Marias leichtsinniges Leben, die Geschichte ihrer vielen Männer und Liebhaber komme zur Sprache, aber sie sei ›ganz Reue und Ergebung und sterbe auf dem Schaffott als ein Opfer der neidischen und herrschsüchtigen Elisabeth‹; ›die in katholischen Ländern nicht zuzulassenden sehr verwerflichen Szenen, wo sie kurz vor ihrem Tode beichtet‹, seien leicht zu beseitigen. Nach Hägelins Zensurdenkschrift von 1795 durfte ja nicht einmal das Wort ›beichten‹ auf dem Hoftheater gebraucht, es mußte durch ›bekennen‹ ersetzt werden.

Dreimal, 1810, 1812 und 1813, lehnte der Kaiser ab. Da versammelte der Wiener Kongreß in der österreichischen Hauptstadt ›beinahe alles, was Europa Großes und Glänzendes enthält‹; das fremde Publikum verlangte ›Spektakel, die eines so außerordentlichen Zeitpunktes doch nicht ganz unwürdig seien‹; die Finanzen des Hoftheaters waren so herunter, daß Graf Palffy, seit März dieses Jahres alleiniger Pächter, vor dem Ruin stand; in einer beweglichen Eingabe vom 25. September 1814 legte er seine mißliche Lage dem Kaiser dar und bat um die Freigabe einer ganzen Reihe von Stücken, die ›die Strenge der Zensurnormalien‹ bisher verboten hatte. Darunter war ›Maria Stuart‹, und am 20. Oktober gestattete endlich Kaiser Franz die Aufführung der Tragödie unter der Bedingung, ›daß alle in diesem dramatischen Werke vorkommenden Anstößigkeiten sorgfältig gehoben und durchaus gestrichen werden‹. Daraufhin ging ›Maria Stuart‹ am 29. Dezember 1814 in der Prager Bearbeitung auf dem Wiener Burgtheater zum ersten Male in Szene, volle vierzehn Jahre nach ihrer Uraufführung in Weimar. (Vgl. Grillparzer-Jahrbuch XXV; Wlassack, Chronik.) – Noch unter Heinrich Laubes Direktion erschien eine Darstellung der ›Maria Stuart‹ stets als eine gewagte Sache, und oft genug erhielten Direktor und Regisseur scharfe Rügen vom Kaiser selbst, weil dieser oder jener Schauspieler, vor allem die Titelheldin in der Sterbeszene, ein Kreuz getragen hatte. Und wenn Ende der fünfziger Jahre, in der Konkordatszeit, dem Mortimer einmal entschlüpfte: ›Ich hab' es auf die Hostie geschworen!‹ statt des angeordneten: ›Ich hab's auf's Allerheiligste geschworen!‹, gab es für Laube (vgl. seine ›Erinnerungen‹ II, 171) ›die peinlichste Scene‹. Ein gewisses Vorurteil gegen das Stück dürfte aus katholischen Kreisen überhaupt kaum auszurotten sein, wenn man dort auch nicht überall so denkt wie im westfälischen Arnsberg, wo nach O. Stauf v. d. March (›Zensur, Theater und Kritik‹ 1904) um die Wende des 19. Jahrhunderts die Aufführung der ›Maria Stuart‹ am Totensonntag verboten wurde, weil ›der zu lustige Charakter des Stückes die kirchliche Feier störe‹.«

Houben: Verbotene Literatur von der klassischen Zeit bis zur Gegenwart I (1924). Reprint Hildesheim: Olms 1965. S. 556–558

Einen Einblick in die Zensurverhältnisse gewährt auch ein Schriftwechsel anläßlich der Erstaufführung im Stuttgarter Hoftheater:

»Stuttgart den 20. November 1805 berichtete der Intendant Geheimer Legationsrat von Röder an die Oberintendanz:

›Unterthänigst Unterzogener überreicht Euer Exzellenz in der Anlage die von dem verstorbenen Schiller *späterhin abgeänderte Beichtszene* aus dem Trauerspiel Maria Stuart. Auf hiesigem Hoftheater wurde der ganze Auftritt bis jetzt weggelassen, da nach der früheren Bearbeitung solche nicht wohl gegeben werden konnte. Euer Exzellenz besserem Ermessen stellt es nun unterthänigst Unterzogener anheim, ob solche nach angeschlossener Bearbeitung künftig gegeben werden darf, wodurch die ganze Ausführung wahrscheinlich gewinnen möchte.‹ Der Bescheid der Oberintendanz lautete: ›Die Theateroberintendanz hat die unterm 20. hujus anhero gesandte, von dem verstorbenen Schiller späterhin abgeänderte Beichtszene aus dem Trauerspiel Maria Stuart angesehen, kann sich aber nicht überzeugen, daß auch diese Szene für die Bühne gemacht sei. Wann die Schauspieldichter mit mehr oder minder Sukzeß religiöse Szenen auf die Bühne brachten, so muß es jedoch für gewagt gehalten werden, den Versuch zu vervielfältigen, und die Lehre vom Abendmahl oder die Notwendigkeit oder die Entbehrlichkeit eines Sakraments, welche alle drei in Deutschland herrschenden Religionsparteien mit dem größten Respekt behandeln, auf der Bühne deduzieren zu lassen, möchte immer auch selbst andern als den Schwachen anstößig scheinen. Übrigens läßt sich der Vorschlag entschuldigen, da einmal die Mittel, auf die Gefühle des Stuttgarter Publici zu wirken, als erschöpft angesehen werden können, und möchte die Wahl der übrigen nur noch zwischen religiösen und landschaftlichen Szenen beschränkt sein.‹ Sehr schmeichelhaft für das damalige Stuttgarter Publikum ist diese Schlußwendung gerade nicht.«

R. Krauß: Die Erstaufführungen von Schillers Dramen auf dem Stuttgarter Hoftheater. In: Euphorion 12 (1905) S. 609–612

Eine Düsseldorfer Aufführung rezensiert 1832 der Dramatiker Christian Dietrich Grabbe (1801–36) folgendermaßen:

»Donnerstag, den 10. März: Maria Stuart. Trauerspiel in 5 Aufzügen von Schiller.

Im Ganzen thaten die Darsteller ihr Möglichstes, dem Stück Effect zu verschaffen, aber der kam nur hier und da zu

Stande, als bei der Zankscene der beiden Königinnen und bei der weinerlichen Abschiednahme zwischen Maria und ihrem Gesinde. Erinnert letztere Scene auch an die zu Anfang unsres Jahrhunderts gewöhnlichen Rührspiele, und ist ihre Wirkung mehr dem tragischen Stoff, als der poetischen Bearbeitung zuzuschreiben, so hat Schiller bei dem Hadern der Königinnen in der That seine ihm gewöhnliche, oft zu begeisterte Auffassung der Menschen und Verhältnisse, so wie nirgend anders mit Wahrheit und Natur versetzt, und uns ein echtes Lebensbild gegeben. Zwei Königinnen vergessen vor Neid und Leidenschaft Rang und Krone und werden einander scheltende Weiber, jede Rücksicht aus den Augen setzend, außer den bitteren persönlichen Anzüglichkeiten. Mad. Limbach (Elisabeth) und die Lauber-Versing (Maria) spielten hier dergestalt, daß alles Übermaaß in Ausdruck und Action vermieden blieb, und der Zuschauer doch merkte, da sey die Katastrophe des Stücks. Denn dem Dichter hat's beliebt, nicht die großen Nothwendigkeits- und Weltverhältnisse, welche Elisabeth leiteten, zum Hebel seiner Tragödie zu machen, sondern er hat die Handlung in einen engen Kreis von kleinlicher Intrigue und Eifersucht gebannt. [...]
Das Haus war wenig besetzt.«

Grabbe: Werke. Bd. 4. Emsdetten: Lechte 1966. S. 200 f.

Ein Beispiel, wie in der zweiten Hälfte des 19. Jahrhunderts Schiller-Aufführungen mit bürgerlich-familiären Kategorien erfaßt werden, bilden Theodor Fontanes (1819–98) Berliner Theaterkritiken von »Maria Stuart«. Im folgenden kurze Auszüge aus den Besprechungen:

13. Februar 1881:

»Die Maria Stuart ist bekanntlich auf sehr verschiedene Weise zu spielen, mit Abweichungen, die sich bis zu Gegensätzen steigern können. Den äußersten rechten Flügel bezeichnet das Spiel der Ristori; sie gibt ihre Stuarda nicht bloß als ›schöne Frau mit Vergangenheit‹, sondern auch durchaus auf Dämonismus und Glaubensmartyrium hin. In jeder ihrer Mienen ist ausgedrückt, daß Mortimer, ohne Furcht vor Widerspruch, ihr zurufen durfte: ›Du hast den

Sänger Rizzio beglückt‹; und lange bevor sie sich in ihrer Beichte zu dem Gattenmorde bekennt, ist es nicht zweifelhaft, daß sie den armen Darnley wirklich auf die Pulvertonne setzte. Sie spielt die Maria ganz auf die Heroine hin, mehr oder weniger im Medeen-Stil. Entgegengesetzt ist das Spiel des Fräulein Schwartz; es gehört dem andern Flügel an und betont mehr die Schwäche des Weibes als seine Stärke. Das Unglück hat sie gebeugt, weich und ängstlich fast ist ihr Auftreten, und nur da, wo sie schwerer Unbill und gewollter Beleidigung begegnet, erwacht ihr Selbstgefühl und züngelt auf. Aber es ist das helle Feuer eines sanguinischen Temperaments und nicht die rauchumhüllte Glut, in der das Unheilvollste noch erst steckt und brütet.
In dieser Auffassung an und für sich, die deutsch-traditionell ist [...].«

7. Februar 1884:

»Was am Leicester vom Liebhaber ist, bedeutet nicht viel; er ist vor allem ein Ehrgeiziger, ein schnöder rücksichtsloser Intrigant, zu dessen Intrigenspiel auch Liebesverhältnisse gehören, mal ernster, mal weniger ernst, aber immer nur in zweiter Reihe, weil vorwiegend als Mittel zum Zweck. Und was machen nun unsere Darsteller aus diesem komplizierten und in eben seiner Kompliziertheit überaus interessanten Charakter? Sie machen daraus ein oberflächliches Nichts, einen konfusen Galan, dessen Hochmutstiraden und Hazardeurkünste nur gerade ausreichen, uns mit Abneigung statt mit *Bewunderung* zu erfüllen, mit Bewunderung vor einer infernal egoistischen, aber in ihrem infernalen Egoismus auch dämonisch anziehenden Natur.«

7. April 1884:

»Herrn Purschians Mortimer war nicht übel. Er hat den Mut der Leidenschaft, und das ist das erste Bedingnis für das Gelingen in dieser Rolle. Wer kritisch herantritt, wer sich geniert, in conspectu omnium[4], diesen Liebeswahnsinn, unter freudiger Berufung auf den Sänger Rizzio, in Szene gehen zu lassen, der ist von vornherein verloren. Wenn

4 im Anblick aller.

schon, denn schon. Auch hier heißt es: nur keine Halbheiten. Und so ging denn diese beständig auf der Wippe stehende Szene glücklich vorüber.«

Fontane: Causerien über Theater. 2. Teil. München: Nymphenburger Verlagshandlung 1964. S. 23, 287, 559

Im Ausland hat »Maria Stuart« erst mit einiger Verspätung Erfolg. Mellishs englische Übersetzung (vgl. Kap. III,3) blieb ein Mißerfolg und wurde nicht gespielt. Erst 1819 wurde Schillers Tragödie in der Übersetzung von (Frederic?) Reynolds in London auf die Bühne gebracht, allerdings ohne sich durchzusetzen. Es erscheint verständlich, daß ein Drama, das die beliebte protestantische Königin Elisabeth zugunsten der katholischen Maria so herabsetzt, in England nicht auf viel Sympathie stieß. Allerdings verführte diese politische oder religiöse Antipathie dazu, die Qualität von Schillers Stück aus fadenscheinigen Gründen anzuzweifeln oder es bis zur Unkenntlichkeit zu kürzen. Die anonyme Übersetzung von 1833 etwa streicht die gesamte Begegnung der Königinnen und die Abendmahl- bzw. Beichtszene. Zu den ausgelassenen Versen 3573–77 (Marias Zustimmung, daß Berta ins Kloster geht) heißt die Begründung so: »Die Details wurden hier zusammengefaßt, da sie zu sehr auf den deutschen Geschmack zugeschnitten sind.« Wie wenig Eindruck »Maria Stuart« bei der ersten Aufführung in England gemacht hat, geht aus der Kritik in der »Time« vom 15. Dezember 1819 hervor:

»Die Handlung zeichnet sich eigentlich nur dadurch aus, daß sie von einer wohlbekannten historischen Episode abweicht. [...] Soweit wir sehen, ist dies das erste Beispiel aus Schillers dramatischer Feder, das in diesem Lande aufgeführt worden ist; wenn das stimmt, dann ist es schlecht geeignet, eine hohe Vorstellung vom poetischen Genius des ›deutschen Shakespeare‹ zu vermitteln. Die Aufführung hat die dreifache Länge eines normalen Stücks; und wir gestehen: Wenn wir auf die *Langeweile* (›ennui‹) der gestrigen Aufführung zurücksehen, dann nimmt unser Respekt für den Autor, der solch ein Stück schreiben, und für das Publikum, das die Darbietung einer solchen Tragödie durchstehen konnte, rapide ab. [...] Die Schönheit der

Sprache [...], wenn es sie denn je gab, ist in der Übersetzung völlig verschwunden. [...] Das Stück ist im wesentlichen undramatisch.«

Henry W. Knepler: Schiller's Maria Stuart on the Stage in England and America. In: Anglo-German and American-German Crosscurrents. Vol. II. Chapel Hill N. C.: University of North Carolina Press 1962. S. 7. Übers. vom Herausgeber

Glücklicher war das Schicksal von »Maria Stuart« in Frankreich. Pierre Antoine Lebruns stark im Sinne des klassischen französischen Theaters ändernde Übersetzung von 1820 – sie war nach früheren von 1802 und 1816 schon die dritte – hatte 1829 einen überwältigenden Erfolg in Paris: Das Stück wurde über fünfzigmal im »Théâtre Français« gespielt und bis in die zweite Hälfte des 19. Jahrhunderts von diesem Erfolg weitergetragen.[5]
Die berühmte italienische Tragödin Adelaide Ristori (1822–1906) machte in der Mitte des 19. Jahrhunderts Schillers Drama in der Übersetzung von Andrea Maffei (1829) in ganz Europa und darüber hinaus – Amerika und sogar Australien – bekannt. Auf ihren amerikanischen Tourneen von 1866 bis 1868 spielte sie die Maria siebenundsechzigmal, wobei sie häufig in einem englisch sprechenden Ensemble als einzige italienisch sprach. Ihrer auf die katholische Märtyrerin angelegten Darstellung der Schillerschen Titelgestalt widmet sie in ihren »Erinnerungen und künstlerischen Studien« ein ganzes Kapitel:

»[...] meine Überzeugung, daß Maria Stuart das Opfer ihrer ungewöhnlichen Schönheit, der Faszination, die sie auf andere ausübte, und ihres leidenschaftlichen Katholizismus war. Sie hatte sich nur Schwächen schuldig gemacht, die bei jeder anderen Frau unbemerkt geblieben wären, die aber von denen außerordentlich übertrieben wurden, die am Ruin Maria Stuarts interessiert waren. [...] Ich bin überzeugt, daß Niedrigkeit, Verworfenheit und Hinterlist sich zusammentaten, den Untergang der unglücklichen schottischen Königin herbeizuführen. [...]

5 Vgl. dazu Dieter Borchmeyer: Tragödie und Öffentlichkeit. Schillers Dramaturgie, München 1973, S. 58–60.

Adelaide Ristori als Maria Stuart

Alle diese Überlegungen brachten das Mitleid hervor, das ich in mir für die unglückliche Königin wachsen fühlte. Aus diesem Grunde habe ich in die Darstellung dieses Charakters alle Regungen meiner Seele gelegt, um den Adel der Natur der verachteten Königin und ihre Würde, die Leiden des unterdrückten Opfers und die Ergebung der Märtyrerin herauszubringen. [...] ich überzeugte mich mit Erfolg von der Bedeutung von Ausdruck, Gebärde und Haltung, die ich auf der Bühne in der Rolle der unglücklichen Königin von Schottland haben müßte. Mein Gesicht mußte den Ausdruck einer Frau haben, in der auch Marter und Verfolgung nicht die Charakterstärke hatten abtöten können, mit der sie während der zweiten Hälfte ihres Lebens ihr Martyrium durchstand.
In diesem Sinne hörte ich, ohne die Gewalt über mich zu verlieren und mit ergebenem und geduldigem Ausdruck zu, wie Hanna Kennedy von Paulets brutalem Aufbrechen der königlichen Schatulle berichtet [...]«

Ristori: Memoirs and Artistic Studies. Rendered into English by G. Mantellini. New York: Doubleday 1907. S. 115 f., 119 f. Übers. vom Herausgeber

Einige Zahlen über Aufführungen in Deutschland im 19. Jahrhundert: Am Burgtheater in Wien wurde »Maria Stuart« von 1814 bis 1875 144mal gespielt und war damit nach Lessings »Emilia Galotti« das meistgespielte Stück. An den königlichen Theatern in Berlin wurde »Maria Stuart« von 1801 bis 1885 268mal gespielt. Schiller war der meistgespielte Autor, »Maria Stuart« nach dem »Wilhelm Tell« sein meistgespieltes Stück.

Welch tiefen Eindruck um die Jahrhundertwende eine Aufführung von »Maria Stuart« auf den Schweizer Schriftsteller Robert Walser (1878–1956) macht, zeigen zwei kurze Aufsätze in der »Schaubühne« (1907):

Eine Theatervorstellung

Der Winternachthimmel war ganz mit Sternen gespickt, ich lief den Schneeberg hinunter, in die Stadt, an die Kasse des madretscher Stadttheaters, ließ mir eine Fahrkarte verabfolgen und fuhr wie ein geistig nicht mehr Normaler die steinerne, uralte Wendeltreppe hinauf, die ins Stehparterre führte. Das ganze Theater war dickvoll von Menschen, eine schlechte Luft schlug mir unter die Nasenflügel, ich erbebte und versteckte mich hinter einen Technikumsschüler. Ich war ganz atemlos und konnte nun ein wenig verschnaufen, bis der Vorhang in die Höhe ging, das tat er nach etwa zehn Minuten, er erhob sich und ließ in ein Loch voll Feuer blicken. Die Gestalten bewegten sich alsobald, riesige, plastische, übernatürlich scharf gezeichnete Gestalten, und spielten Maria Stuart von Schiller. Königin Maria saß im Kerker, und ihre gute Kammerfrau stand daneben, und dann zeigte sich ein finster aussehender, mit einer Rüstung bedeckter Mann, die Königin brach in Tränen des Zornes und des Schmerzes aus. Wie wundervoll sich das ansah. Meine Augen brannten. Ich hatte vorher stundenlang in den hellen, weißschimmernden Schnee gesehen und dann in das Dunkel der Logen, und jetzt mußten sie in eitel Feuer, Glut, Pracht und Glanz schauen. Wie schön und groß das war. Wie das von den rötlichen Lippen taktmäßig herabtönte, in Uhrmacher-, Techniker- und sonstige Ohren hinein, schöne, edel hin und her und auf und nieder tanzende, schwankende, tönende Verse. Ah, das sind die Verse Schillers, so dachte wohl mancher.

Der junge, schlanke Mortimer, mit einem Busch heller, goldener Locken auf dem Kopf, sprang aus der Szene in die offene Szene hinein und sprach der Königin, die lächelnd zuhörte, verführerische Worte vor. Er hatte ein merkwürdig blaß gefärbtes Gesicht, als sei ihm der ahnungsvolle Schrecken darin gelegen, und schwarzumränderte Augen, als habe er viele vorangegangene Nächte hindurch, von Träumen hin- und hergeschleudert, kein Auge zudrücken können. Er spielte meiner Meinung nach herrlich; nicht so Maria, die ihre Rolle nicht auswendig wußte, die sich eher wie eine Kneipenkellnerin niederster Stufe benahm, als wie eine so vornehme Frau, vornehm im zugespitzt kältesten Sinne: Königin und dazu noch Dulderin, wie man sich Maria Stuart denken mußte. Aber sie rührte unendlich. Das Nichtskönnen rührte in erster Linie und dann jener Mangel an Hoheit. Der Mangel dessen, was sein sollte, erschütterte und blendete und trieb mir das Wasser

der Empfindung schamvoll zu den erregten Augen heraus. O du Zauber der theatralischen Bühne. Ich dachte immer: »Wie schlecht sie doch spielt, diese Maria«, und ward im selben Moment von dem unmöglichen Spiel an Leib und Seele hingerissen. Wenn sie etwas Trauervolles sagte, lächelte sie verschmitzt und ganz unpassend dazu, ich korrigierte in Gedanken an ihren Gesichtszügen, Tönen und Bewegungen herum, und indem ich das tat, hatte ich den lebendigern und ergreifendern Eindruck von ihrem fehlerhaften Spiel, als ich ihn vor dem tadellosen hätte haben können. Sie war mir so nah auf diese Weise, es war, als würde da oben eine Schwester, Cousine oder Freundin von mir gespielt haben, um deren Äußerungen ich Ursache gehabt hätte, ängstlich zu zittern. Bisweilen stand sie ganz vergnügt und ratlos, also ratlos und doch nicht fassungslos da, sah in den dunkeln Zuschauerraum hinein, zupfte an ihrem Schleier und lächelte ganz keck, ließ das Spiel liegen, während dieses von ihr eine bestimmte Haltung und Empfindung verlangte. Und warum war sie trotzdem wundervoll?
In den Zwischenpausen bog ich meinen Kopf um und blickte in die Logen hinein, in deren einer eine vornehme Dame saß, in ausgeschnittenem Kleid, daß die Brust und die Arme aus der dunkeln Umgebung nur so herausschimmerten. In der behandschuhten Hand hielt sie ein Lorgnon mit langem Stiel, das sie von Zeit zu Zeit an die Augen führte. Sie schien eine alte, doch noch immer berückende Zauberin zu sein, so allein saß sie dort hinten, abgesondert von den übrigen Menschen. Sie wohnte, weiß der Teufel, vielleicht in einem jener graziös erbauten Häuser aus der Zeit Ludwigs von Frankreich, die man in Madretsch häufig hinter den hohen Bäumen alter, verträumter Gärten weiß hervorglänzen sieht. In einer andern Loge hockte der Präsident des madretscher Gemeinderats und Mitglied des Verwaltungsrats des Stadttheaters, so ein alter Bock, wie man sich zuflüsterte, der es als ein Vergnügen empfand, den Schauspielerinnen unter die Röcke zu greifen. Das ließ sich ja schließlich solch eine herumwandernde Maria Stuart noch ganz gerne gefallen. So sah sie nämlich auch aus auf der Bühne, wie eine Dirne, und nicht einmal wie eine gut-, sondern wie eine minderwertig geartete. Wie kam es, daß sie trotzdem so schön war?

Der Vorhang ging wieder auf. Ein breiter, weißlicher Strom Parfüm floß aus dem offenen Loch in die Zuschauerdunkelkammer und beklemmte und befreite die Nasen. Man war froh, wieder diesen holden Duft einzuziehen; ich hinter meinem Technikumsschüler war es wahrscheinlich ganz besonders. Der Bühnenrachen fing wieder an zu reden, diesmal war die Szene ein Zimmer im königlichen Palast von England. Elisabeth saß auf einem mit blauen Tüchern behangenen Thron, einen Baldachin über sich, vor ihr die Großen des Hofes, Lester und jener andre mit der sanften Denkermiene. Im Hintergrund standen dicke Weibsbilder als Pagen, nicht etwa Knaben, nein, vierzigjährige Weiber in Trikots. Das war schamlos schön. Diese Pagen standen mit der barocken Schwere ihrer gedunsenen Leiber in wahnsinnig kleinen, zierlichen Schuhen auf dem Boden wie unbegreifliche, phantastische Traumfiguren, die ins Publikum hineinlächelten. Es war, als hätten sie sich ein wenig geniert, so auffällig zu sein, aber dann wars wieder nichts mit diesem Genieren. Die Sache verhielt sich so: wer sie ansah, der genierte sich. Ich zum Beispiel genierte mich bis zur Glückseligkeit. Elisabeth stieg dann vom Thron herab, jeder Zoll an ihr lieb und einfach, fast tantlich, mütterlich, sie gab Zeichen von Ungnade, und die Szene verschwand.

Ein wenig später gab es eine Parkszene mit grünem, verschwommenem Waldhintergrund, Jagdhörner tönten in der Ferne in wundervoll fern herklingendem Spiel. Ich glaubte mich augenblicklich in das Dickicht eines Waldes versetzt; die Hunde liefen, Pferde stürzten aus dem Laubwerk hervor, schöne, kostbar gekleidete Reiterinnen tragend, und überall sprangen die Knechte und Falkoniere und Pagen, die Jäger in den knappen, grünen Trachten herum. Alles das spiegelte sich ganz natürlich in den paar Fetzen von Dekorationen tönend und leuchtend wieder. Maria, die Königindirne, trat auf und sang, man kennt ja die Worte, nein, sie sang nicht, aber es hörte sich ganz wie ein wehklagendes, sehnsüchtiges Singen an. Die Frau schien eine Riesin geworden zu sein, so sehr vergrößerte sie ihr Seelenausbruch. Sie sprang wie irrsinnig vor Freude und Herzensqual umher, und jammerte, als sie zu jubeln meinte. Außerdem war sie ein bischen der Rolle wegen, die sie nicht studiert hatte, in Verlegenheit, aber ich glaubte steif und fest, das sei der Wahnsinn des Nicht-mehr-an-sich-halten-Könnens, die Qual der Freiheit, das Versagen der ruhigern Frauenvernunft. Als sie weinte, da schrie sie, denn weinen wäre ihr zu wenig gewesen. Für nichts, was sie empfand, hatte sie einen entsprechenden Ausdruck mehr. Das Empfinden peitschte seinen Ausdruck. Im Übermaß alles dessen, was sie war und sah und hörte und fühlte, warf sie sich köpflings an die Erde, da trat Elisabeth auf.

Die Peitsche in der Hand, hinter ihr her die Trabanten. Die Frau ganz anschließend, anschmiegend in dunkelgrünen Samt gekleidet, der Rock hinaufgerafft, daß das männerhaft bestiefelte und bespornte Bein grell sichtbar ist. Zorn, Hohn und Furcht im Gesicht. Auf dem Jagdhut eine schwer herunterfallende Feder, deren Spitze bei jeder Bewegung des Hauptes die Schulter berührt. Und dann sprach sie, ah, sie spielte meisterhaft. Überdies war sie mir eine liebe Erscheinung. Nicht lange ging es, so prallten sie aneinander und hauchten einander das Feuer des Wehs in die Gesichter; beider Frauen Leiber zitterten wie vom Sturm gepackte Baumstämme. Maria, die schlechte Schauspielerin, schlug der guten eins ins Gesicht. Darob schmerzhaftes Frohlocken der einen und jähe Flucht der andern. Die liebe Elisabeth muß fliehen, und die dumme Maria muß jetzt in Verlegenheit sein, wie sie es angattern soll, in die Ohnmacht befriedigten Rachegefühls zu sinken. Sie machte es schlecht, aber in der Art und Weise, wie sie es verpfuschte, lag wiederum das Grandiose. Das ganze Frauengeschlecht, das vergangene und gegenwärtige und zukünftige, schien hinten über, den Kopf seitwärts gesenkt, in herrlich-süßer Beugung und Empfindung umfallen zu wollen. So schön machte sies. Dem Verstand wars hurenhaft, dem Gefühl titanisch. Ich wußte nichts mehr, ich hatte genug, ich packte das Bild mit meinen Augen, wie mit zwei wehrschaften Fäusten, an und trug es über die steinerne Wendeltreppe hinunter, zum Theater hinaus, an die kalte, winterliche madretscher Luft hinaus, unter den eisig-schauerlichen Sternenhimmel, in eine Kneipe von zweifelhafter Existenzberechtigung, um es zu ersäufen.

Die Schaubühne 3 (1907) Nr. 10, S. 254–256.
Auch abgedruckt in: Robert Walser, Das Gesamtwerk, hrsg. von Jochen Greven, Zürich: Suhrkamp 1978, Bd. 1, S. 235–241

Kerkerszene

Maria Stuart: Wie hübsch du bist, Mortimer. Und so jung. Du lernst die Königin von Schottland spät kennen. Nein, schweige. Sage nichts. Ich weiß ja so gut, was du mir sagen willst, aber ich weiß noch mehr, ich weiß, daß du mich liebst, und das kannst du nicht sagen, das zeigst du. Welche schönen Augen, du hast die unschuldigen Augen eines schüchternen Rehes, Mortimer. Wie du die Hand da küssest. Sauge! Dein Mund betet an meiner Hand. Du bist an die rechte Frau gekommen, sie ist gewohnt, daß man sie anbetet. Sie liebt das jedesmal neu. Meine Hand liebt dich, Junge. Willlst du kein Junge sein, schmollst du, du machst mir so sonderbare Lippen. Wenn ich zu dir sage: Knabe! so bist du Marias Mann, und das ist ein Knabe. Ich entfeßle die Männer von allen Verpflichtungen. Sie lieben mich, das ist ihre einzige Stärke. Willst du den Degen zücken und Verschwörungen anzetteln? Laß das, ich hasse diese Art akademischer Tapferkeit, das hast du in Rom gelernt, du mußt wissen, das imponiert mir gar nicht. Wenn man so reizend aussieht wie du, darf man nicht wollen in der Welt eine Rolle spielen. Lerne kühn sein zu meinen Füßen. Deine Befreiungspläne hassen mich, aber der Schwung deiner Lippen liebt mich und befreit mich aus dem Kerker. Gib mir ihn, gib Küsse. Dein Mund ist dein Sarg. Schau diese Hand an. Wie schmeckt dir der Hauch? Angeworfen an den Duft dieser Hände stirbst du eines Tages. Dein letztes Röcheln, wenn du blutüberströmt, wie deine beneidenswerten Vorgänger, am Boden liegst, wird mir noch Dank sagen. Sieh zu, daß es nicht soweit kommt, ich wünsche es nicht, aber gib her, noch einmal! Nicht so stürmisch. Du kostest zu wenig! Knabe, du bist verworfen, merke dir das. Dein rascher Untergang steht dir auf der Stirn geschrieben. Sei behutsam. Nicht, nicht so. Lerne in die Wollust die Ehrfurcht zwängen. Laß uns stumme Musik machen, laß uns die Königin von England entthronen. Knie nieder. Bette dich mit dem Kopf in meinen Schoß. So. O, die Pracht dieses Palastes, die Unversiegbarkeit dieses Herrschertums! Ich bin schön, ich empfinde es. Du bist reizend, Mortimer, weil du mich meine Königreiche empfinden machst. Dank. Wie süß es ist, dir durchs Haar zu streichen. Deine schwarzen Locken brennen. Deine vor mir niederstürzende Liebe wirft Elisabeth in Verzweiflung. Was tust du? Suchst du Gott? Da wirst du nie an ein Ende kommen. Laß es lieber. Da? Tu's nicht. Ich möchte deiner Wonne die Spitze nicht biegen. Was für Glieder du hast, und dein Nacken. Es ist mir, als habe er Augen und sähe mich durstig an. Ich verstehe es, Durst zu entflammen. Was kann sie mir rauben, die englische Willkür? Die Freiheit? Nichts mir Unpassenderes. Das Glück? Es liegt mir zu Füßen. Die Machtentfaltung? Ich spüre die höchste. Die Ruhe? Ich werde geliebt. Das Frauentum? Es feiert Triumphe. Sieh mich an, Mortimer. Steh auf, geh jetzt. Du willst nicht? Ich mag es dir nicht befehlen. Deine Wünsche und Lüste umflattern mich wie gezähmte Tauben. Ich ströme Zwang aus, weil ich so viel Wildheit ausströme. Meine Zartheit geht noch über meine Schönheit. Du lächelst. Ich wünsche, du stürbest jetzt. Ich kann die Gnade vergrößern, aber nicht noch versüßen. Laß uns jetzt still sein. Laß uns thronen im Nichts-mehr-Empfinden.

Die Schaubühne 3 (1907) Nr. 52, S. 625. Auch abgedruckt in: Robert Walser, Das Gesamtwerk, hrsg. von Jochen Greven, Zürich: Suhrkamp 1978, Bd. 1, S. 152–154

Zu einer – im Rückblick grotesk anmutenden – Auseinandersetzung führt am Anfang der Nazizeit eine Aufführung von »Maria Stuart«. Am 27. Oktober 1934 steht in den »Eilenburger Neuesten Nachrichten« folgende Kritik:

»Maria Stuart«

(+) Im Rahmen der NS-Kulturgemeinde führte die »Deutsche Bühne« in der Stadthalle zu Eilenburg Schillers »Maria Stuart« auf.

Das deutsche Volk muß, nachdem es den kühnen Schritt in den Nationalsozialismus getan und dadurch mit anderen Ausblicken einen anderen Horizont erlangt hat, diesen ganz neuen Perspektiven entsprechend auch die Klassiker unter verändertem Gesichtswinkel sehen. Keinesfalls kann alles, was Klassiker ist, heute noch unbesehen hingenommen werden.

Der natürliche und (um religiös zu sprechen) göttliche Zweck der Geschlechtsliebe ist die Erhaltung der Art, die

Nachkommenschaft. Was in der Erotik den heiligen Zweck außer acht läßt, was in ihr nur eine Freude, einen Begriff des Sichauslebens oder auch eine nebensächliche tierische Angelegenheit sieht, ist im tiefsten Grunde unsittlich und muß in der nationalsozialistischen Kunst als unsittlich behandelt werden.

Unsere Klassiker nehmen in solchem Hinblick eine nicht mehr zeitgemäße Stellung ein. In ihren Werken ist nicht der Zweck, die Arterhaltung, das wesentliche, sondern das Mittel zum Zweck, die Liebe, und über diesem Mittel vergessen sie den Zweck. Und auch »Maria Stuart« bewegt sich auf dem Boden der kritiklosen Anerkennung der »Liebe an sich«, ohne sich um ihre Heiligung durch das Kind zu kümmern. Wenngleich gewisse schwüle Szenen in dem Stück durch ein taktvolles Spiel abgeschwächt waren, so hätten wir es wenigstens gern vermieden gesehen, daß – wie es leider geschehen ist – die Jugend zu dem Besuch der Vorstellung aufgefordert wurde.

Auch aus einem anderen Grunde ist Maria Stuart nichts für die Jugend. Sie wird hier als Edelweib besonderer Güte dargestellt, während sie in Wirklichkeit doch eine schlimme Intrigantin und mannstolle Frau war. Man sollte historische Wahrheiten nicht so verdrehen, wie es der Dichter hier tut, und der Jugend sollte man solche Verdrehungen nicht vorsetzen. Gibt einem Dichter das Leben einer historischen Person Anregung und Stoff, so sollte er, wenn er sich nicht an die Wahrheit zu halten vermag, ihren Namen ändern.

»Maria Stuart« zeichnet uns die Tragik einer königlichen Buhlerin und den Triumph ihrer nicht minder buhlerischen Gegenspielerin. Wenn wir meinen, daß solche Stücke in der Jetztzeit unangebracht sind, so ist das keine Prüderie. Die neue Ethik fordert keine Aufgabe der Erotik, sondern ihre Veredelung durch die Elternschaft, deren Aureole mahnend und warnend unaufhörlich hinter aller geschlechtlichen Sinnlichkeit leuchtet und leuchten muß, weil der göttliche Sinn der Erotik das als ewigen Willen in sich faßt. Wohl wissen wir, daß bei übernormaler Stärke des Triebes sein höheres Ziel vergessen werden kann und daß bei Erbkranken das höhere Ziel verhängt werden muß, aber die Kunst hat nicht dem Anormalen und Kranken zu dienen, sondern dem Gesunden und hat dem Gesunden Darsteller und Künder zu sein.

Darum sähen wir gern, wenn diejenigen, die jetzt den Klassikern wieder den Weg ins Volk bahnen wollen, ihnen recht kritisch gegenüberträten und eine sorgfältigste Auswahl träfen. »Maria Stuart« ist als Bild einer Zeit, in der die Völker nichts, die Fürstenhäuser aber alles waren, zweifellos von einer großartigen Kraft. Man sieht in diesem Stück, von genialer Hand entworfen, unter welchen bedenklichen Voraussetzungen in den hinter uns liegenden Jahrhunderten die Politik gemacht wurde. Und wenn wir uns dabei vergegenwärtigen, daß noch während des Weltkrieges dynastische Belange den nationalen Interessen vorangestellt wurden (Balkanpolitik der deutschen Regierung), so werden wir von konservativen Anwandlungen bezüglich der Regierungsform gründlich geheilt. Aber bewegt uns überhaupt noch dieses Problem?

Wer solche Erwägungen angesichts der »Maria Stuart« ablehnen und die Meinung verfechten wollte, daß der kritische Beobachter lediglich ihren »reinen Kunstwert« beurteilen dürfe, der stellt sich auf den Boden eines in die nationalsozialistische Weltanschauung nicht hineingehörenden Ästhetizismus. Gerade in Schilller lebt, was ihm selbst vielleicht nicht immer bewußt gewesen ist, die Tendenzdichtung, deren Größe in der packenden Anschaulichkeit und der objektiv gerechten Formung der Gestalten liegt. Daran ändert nichts die Tatsache, daß – wie es bei »Maria Stuart« der Fall ist – die historischen Personen zum Teil anders geartet waren als ihre Namensvettern im Schauspiel.

Dies alles vorausgesetzt, bekennen wir gern, daß uns die Aufführung an sich sehr gefallen hat. Der gebundenen Sprache der Dichtung entsprechend wurde sie leicht stilisiert wiedergegeben. Das verlieh ihr einen Hauch von Feierlichkeit und gab dem Abend eine besondere Stimmung, die sich weniger von der Tragik der Vorgänge auf der Bühne packen, als vielmehr den fremden Glanz der Personen, die vornehme Gemessenheit der Gebärden, die Schönheit der Sprache und die klare Logik der Gedankengänge, kurz die eindringliche Kunst eines Friedrich Schiller, auf sich wirken ließ. Die Schauspieler waren offenbar

durchgesiebte Könner. Lediglich Melvil enttäuschte, weil er mit der Rolle des Geistlichen nicht recht fertig wurde.
Die Vorstellung wies einen starken Besuch auf, und man spendete der tüchtigen Truppe reichlichen Beifall.

Diese Besprechung wird am 10. November in der Zeitung »Friderikus« mit folgendem Kommentar wiederabgedruckt:

Die Entlarvung Schillers

Vor vielen Jahren schrieb ein gewisser Schiller, nachdem er im militärärztlichen Berufe nichts Rechtes werden konnte, ein grob unsittliches Stück. Es behandelte die Abenteuer einer gewissen Maria Stuart, die zum Schlusse des Stückes zur Freude aller wirklich sittlichen Menschen verdientermaßen hingerichtet wird. Auch der Verfasser dieses Sexual-Stückes, der gewisse Schiller, ein Vorläufer des Magnus Hirschfeld, ist inzwischen verstorben. Man konnte daher nicht das tun, was man als streng moralischer Mensch gern getan hätte, nämlich Schillern bei der Behörde anzuzeigen und seine sofortige Überführung ins Konzentrationslager zu fordern. Auch hat man es leider nicht durchgesetzt, daß dieses Buch des Schiller auf öffentlichem Platze verbrannt wurde. Doch die Nemesis, die laut Konversationslexikon die Abteilung strafende Gerechtigkeit verwaltet, ruhte nicht. Sie ernannte die in Eilenburg an der Mulde (Prov. Sachsen) erscheinenden »Eilenburger Neueste Nachrichten« zu ihrem rächenden Arme. Und dieser starke und rächende Arm prügelte den pp. Schiller am 27. Oktober 1934 folgendermaßen durch: [folgt Kritik.]
Was sind wir Deutschen, die wir uns von Schillers »Maria Stuart«, die uns zwei Königinnen und zwei Frauen in einer Weise zeigte, die uns erschütterte, ergriff und erhob, doch bloß für rückständige Menschen. Und was ist der Verfasser dieser »Theaterkritiker«, der seinen Namen schamhaft hinter einem (+) verbirgt, bloß für ein aufgeklärter Volksgenosse. Was der alles in das Stück hineingeheimnißt, das ist bewundernswert, ebenso wie der Mut, mit dem er es hinschreibt. Man weiß allerdings nicht recht, was nun eigentlich schmieriger ist: die Feder, mit der er diesen Unsinn schrieb, oder seine Phantasie. Dieser Schreiber und sein

Schrieb gehören ins Schillermuseum, Abteilung Schreckenskammer.

Daraufhin nehmen die »Eilenburger Neuesten Nachrichten«, wie aus dem »Schwäbischen Merkur« vom 23. Januar 1935 hervorgeht, noch einmal Stellung:

Friedrich Schiller wird kritisiert

* Wir haben unseren Lesern in Nr. 7 des »Schwäbischen Merkur« vom 9. Januar Proben einer Kritik vorgesetzt, die anläßlich einer Maria-Stuart-Aufführung in einer Eilenburger Zeitung abgedruckt wurde. Die *Eilenburger Neuesten Nachrichten*, denn um diese handelte es sich, nehmen nun zu der von uns und einer Reihe anderer Blätter geübten Kritik an ihrer Kritik Stellung, und die Schriftleitung des Blattes selbst war so freundlich, uns die betreffende Nummer zu übersenden. Wenn wir die darin als Leitartikel erschienenen Auslassungen im folgenden in der Hauptsache wiedergeben, so gehorchen wir damit einer alten journalistischen Anstandspflicht, die gebietet, auch die Gegenseite zu Worte kommen zu lassen. Die »Eilenburger Neuesten Nachrichten« schreiben u. a.:
»Wir stehen am Abschluß des *Zeitalters der Liebe*. Die ›Liebe‹ ist das große All-Einheitsgefühl, das um die Mitte des vorchristlichen Jahrtausends in der griechischen Philosophie zum Ausdruck kam und dann durch das Christentum weitergetragen wurde. Sie rückte in den Mittelpunkt des menschlichen Denkens als *das Göttliche schlechthin.* Wir erlebten in der liberalistischen Endphase dieses Zeitalters, wie sie, in welcher Teilform auch immer sie auftrat, die Ursache und der Vorwand bedenklichster Entartungserscheinungen wurde. Aus ›Nächstenliebe‹ wurde in der sozialen Staatsgebarung das Kranke gehätschelt und das Schwache getätschelt. Das Gesunde aber ließ man ohne die nötige Pflege und wartete ab, bis es gleichfalls verkommen war, um dann die Liebe auch an ihm zu beweisen. Man war auch schnell bei der Hand mit der Entschuldigung des Verbrechers, dem doch die Liebe nicht versagt werden dürfe. Die Gefängnisse und Erziehungshäuser wurden zu mit Liebe ausgestatteten Erholungsheimen, und der aus helfender Liebe gegebene Krankenschein wurde zu einem Ver-

sorgungsschein für viele, die nicht mehr arbeiten wollten. Die Liebe in der Geselligkeit wurde völlig hemmungslos. Ehebruch, Päderastie, Lesbismus, Sodomiterei, Abtreibung, alles wurde geübt oder geduldet, und auch die Duldung geschah nur aus Liebe. Daß da Pflichten auf Erfüllung harrten, Pflichten politischer, sozialer, rassischer Art, daran wurde nicht gedacht. Und die Bühne wurde zum Spiegelbild dieses fürchterlichen Niederganges des Volkes.

Wir völkisch eingestellten Menschen liefen Sturm gegen das ›Zeitalter der Liebe‹ und haben es überwunden! *Und mit ihm haben wir ›Maria Stuart‹ überwunden.* ›Maria Stuart‹ ist mitten aus dem ›Zeitalter der Liebe‹ geboren, deckt den Mantel der Liebe über ein Kapitalverbrechen und verklärt mit einer genialen dichterischen Gestaltungskraft eine Sünderin zur Heiligen. Durch die hohe Kunst Schillers wird das Stück zu einer *gefährlichen Waffe des überwundenen Zeitalters.* Der Kampf des Alten mit dem Neuen ist auf der ganzen Linie entbrannt. Dürfen wir, denen das Neue zum besten Teil unseres Wesens geworden ist, so widersinnig sein, das Alte mit seinem verführerischesten Rüstzeug gegen unsere Jugend anzusetzen? Die Jugend sucht in ›Maria Stuart‹ weniger die hohe Kunst des Gestalters als vielmehr dargestellte Wirklichkeit. Muß das bereits in dem neuen Pflichtbewußtsein erzogene Kind nicht im tiefsten Innern verwirrt werden, wenn es sich dieser ganz anders gelebten Welt gegenüber sieht? Man möge ›Maria Stuart‹ als ein hochkünstlerisches ›Bild aus der Vergangenheit‹ einmal später hervorholen, wenn das Neue endgültig gesiegt hat. Aber ihre Aufführung in der heutigen Kampfzeit und noch dazu vor der Jugend, ist das nicht wie – Reaktion?

Dem ›Zeitalter der Liebe‹ wird das *›Zeitalter der Pflicht‹* folgen. Das heißt nicht, daß die Liebe nunmehr abgesetzt sei. *Die Liebe ist die Grundstimmung, aus der die Pflicht herauswächst.* Die Menschheit hat zwei und einhalb Jahrtausende gebraucht, um über diese Grundstimmung mit sich ins klare zu kommen. Sie hat die Erfahrung gemacht, daß die Nichts-als-Liebe-Lehre zur Entartung führt, und daß *die Pflicht als stete Begleiterin neben die Liebe zu treten* hat, wenn der Weg nach oben weiter innegehalten werden soll. Im Vollgefühl seiner Liebe (ganz gleich, ob zum anderen Geschlecht, ob zum Vaterland und in welcher Form

auch immer) hat der Mensch sich zu fragen: wozu verpflichtet deine Liebe dich? Man muß sich wundern, daß es eine Presse gibt, die an dieser doch selbstverständlichen Forderung des Verantwortungsbewußtseins zu rütteln wagt.
Die Kritik an ›Maria Stuart‹ hat das Gute gehabt, daß sie *die Schaben hinter dem Ofen hervorgelockt* hat. Da haben sie seit zwei Jahren gesessen und gewispert: auch wir sind Kämpen der neuen Zeit. Kaum aber taucht etwas auf, womit sie das Neue glauben ungestraft herabsetzen zu können, da kriechen sie schon ins Licht und spotten. Und merken nicht, wie sie sich selbst *hinters* Licht führen. Den Radikalismus des Alten finden sie in Ordnung oder tun ihn mit einer wohlwollenden Handbewegung ab, den Radikalismus des Neuen aber glauben sie verächtlich machen zu dürfen. Sie sind erkannt!
Wir sehnen uns nach der Kunst, die *unsere* inneren Kämpfe und die seelische Befreiung von ihnen in erhabenen Formen darstellt. Und unserer Jugend muß erst recht *diese* Kunst geboten werden. Das ist der Sinn der Kritik an ›Maria Stuart‹ gewesen. Nur Gedankenlose lehnen sich gegen sie auf und nur Böswillige brachten es fertig, *den Sinn zu schächten*, um sich dann mit billigen Mätzchen an der jugendlich-radikalen Form zu reiben.«
Soweit die »Eilenburger Neuesten Nachrichten«. Wir haben nichts hinzuzusetzen, und wir wollen es auch nicht, um den Sinn des Aufsatzes nicht wieder zu gefährden oder uns dem Vorwurf billiger Mätzchen auszusetzen.

b. als literarischer Text

Eine der ersten Bewunderinnen von Schillers »Maria Stuart« im Ausland ist Germaine de Staël (1766–1817), die mit ihrem Buch »Über Deuschland« (1810) das Deutschlandbild Frankreichs lange beeinflußt:

»Nach meiner Ansicht ist ›Maria Stuart‹ die pathetischste und am besten durchdachte von allen deutschen Tragödien. Das Schicksal dieser Königin, deren Leben so glückverheißend begann, die ihr Glück durch zahllose Fehler verscherzte und endlich nach neunzehnjähriger Gefangenschaft das Schafott bestieg, erregt ebensoviel Schrecken und Mit-

leid wie Ödipus, Orest oder Niobe. Gerade die Schönheit dieser Geschichte aber, die für das Genie so günstig ist, würde die Mittelmäßigkeit erdrücken. [...]
Schon beim ›Wallenstein‹ hatte ich Gelegenheit, auf den großen Vorzug der dramatisch bewegten Expositionen hinzuweisen. Man hat Prologe, Chöre, Vertraute, alle nur denkbaren Mittel angewandt, um eine Exposition zu geben, die nicht langweilt – aber mir scheint es das beste zu sein, wenn man sogleich in die Handlung eintritt und die Hauptfigur durch die Wirkung zeichnet, die sie auf ihre Umgebung hervorbringt. Dadurch belehrt man den Zuschauer, aus welchem Gesichtspunkt er das betrachten muß, was sich vor seinen Augen begibt: man lehrt es ihn, ohne es auszusprechen, denn ein einziges Wort, das in einem Theaterstück an das Publikum gerichtet zu sein scheint, stört die Illusion. Wenn Maria eintritt, ist man schon gespannt und bewegt: man kennt sie bereits, nicht durch eine Schilderung, sondern durch ihren Einfluß auf ihre Freunde und ihre Feinde. Das Stück ist keine Erzählung mehr, der man lauscht, sondern ein Ereignis, dessen Augenzeuge man geworden ist.
Der Charakter Maria Stuarts ist bewundernswert gut durchgehalten und erregt während des ganzen Stückes das lebhafteste Interesse. Schwach, leidenschaftlich, stolz auf ihr Aussehen und reuig, wie sie ist, liebt und tadelt man sie zugleich. Ihre Reue und ihre Fehler flößen Mitleid ein. Allenthalben erkennt man die Macht ihrer wunderbaren Schönheit, die zu ihrer Zeit so hochberühmt war. Ein Mann, der sie retten will, wagt ihr das Geständnis zu machen, daß er sich ihr nur aus Begeisterung für ihre Reize weiht. Elisabeth ist eifersüchtig auf sie. Endlich hat sich auch Leicester, Elisabeths Liebhaber, in Maria verliebt und ihr seinen Beistand versprochen. Die Anziehungskraft und der Neid, den die bezaubernde Anmut der Unglücklichen hervorruft, machen ihren Tod noch tausendmal ergreifender. [...]
Elisabeths Charakter erregt auf ganz andere Weise die Aufmerksamkeit: diese Schilderung eines weiblichen Tyrannen ist etwas völlig Neues. Die Kleinlichkeit der Frauen im allgemeinen, ihre Eitelkeit, ihre Gefallsucht, kurzum alles, was aus ihrer sklavischen Lage entspringt, dient bei Elisa-

beth zur Kräftigung ihres Despotismus, und die Verstellung, die stets eine Folge der Schwäche ist, ist eins der Werkzeuge ihrer absoluten Macht. Ohne Zweifel sind alle Tyrannen Heuchler: um die Menschen zu unterjochen, muß man sie täuschen – man schuldet ihnen wenigstens in diesem Fall die Höflichkeit der Lüge. Das Charakteristische an Elisabeth ist aber ihre Gefallsucht in Verbindung mit dem despotischsten Willen und den feinsten Regungen der Eigenliebe einer Frau, die sich in den heftigsten Akten souveräner Gewalt kundtut. Daher zeigen die Höflinge der Königin gegenüber eine gewisse Kriecherei, die eine Folge der Galanterie ist. Sie möchten sich überreden, daß sie Elisabeth lieben, um ihr in edlerer Weise gehorchen zu können, und wollen der knechtischen Furcht des Untertanen den Anschein ritterlicher Ergebenheit verleihen.
Elisabeth war eine geniale Frau, wie der Glanz ihrer Regierung bezeugt – in einem Trauerspiel aber, in dem Marias Hinrichtung dargestellt wird, kann man Elisabeth doch nur als die Nebenbuhlerin ansehen, die ihre Gefangene hinmorden läßt, und das Verbrechen, das sie damit begeht, ist zu fürchterlich, um nicht all das Gute auszulöschen, das man von ihrem politischen Genie sagen könnte. Vielleicht würde sich noch ein Vorzug mehr bei Schiller finden, wäre er imstande gewesen, Elisabeth in weniger gehässigem Licht erscheinen zu lassen, ohne dadurch das Interesse für Maria Stuart abzuschwächen. Denn das wahre Talent zeigt sich mehr in den abgestuften Kontrasten als in den extremen Gegensätzen, und die Hauptfigur selbst gewinnt, wenn keine der Gestalten des dramatischen Gemäldes ihr aufgeopfert wird ... [...]
Nichts aber ist dem fünften Akt zu vergleichen. Ich wohnte der Aufführung der ›Maria Stuart‹ in Weimar bei und kann noch heute nicht ohne tiefe Rührung an die Wirkung der letzten Szenen denken ...
Ich habe dieser unvollständigen Analyse eines Stücks, dessen Vorzüge der Zauber der Verse noch um vieles erhöht, noch einige Bemerkungen hinzuzufügen. Ich weiß nicht, ob man sich in Frankreich die Freiheit nehmen würde, über eine vollständig entschiedene Situation einen ganzen Akt zu schreiben, aber gewiß ist, daß diese Ruhe des Schmerzes, die gerade aus dem Mangel jeder Hoffnung entspringt, die

wahrsten und tiefsten Gemütsbewegungen hervorruft. Diese feierliche Ruhe gestattet dem Zuschauer, sich gleich dem Opfer in sich selbst zu versenken und alles zu empfinden, was das Unglück in seinem Innern an Gefühlen wachruft.

Die Beicht- und Abendmahlsszene würde mit Recht völlig zu streichen sein. Keineswegs aber könnte man aussetzen, daß es ihr an Effekt fehlt: das Pathos, welches sich auf die Volksreligion stützt, berührt das Herz so nahe, daß nichts eine größere Gemütsbewegung erzeugen kann. Das katholischste von allen Ländern, Spanien, und sein gläubigster Dichter, Calderón, der selbst in den geistlichen Stand getreten war, haben sich eine Behandlung christlicher Stoffe und Zeremonien auf der Bühne gestattet.

Ich bin der Ansicht, daß man, ohne dadurch die Ehrfurcht zu verletzen, die man der christlichen Religion schuldig ist, sich sehr wohl erlauben könnte, dieselbe in der Poesie und den schönen Künsten, bei allem, was die Seele erhebt und das Leben verschönert, zu verwenden. Sie davon ausschließen heißt jene Kinder nachahmen, die im väterlichen Hause nur Ernstes und Trauriges tun zu dürfen glauben. In allem, was eine selbstlose Bewegung in uns hervorruft, liegt ja ein Körnchen Religion. Die Poesie, die Liebe, die Natur und die Gottheit vereinen sich stets in unserm Herzen, wenn man sie auch getrennt zu halten sucht, und wenn man dem Genie verwehrt, alle diese Saiten gleichzeitig anzuschlagen, so wird nie die volle Harmonie der Seele ertönen.

Diese Königin Maria, die Frankreich in ihrem Glanz, England in ihrem Unglück gesehen hat, ist der Gegenstand zahlloser Dichtungen gewesen, die ihre Reize und ihr Unglück besingen. Die Geschichte schildert sie als ziemlich leichtfertig, Schiller dagegen hat ihren Charakter ernster gestaltet, und diese Veränderung wird zur Genüge durch die Zeit motiviert, in der er sie darstellt. Eine zwanzigjährige Gefangenschaft, ja, zwanzig Lebensjahre überhaupt, sind fast immer eine schwere Schule.

Marias Abschied vom Grafen Leicester scheint mir eine der schönsten Szenen zu sein, die es überhaupt auf dem Theater gibt. Für Maria hat dieser Augenblick etwas Süßes. Sie bemitleidet Leicester, so strafbar er ist: sie fühlt, welche Erinnerung sie in ihm zurückläßt, und diese geistige Rache ist wohl erlaubt. Endlich, im Augenblick, da sie stirbt, weil er sie nicht hat retten wollen, gesteht sie ihm noch, daß sie ihn liebt, und wenn uns etwas über die fürchterliche Trennung trösten kann, zu der der Tod uns verdammt, so ist es die Feierlichkeit, die er unseren letzten Worten gibt: hier mengt sich kein Zweck, keine Hoffnung hinein, und mit dem Leben strömt auch die reinste Wahrheit aus unserer Brust.«

de Staël: Über Deutschland. Hrsg. und eingeleitet von Sigrid Metken. Stuttgart: Reclam 1962 u. ö. (Universal-Bibliothek Nr. 1751 [5].) S. 226–232

Eine ungewöhnliche Deutung von Mortimers Rom-Erlebnis gibt 1828 August Wilhelm Schlegel (1767–1845) in Erwiderung eines Aufsatzes vom Juni 1827 in der Pariser Zeitschrift »Le Catholique«:

»Wenn der Verfaßer des Aufsatzes aus seiner Verworrenheit heraus verstände, Dichter gehörig zu lesen, so hätte er in Mortimers Erzählung von seiner Reise nach Rom vielmehr eine Satire auf gewisse phantastische Übertritte finden können.

Wie ward mir, Königin!
Als mir der Säulen Pracht und Siegesbogen
Entgegenstieg, des Kolosseums Herrlichkeit
Den Staunenden empfieng;

Ja ja! Antike Marmorsäulen, Triumphbogen, die Ruinen des Koliseums, das sind in der That unwiderlegliche Beweise für die Richtigkeit der von Rom ausgegangenen Entscheidung theologischer Streitfragen! Nun mußte sich Mortimer der siegreichen Gewalt der Wahrheit gefangen geben, und die anglikanische Kirche abschwören! Derselbe Mortimer sagt nachher:

Alle Frevel sind
Vergeben im Voraus. Ich kann das Ärgste
Begehen, und ich will's. – –
Und müßt' ich auch die Königin durchbohren,
Ich hab' es auf die Hostie geschworen.

Die schreckliche, aber auf so vielen Blättern der Geschichte beurkundete Wahrheit, daß fanatische Verblendung zu jeder Frevelthat hinreißen kann, ist wohl niemals eindringender anschaulich gemacht worden, als in diesen kurzen

Zeilen, worin der treffliche Dichter seine Meisterschaft in der dramatischen Kunst glänzend bewährt hat.«

Schlegel: Berichtigung einiger Mißdeutungen. In: A. W. von Sch., Sämmtliche Werke. Hrsg. von Eduard Böcking. Bd. 8. Leipzig: Weidmann 1846. Reprint Hildesheim / New York: Olms 1971. S. 228 f.

Die deutsche Literaturgeschichtsschreibung in der Mitte des 19. Jahrhunderts ist »Maria Stuart« meist nicht sehr gewogen:

Wolfgang Menzel (1798–1873):

»›Maria Stuart‹ ist von Schillller als leidende und mitleidenswerthe Gefangene aufgefaßt worden und ihre früheren Sünden hat er verschleiert, um sie zu einem so reinen Opfer als möglich zu machen. Da ohnehin nicht viel Handlung in dem Stück seyn konnte, herrscht der elegische Klageton vor.«

Menzel: Deutsche Dichtung von der ältesten bis auf die neueste Zeit. Bd. 3. Stuttgart: Krabbe 1859. S. 252

Georg Gottfried Gervinus (1805–71):

»In der Maria Stuart schien sich der Dichter von Soldaten und Helden wegzusehnen nach einem leidenschaftlichen menschlichen Vorwurfe; das realistische Studium war ihm verleidet, allein er verlor dadurch auch den reichen Hintergrund, den die Zeit und der Hof Elisabeth's dargeboten hätten. Von der Staatsaktion ward er doch nicht frei, und in der Gegeneinanderstellung Leicester's und Burleigh's scheint er sogar die Feinheit zu vergessen, mit der er sonst dergleichen zu behandeln wußte, was auch von einer andern Seite in der Scene der Fall ist, wo sich die Königinnen einander schelten. Die feinen Einwirkungen der romantischen Liebhabereien zeigen sich in dem Charakter Mortimer's, der nur äußerlich durch den rhythmischen Firniß Schiller's übrigen Liebhabern ähnlich sieht; dem sinnlichen Jünglinge, dem der Fanatismus Alles erlaubt, ist in poetischer Unbefangenheit die innere Rechtfertigung einer jesuitischen Handlungsweise geliehen, ohne daß der Dichter aus ihm redete.«

Gervinus: Geschichte der deutschen Dichtung. Bd. 5. Leipzig: Engelmann [4]1853. S. 512 f.

August F. Ch. Vilmar (1800–68):

»In Maria Stuart, welche zu einem echten historischen Drama, gleich dem Wallenstein – wenn auch nicht, wie dieser, zu einem nationalen – den vortrefflichsten Stoff geliefert haben würde, wiegt das Sentimentale, der Herzensanteil an dem Schicksal der Heldin, das Rührende und Rhetorische so stark vor, daß der historische Stoff in den Hintergrund zurückweicht – es sind bewegliche Scenen, aber keine kräftigen Thaten, schmerzliche Leiden aber nicht gewaltige Kämpfe. Schiller hatte, wie er sagt, die Helden einmal an dem Wallenstein herzlich satt, und sehnte sich nach einer Darstellung menschlicher Leiden, bei denen er menschlich mitfühlen konnte; gerade dieß aber war die Klippe, an welcher er in seinen vier früheren Dramen, an welcher er auch noch auf der höheren Stufe, zu der er jetzt emporgestiegen war, scheiterte.«

Vilmar: Geschichte der deutschen National-Literatur. Bd. 3. Marburg: Elwert [3]1848. S. 256

Otto Ludwig (1813–65) schreibt seine »Shakespearestudien« um 1860 zur Klärung seiner eigenen Position als Dramatiker und benutzt dabei Schiller über weite Strecken als – meist negatives – Vergleichsobjekt:

Maria Stuart

Ich lese jetzt die »Maria Stuart«; ich bewundere die Vollständigkeit der Exposition der Situation. Freilich hat man mehr den Eindruck, als habe man die Staatsschriften pro und contra sämtlich durchgelesen, und die wesentlichen Punkte behalten, das Unwesentliche wiederum vergessen, man hat den Eindruck, ein geist- und inhaltreichstes Plädoyer angehört zu haben, aber durchaus nicht den Eindruck, Menschen im natürlich-unbelauschten Tun und Lassen wahrgenommen und mit ihnen gelebt zu haben. Man hat ein Leben anklagen und verteidigen, stellenweise wenigstens entschuldigen hören, aber man weiß von alledem nichts, als was man andere nachträglich darüber sagen hörte, und zwar Leute, die man parteiisch sieht; an Gründen pro und contra fehlt es nicht, aber an der Sache selbst;

das Leben selbst haben wir nicht miterlebt. Der erste Akt ist an sich ein rednerisches Kunstwerk; es werden Gefühle, Begehren wird in uns geweckt, aber nicht, wie sie die Poesie, wie sie die poetische, sondern wie sie die rhetorische Darstellung eines Vorganges wirkt. Ein völliger Mangel an dramatischer Unmittelbarkeit. Das historisch-politische Räsonnement, welches das Verhältnis von allen Seiten beleuchtet, ist zwar verschiedenen Personen in den Mund gelegt, aber eben gelegt, es geht nicht unmittelbar hervor. Den Leuten ist mehr darum zu tun, ihre Rednerkunst zu zeigen, und ihre persönliche Würde zur Darstellung zu bringen, als dem Dichter, uns Menschen zu zeigen. Da ist überall Draperie und Attitüde, aber nirgends eine Spur von unbelauschter Natur. Die Nebenpersonen, Paulet, Mortimer, sind detaillierter ausgeführt, als die Hauptrolle. Jene sind uns motiviert, wir verstehen sie, aber die Königin ist ein Gegebenes; es ist lediglich uns überlassen, was wir von ihrer Vergangenheit und Gegenwart sahen, uns zurecht zu legen und zu reimen; denn was sie selbst und die Kennedy sagt, reicht nicht hin, Klarheit zu schaffen. Die Partien, in welchen eigentlich das poetische und psychologische Interesse liegt, werden mit ungenügenden Andeutungen zurückgeschoben. Die Helden dieses Stückes sind der protestantisch-englische und der katholische Standpunkt, nicht Maria; diese ist bloß das Objekt des Kampfes. – Das Ganze ist eine Hofintrige; die Situation tut alles, die Leute handeln, wie es der Situation dient; von Charakteristik ist also wenig die Rede. Marias Charakter ist das Schwächste am ganzen Stücke. [...] Die Hauptsache, wie immer ein Intrigant den anderen überlistet. Abgesehen davon, daß die Technik hier keine tragische ist, so ist sie doch sehr zu loben. Zweierlei könnte man hier lernen, erstlich das Motivieren der Entschlüsse und Handlungen, wenn Schiller nicht bloß aus der Situation motivierte; dann, so viel Stoff in so kleinen Raum zu zwingen, wenn der Stoff zu seinem Rechte käme. Das eine dringt sich auf, daß Reichtum des Stoffes und die französische Form sich nicht vertragen. Das ganze Stück spielt zwischen der Fällung und Vollziehung des Todesurteiles. [...] Das Interesse haftet hauptsächlich auf der Kunst der Intrige und der Kunst der Rede, ganz altfranzösisch. Nicht wie bei Shakespeare ist das ganze Interesse auf Teilnahme am Schicksale, d. h. an der Schuld und dem daraus hervorgehenden Leiden des Helden gebaut, sondern es springt von Maria zu Elisabeth, von da auf Mortimer, Leicester. Die Szenen sind pathetische Ausmalungen der Situation und Intrigantenszenen. Es geschieht im ganzen Stücke nichts, was die Katastrophe verursachte, denn das Todesurteil ist bereits vor dem Stücke gefällt, und wenn Elisabeth mit der Vollstreckung zögert, so ist das bloß Heuchelei, und es braucht nichts von alledem, was im Stücke geschieht, um sie zur Vollstreckung zu bewegen. Davon erhält freilich das Stück einen Eindruck von Notwendigkeit in der Hauptsache, wenn auch der Vorgang selber nur wie Spiegelfechterei, nur wie bloße Ausfüllung erscheint; aber dadurch wird es um nichts tragischer, denn alles ist äußerlich, und wenn Maria sich in ihr Los als in ein verdientes ergibt, so ist auch das von außen hereingezogen. Wollte man sagen, sie bereite im Stücke durch Beleidigung der Elisabeth sich ihren Tod, so wäre das unwahr; denn sie mußte auch ohne diese sterben, und ein anderes Betragen konnte sie nicht retten. [...] Aus all den Handlungen hebt sich kein zusammenhängender Kern, aus all den bewegten Figuren kein bedeutender Charakter hervor, und die Monotonie der Sprache, die gleichmäßig über das Ganze verbreitete Würde und rhetorische Kunst bietet ebensowenig dem Gefühle und der Phantasie eine Handhabe; es fehlt an der Idee, die das Stück zu einem Ganzen machte. Man könnte ganz gut von da, wo Maria erfährt, daß ihr Urteil gefällt sei, bis zur Vollziehung, und nach dieser alles streichen, ohne daß etwas Wesentliches fehlte. [...] Interessant ist noch die Führung der sich kreuzenden Intrigen. Keine einzige wird dramatisch verfolgt, wie z. B. mit Jagos geschieht, vom Anfang bis zum Ende. Man sieht z. B. nicht, daß der angefangene Brief gefunden wird, noch weniger erfährt man vorher, daß er geschrieben wurde; man erfährt nicht eher davon, als wo Leicester etwas dergleichen braucht, um den Verdacht von sich zu scheuchen. [...] Dadurch erhält das Stück, so lebendig es ist, in seiner Struktur den epischen Charakter. Nämlich Maria ist nicht die eigentliche Heldin des Dramas, sondern ihre Rettung ist das epische Objekt eines epischen Kampfes. Sie ist eine Art Helena der Iliade, für und gegen welche kämpfend eine Anzahl Helden, bald dieser, bald jener in den Vordergrund tritt und seine Gestalt zeigt, ihre vorteilhaften und unangenehmen Seiten. Eine Ilias am Hofe. Als Tragödie müßte das Stück zum Kerne einen Zusammenhang von Schuld und Leiden innerhalb einer und derselben Leidenschaft einer und derselben Person haben. Man hat die Empfindung, als seien die Menschen bloß Schachfiguren der historischen Mächte, Spielzeug für Wesen ohne Gestalt; es ist eine Welt, insofern der homerischen ähnlich, daß was an den Menschen wirkt, als Gabe oder Fügung kämpfender Götter erscheint, darin von der homerischen unterschieden, daß diese Götter nicht, wie in dieser, sinnlich-anschauliche, künstlerisch-idealisierte Menschenbilder, sondern gestaltlose, abstrakte Begriffe sind. Der Kampf zwischen Katholizismus und Protestantismus, der ein dramatischer und tragischer werden könnte, wenn in *eine* Brust verlegt, der aber, da er ein äußerlicher bleibt, nur ein epischer heißen darf. Man könnte auch versucht werden, den Mortimer für den – epischen – Helden des Stückes anzusehen, insofern dies eigentlich nichts behandelt, als den vergeblichen Versuch, die zum Tode verurteilte Maria zu retten. Ebenso Leicester. Durch die einheitliche Form ist alle Architektonik, alle Perspektive der einzelnen Handlungsanteile unmöglich gemacht. Man hat dadurch den Eindruck von einem bunten Gewirre von Zufälligkeiten, während die Unwesentlichkeit alles dieses, da Marias Schicksal schon im Anfange entschieden ist, wiederum einen Eindruck von Notwendigkeit macht. Es ist bald von diesem, bald von dem, nicht von einem und demselben Standpunkte aufgefaßt, mit einem Worte, es fehlt die höhere Idealität. Die Handlung ist so reich, als nur irgendein Stück in einheitlicher – französischer – Form erlaubt, aber dieser Reichtum ist nirgends so zu einer Einheit gebunden, daß *ein* Eindruck möglich wäre; eine Menge kleiner Eindrücke, es zerstört einer den andern; einen Eindruck des Ganzen, einen geschlossenen ganzen Eindruck macht es nicht, weil die Idealität fehlt. Der Haupteindruck ist, daß der Dichter der Tragödie ein geistvoller, im besten Sinne, einer der größten Künstler der Rede ist, solange die Erde steht. Der Glanz und die Klugheit der Mittel, und damit die Absicht tritt eben stets über den Zweck, die Darstellung, hinaus; was der Dichter uns darstellt, ist durchgängig die eigene Größe. Die Gestalten sind unvermögend, uns von dem Dichter selbst abzuziehen; er hat sich nicht über sie vergessen, und so kann auch der Leser oder Zuschauer ihn nicht über den Personen vergessen. Der Eindruck eines Shakespeareschen Gedichtes ist der andere Pol; in ihm verschwindet der Dichter gänzlich hinter seinen Gestalten. Auch bei Homer. – [...]

– Der *Hauptunterschied* zwischen *Shakespeare* und *Schiller* ist dieser, daß bei jenem die innere Entwickelung die Hauptsache ist, und die äußerliche Tragödie, d. h. die Handlung, die Begebenheit als notwendige Folge und zugleich als symbolische Veräußerung der inneren Entwickelung erscheint, während bei Schiller das Gegenteil davon stattfindet. Bei Schiller sind die historischen Mächte, ist die äußere Tatsache die Hauptsache; diese sind die handelnden Personen, der Held ist leidend; und zwar leidet er nicht die Folgen seiner eigenen Handlungen, die sich rächend gegen ihn wenden, sondern er leidet ohne Schuld; das Schicksal ist Zufall; die Fügung, das Göttliche, ist eine dumpf-grausame Naturkraft, die eine Schadenfreude hat, das Schöne in den Staub zu treten, das Erhabene zu erniedrigen. Der Zufall tritt in das Innere, die äußere Handlung ist notwendig. So sind nun seine Helden, auch dramatisch, übel daran, da andere die ganze Handlung an sich reißen; sie haben weiter nichts zu tun, als ihre Würde zu bewahren. Dadurch sind sie zwar die Helden, aber nicht die Hauptpersonen der Handlung. Die Maria Stuart steht sozusagen ganz außerhalb dem eigentlichen Kampfe; sie ist nicht sowohl ein Subjekt, als ein Objekt; nicht sowohl Kämpferin, als Gegenstand des Kampfes. Die einzige Szene, in welcher sie in die Handlung gemischt wird, stimmt nicht mit ihren übrigen; man weiß nicht, wie sie dazu kommt, eben jetzt, wo ihr ganzes Schicksal daran hängt, die Selbstbeherrschung zu verlieren, die, nach ihren übrigen Szenen zu urteilen, ihr eigentlicher Charakter ist. So muß das Innere seiner Helden sich ganz nach dem Äußerlichen richten; es muß so sein, wie es eben die Handlung braucht, die äußerliche Fügung des Tatsächlichen; es ist im eigentlichen Sinne das Nebensächliche. Es kann keine seltsamere Verkennung der Absicht der Tragödie geben. [...]

»Moralische Fassung im Zustande des Affekts«

Wunderlich ist die Behauptung, womit die Abhandlung »Über das Pathetische« beginnt: »Der letzte Zweck der Kunst ist die Darstellung des Übersinnlichen, und die tragische Kunst insbesondere bewerkstelligt dieses dadurch, daß sie uns die moralische Independenz von Naturgesetzen im Zustande des Affekts versinnlicht.« Weiter: »Der Dichter muß gleichsam seinem Helden, oder seinem Leser die ganze volle Ladung des Leidens geben, weil es sonst immer problematisch bleibt, ob jener Widerstand gegen dasselbe eine Gemütshandlung, etwas Positives, und nicht vielmehr bloß Negatives, und ein Mangel ist.« Wenigstens wird uns dadurch klar, wie die Kompositionen der »Maria Stuart«, des »Wallenstein«, der »Jungfrau«, des »Tell« so untragisch ausfallen. In der »Maria Stuart« ist die ganze Intrige von Mortimer und Leicester bloß deshalb vorhanden, damit die Maria im dritten Aufzuge sich als wirklich fühlendes Wesen beglaubigen konnte, wodurch ihr letztes Auftreten in »tragischer Fassung« nicht als Fühllosigkeit erschien. Der Zweck der Tragödie überhaupt, »die moralische Independenz von Naturgesetzen im Zustande des Affektes« ist also in dieser einzelnen und in den letzten Szenen der »Maria« erreicht. Die Regel bei Verfertigung einer Tragödie wäre also: die Komposition muß so eingerichtet werden, daß der Held eine große Fassungsszene erhält, zugleich aber, daß er vorher einmal Anlaß erhält, sich als ein Naturwesen auszuweisen, an dem dann die Fassung nicht den Gedanken aufkommen läßt, sie sei bloß Fühllosigkeit. Im Helden wird also das moralische Vermögen, sich independent von Naturgesetzen im Zustande des Affektes zu erhalten, in der Fügung des Vorganges und im Ausgange, also im Schicksale des Helden eine blinde Naturkraft dargestellt; im Ganzen, im Kampfe des Helden mit seinem Schicksale, also der Kampf des moralischen Vermögens mit der blinden Naturnotwendigkeit.

Schiller – Zeitgenosse aller Epochen. Dokumente zur Wirkungsgeschichte Schillers in Deutschland. Bd. 2: 1860–1966. Hrsg., eingel. und komm. von Norbert Oellers. München: Beck 1976. S. 6–11

Emil Mauerhof (1845 bis um 1913) veröffentlicht 1889 in der »Gesellschaft«, einem der Organe des Naturalismus, einen Aufsatz über Schiller, in dem dessen Fähigkeit zur Tragödie bezweifelt wird; über »Maria Stuart«:

»Wer mit dem Begriffe des ›Schauspiels‹ sämtliche Trauerspiele Schillers durchmustern wollte, würde rasch genug zu der Bemerkung gelangen, daß unter allen Stücken die ›Maria Stuart‹ dieses Dichters so ziemlich das einwandfreieste ist. Ansprüche an Drama und Tragödie müssen natürlich von vornherein beiseitegestellt werden; auch der Stil kann begreiflicherweise nicht anders als der immer gleiche, idealisierende sein, aber man darf sich hier der ›schönen Sprache‹ durchweg erfreuen, ohne sie jemals sonderlich zu beanstanden, denn diese wirkte sonst vornehmlich beleidigend in dem Munde verlogener Ideale, und solche sind gerade dem genannten Stücke erspart geblieben. Die Fabel ist einfach und verständlich. Die schottische Königin ist in der Tat eine rührende Gestalt; und die englische Elisabeth ein Weib, wie es verworfener und abstoßender in der Literatur aller Völker nicht weiter zu finden sein wird. Auch nicht *ein* versöhnender Zug in diesem Bilde; nichts als düsterste Nacht. Daß dieser Auswurf des Menschengeschlechts, vor dem als fragwürdig selbst die sogenannten Naturalisten verwegensten Stiles stutzen würden, gerade in der Welt des schönen Scheines einen Ehrenplatz erhalten hat, ist ein Ereignis, vor dem sich der Kunstverstand schon ein verständnisvolles Lächeln erlauben darf: der gesellschaftliche Idealismus arbeitet ebensowohl im Guten wie im Bösen, ohne Herzensanteil, nach phantastisch erklügelten, unwirklichen Mustern. Eine Königin von England kann ihre Nebenbuhlerin hinrichten lassen und doch dabei Würde bewahren: die Tat muß nur begreiflich gemacht werden. Schiller scheint solches nicht vermocht zu haben; und er suchte sich damit zu helfen, daß er die Frau kurzweg in ein Monstrum verwandelte, das sich mit vollem Behagen in einem tiefen Sumpf von Gemeinheiten wälzt. Auf solche Weise erklärt sich freilich alles. Für eine menschlich begreifbare Handlungsweise der Königin entbehrt es jeglichen Zweckes, sie als verbuhlte Jungfrau von fünfzig Jahren in Gegenwart ausgedienter und diensttuender Liebhaber ihre Keuschheit preisen zu lassen: die grenzenlose

Frechheit dieser schamlosen Komödie kommt nur dem Monstrum zu gut. Ebenso zwecklos für die eigentliche Sache und noch viel ungeheuerlicher ist der Schimpf, mit dem sie auf die eingekerkerte, abgehärmte, sich im Staube demütigende Maria losschlägt: so tut kein Mensch. Und wiederum nur dem Monstrum zuliebe gibt die Schillersche Elisabeth das niederträchtig heuchlerische Spiel mit dem Hinrichtungsbefehl zum besten: so daß uns auch das Ende mit keiner anderen Erklärung über die Tat einer Frau entläßt, als daß die letztere eben eine scheusälige Mißgeburt ist. Das ist Pfuscherei, aber keine Kunst.«

Zeitgenosse II,96 f.

Julius Burggraf (1853–1912), der Pastor der Bremer Ansgariikirche, hält dort im Schillerjahr 1905 einen Zyklus von Schiller-Predigten, die bei der Gemeinde großen Anklang finden, aber bei der Kirche auf Kritik stoßen. Die Karfreitagspredigt widmet er »Maria Stuart«:

»Als Büßerin erscheint Maria Stuart vor uns, aber als Büßerin noch ohne Buße, tief gebeugt, aber doch ohne Reue. Buße und Reue sind bei ihr noch nicht ehrlich gemeint. Sie trägt das Kruzifix, wo wir sie zum erstenmal sehen; aber ›den Christus in der Hand, die Hoffart und die Weltlust im Herzen‹, urteilt der biedere, ehrlich fromme Paulet. Und so ist es, denn sie hat dabei den Liebesbrief an den englischen Lord Leicester in ihres Busens Falten, und was ihr Herz sinnt, ist Lebenslust und neue Lebensfreude an der Seite des Günstlings der Elisabeth, der sie befreien und freien soll. Und das nun am Jahrestage der Ermordung des Königs Darnley!

Da ist doch von wirklicher Reue unmöglich die Rede. [...]

Eben im Toben ihres Zornes wider Elisabeth hat sie sich noch als die Triumphierende gefühlt, da hat sie sich noch gesättigt an ihrem Racheeifer, da stand sie noch in ihrem ungebrochenen alten Wesen da, eine Büßerin in frommen Übungen, aber ohne innere Erneuerungstat. Jetzt nun, wo durch die Pforte, die sich ihrer Hoffnung zum Leben erschlossen hatte, die Schande hereinbricht, der Sünde wirre, wüste Gestalten, drinnen im Schloß der Tod, draußen in der Freiheit die Schmach: da wirft sie sich, zur Selbstbesinnung gekommen, hilflos und hilfesuchend, nur noch nach Heil und Versöhnung verlangend, dem entgegen, der am Kreuze liebend die Arme ausstreckt zur Rettung der Sünder. Jetzt ist sie die Büßerin im Ernste und in der Wahrheit.

Es folgt eine Nacht der Schmerzen. Was in ihr fester Entschluß geworden ist, der Bruch mit allem Bösen, die volle Umkehr, die bedingungslose Ergebung an Gott, das muß sie doch noch heiß in sich durchkämpfen, ehe es Tat und Leben wird. Und unter diesem Kampfe tönen immer noch Stimmen der Hoffnung, und aus diesen Hoffnungsstimmen des alten Sinnes irreleitende Lockungen in ihre sich läuternde Seele hinein. Aber dann im fünften Akte, dem Todesbilde des nächsten Morgens, steht sie da ganz mit sich selbst fertig: ›Das Alte ist vergangen, siehe, es ist alles neu geworden‹ – und nun auch ihr Herz erneuert in Gottes Vergebung, voll Frieden und Versöhnung.

Des Dichters Takt hat vor die Seelenvorgänge dieser Nacht einen Schleier gezogen. Er hat einen Elisabethakt dazwischen geschoben, daß ihr Seelenringen vor den Augen der Welt verborgen bleibe. Erst auf dem Wege zum Schafott zeigt er sie uns wieder, nun in dem vollendeten Adel ihres in Christo auferstandenen Wesens. Schweigen deckt zu, was sie unter ihres Heilands Zuspruch Gott den Herrn an ihrer Seele hat vollbringen lassen. Und so, geliebte Freunde, wollen auch wir heute vor das Kreuz des Erlösers treten, und die Welt wisse nicht und höre nicht, wie da jeder mit sich selbst abrechnend den Kampf durchführt, der ihm verordnet ist! Gott allein sei unser Zeuge, er verhelfe dir und mir zu seinem Frieden! [...]

Manche Ästhetiker, denen daran liegt, Schiller und überhaupt die Kunst möglichst von der Religion abzurücken als einer niederen und für sie überwundenen Stufe des geistigen Lebens, haben dem Dichter wegen dieser Benutzung eines kirchlichen Elements schwere Vorwürfe gemacht. Andrerseits sehen viele Theologen das als eine Profanierung des Heiligen an.

Beide Anstöße sind mir unverständlich. Der ganze Geist des Stückes drängt so sehr auf diese religiöse Versöhnungsfeier hin, daß man, auch wenn man den Ausgang gar nicht kennen würde, sagen müßte: sie muß schließlich kommen. Man mag von jener Seite reden, was man will, ›Maria Stuart‹ ist und bleibt eine hohe Offenbarung des Christusgeistes in der klassischen Dichtung und ein Ausdruck der christlichen Passionswahrheit. Und warum sollte nun das Kreuz, dessen im Dichter waltender Geist das Stück hervorgebracht hat, nicht schließlich auch sichtbar aufgerichtet werden in der Kommunion? Freuen wir uns doch, daß Schiller damit für alle Zeiten und wohl noch weit über sein eigenes Bewußtsein hinaus seine poetische Welt in dem Glaubensgrund der Christenheit verankert hat.

Es ist freilich die katholische Messe, Maria stirbt als überzeugte Katholikin. Aber durch den Mund der Kommunikantin und auch Melvils ihres Dieners, der heimlich ihretwegen und für diese Stunde die Priesterweihe genommen hat, klingen Worte so evangelisch, so frei vom römischen Wesen, daß damit der Geist der Priesterkirche so gut wie ganz von der Feier abgestrichen wird. Die Sterbende erklärt es für denkbar, daß auch ein Laie, ohne diese Priesterweihe der Kirche, ihr das Sakrament reichen könnte! Damit stellt sie sich bei aller sonstigen katholisch-dogmatischen Anschauung auf den Boden der evangelisch freien Empfindung. Diese Messefeier in der ›Maria Stuart‹ ist eine Prophetie des ahnungsvollsten unserer deutschen Dichter auf eine Zeit, wo der deutsche Katholizismus, obschon an vielen seiner Gebräuche und Lehren festhaltend, in seinem innersten Leben doch evangelisch geworden sein wird; eine große Prophetie auf die Zukunft, wo es ein deutsches Christentum geben wird, in dem der Unterschied der Konfession keine Seelenscheidung in unserem Volke mehr vorstellen wird, sondern wo man, bei aller Verschiedenheit im Grunde doch eins, in dieser wie in jener Kirche das Amt besitzen wird, das die Versöhnung verkündet, die wahre, tiefe Versöhnung allein in Jesus Christus. Fürwahr, das ist ein rechter Karfreitagsausblick! Von des Kreuzes Höhe schaut Christus in die Zeiten hinein, schaut hin über die deutsche Glaubenszerrissenheit, und sein Mund ruft: Mich dürstet – mich dürstet nach der Erfüllung dieser Weissagung eures Dichters!

Das ganze Drama steht für den, der Augen hat, in die Tiefe zu sehen, auf dem Boden ernsten Karfreitagssinnes, wie auch Schiller beim Dichten desselben in besonders feierlicher Stimmung war und gegen den Schluß hin, um diesen fünften Akt zu schaffen, in stille Einsamkeit sich zurückgezogen hat. Und karfreitaglich muß das Stück wirken.

Wenn im Theater der Vorhang sich hebt, wenn Maria Stuart vor uns erscheint, und wir, Zeugen all ihrer Leiden und Kämpfe, nun sehen, wohin der eitle Weltsinn führt, wie sie so arm, so trostlos und friedlos geworden ist; wenn wir beobachten dieses Ringen des sich selbst betrügenden Menschenherzens mit der göttlichen Gerechtigkeit, und wie vergeblich das ist; wenn sie dann vor unseren Augen zur Heldin der Buße wird und, zu sich selbst gebracht, in wahrer Reue die innere Herrlichkeit versöhnungsvoller Weltüberwindung findet, so muß das den Zuschauer anpacken in seinem allerinnersten Menschen und ihm manche Frage der Selbstbeschäftigung aufzwingen. Es muß aufrüttelnd hineingreifen in den Kreis der Leichtsinnigen, die sich dahingegeben haben in ein leeres, vielleicht sehr unlauteres Treiben. Sie frönen dem Genuß des Lebens und sind ins Theater gekommen, auch nur um zu genießen. Da müssen sie nun hier, wo sie es gar nicht erwartet haben, den Geist Christi finden. Im Durchleben von Empfindungen, die sich ihnen hier unwiderstehlich aufdrängen, von Anklagen, denen sie, die Kirche meidend, sonst aus dem Wege zu gehen wissen, müssen sie nun im Theater sein mächtiges Walten an ihren Seelen verspüren und stille halten der ernsten Stimme, die hier von der Bühne mahnend spricht: ›Lasset euch versöhnen mit eurem Gott!‹ [...]

Der Karfreitagsglaube wurde in der Kirche vielfach ein sittlich träges Ausruhen auf dem Bewußtsein: Christus hat alle unsere Sünden abgebüßt, und wenn ich mich darauf nur fest verlasse, dann ist alles gut, dann werde ich selig, eines weiteren bedarf es nicht. Ich will nicht sagen, daß je einmal ein so sittlich laxer Glaube von einer evangelischen Kanzel ausdrücklich verkündigt ist. Wohl aber ist nach Luthers Tode von der lutherischen Kirche der Glaube so einseitig als Fürwahrhalten des orthodoxen Dogmas vom Sühnopfer betont worden, daß er in der Volksauffassung tatsächlich zu jenem Ruhepolster einer sittlich unwahren und unfruchtbaren Religiosität werden mußte.

trat nun Schiller auf! Aus der *sittlichen* Tiefe des

Luthergeistes erstieg des Dichters leuchtende Gestalt. Und wie er mit seiner ganzen Lebensanschauung wieder den sittlichen Ernst und den sittlichen Kern des Evangeliums in der deutschen Volksseele geweckt hat, so spricht er auch in den Karfreitagsglauben der deutschen Christenheit die gewaltige Wahrheit hinein, daß es kein göttliches Vergeben, kein Heil und keinen Frieden gibt, wenn wir nicht erst unsere Sünden mit Tränen abgewaschen und unsere Wunden mit dem glühenden Eisen der Selbstverurteilung ausgebrannt haben.

Gesetzlichkeit ist Schillers Kreuzesforderung nie und nimmermehr. Wer das behauptet, kennt überhaupt Schiller nicht. Seine hochideale und herzensfreie Sittlichkeit hat nirgends etwas Starres, Kaltes, Gesetzliches an sich. Und wie könnte er Maria Stuart zum Frieden erstehen lassen, wenn er nicht in der Welt seines Idealismus Gottesmächte der Erlösung und der Versöhnung wüßte? Auch in die Welt seines Geistes, ob er schon das Empfundene nicht in der Sprache der Kirche zum Ausdruck bringt, leuchtet hinein die Liebe und Gnade des himmlischen Vaters Jesu Christi. [...]

So sehen wir sie denn heute beide unter dem Kreuze stehen, Luther und Schiller, beide seine großen Zeugen. Und des sterbenden Erlösers Mund spricht zu Luther: Siehe, das ist dein Sohn! – und zu Schiller: Siehe, dein Vater! Die beiden sind aufeinander angewiesen und sollen miteinander Christi Werk in unserem Volke vollbringen. Deutsche Frömmigkeit soll immer mehr loskommen von allem Sonderleben der Kirche, das das Walten und Sichoffenbaren des Herrn in anderer als ihrer Glaubensweise nicht zu verstehen vermag; der Luthergeist soll, was groß und wahr ist in unserem Geistesleben, als seines eigenen Lebens Sproß erkennen und sich entschließen, aus des Dichters Idealen einen Kranz zu flechten, der durch die Dornenkrone hin die Siegerstirne des Gekreuzigten schmücke. Aber die Poesie, die Kunst andererseits hat unbedingt die Aufgabe, ihren engen Zusammenhang mit der Religion zu fühlen und aus ihr sich immer tiefer zu beseelen. Und wie Schiller einst seine ›Stuart‹ geschrieben hat, ein Richard Wagner den ›Parzival‹, so soll deutsche Kunst immer mehr mithelfen, unserem Volke das tiefe und doch so lichte Liebesmysterium von

Golgatha zu deuten und dem Gekreuzigten in Tönen der Schönheit ihr Hosiannah zu singen.
Amen!«

Burggraf: Schillerpredigten. Jena: Costenoble 1905. S. 229, 233–236, 238 f.

Die wirkungsmächtigste Gesamtdeutung von Klassik und Romantik aus den zwanziger Jahren dieses Jahrhunderts bildet Hermann August Korffs (1882–1963) vierbändiges Werk »Geist der Goethezeit«, in dem folgendes über »Maria Stuart« ausgeführt wird:

»Solche dichterische Gestaltung der Geschichte hat ein ihrer wissenschaftlichen Bearbeitung durchaus entgegengesetztes Ziel. Da es dem Dichter wesentlich um den Symbolwert großer Schicksale zu tun ist, deren Umrisse ihm die Geschichte entgegenbringt, so *darf* er nicht allein Züge der Überlieferung austilgen, die die Klarheit des Symbols beeinträchtigen, sondern *muß* es sogar. Ja sein eigentliches poetisches Geschäft wird darin bestehen, aus dem Rohstoff der geschichtlichen Überlieferung das darin verborgene Symbol geradeso herauszuarbeiten wie der Bildhauer die Gestalt aus dem erst roh behauenen Stein. Und bei dieser Bearbeitung springen in beiden Fällen diejenigen Stücke des rohen Stoffes ab, die ideell nicht mehr dazu gehören; der eigentliche Kern aber bleibt bestehen. Er muß bestehen bleiben, wenn auch aus keiner anderen Nötigung als jener inneren, die den Künstler überhaupt zur Wahl dieses bestimmten Stoffes veranlaßt hat. Und nur wenn er den Kern des geschichtlichen Stoffes bewahrt, hat er ein Recht, sich jenes Nimbus zu bedienen, den nicht die Kunst, sondern nur die Geschichte ihren Gestalten zu leihen vermag.
Es ergibt sich aus dem Gesagten, daß die dichterische Behandlung der Geschichte einen gewissen Spielraum hat und folglich auch gewisse Spielarten zeigt, je nachdem die realen oder die ideellen, die geschichtlichen oder die philosophischen Momente in den Vordergrund geschoben werden. In einem Falle nähert sich das historische Drama der geschichtlichen Wirklichkeit, im ›Wallenstein‹ oder in der ›Maria Stuart‹, um grade an ihren individuellen und einmaligen Besonderheiten einen allgemeinen Zug des Lebens,

eine bedeutende Form des Schicksals oder der Macht des Sittlichen sichtbar zu machen. Im anderen Falle aber wird die historische Wirklichkeit, wie in der ›Jungfrau von Orleans‹ oder in ›Wilhelm Tell‹, dem Mythos angenähert, um das in ihr verborgene allgemeine Motiv im einzelnen so frei zu gestalten, wie es für die volle Herausarbeitung seines Symbolwertes dichterisch notwendig ist. Und von da aus ist nur ein kleiner Schritt zu jener vollen ›Erdichtung eines historischen Gegenstandes‹, wie sie Schiller in der ›Braut von Messina‹ versucht. Im einen Falle zeigt das Drama verhältnismäßig individuell und realistisch gesehene Gestalten, im andern Falle verhältnismäßig allgemeine ›Idealgestalten‹. Bei letzteren ist vom Historischen nur die allgemeinste Form geblieben, so daß ihr Symbolwert verhältnismäßig durchsichtig wird, bei jenen aber wird die historische Wirklichkeit mit ihren individuellen Eigentümlichkeiten bis an die Grenze der symbolischen Durchsichtigkeit in die Dichtung aufgenommen. [...]

Der Höhepunkt eines Dramas ist die Situation bzw. der Handlungsmoment, in dem das Hauptmotiv des Ganzen sichtbar wird. In diesem Sinne ist die Begegnung der beiden Königinnen der Höhepunkt der ›Maria Stuart‹. Hier entscheidet die Heldin nicht nur selbst über ihr bis dahin unentschiedenes Schicksal, sondern sie tut das auch durch eine Handlung, die zugleich den poetischen Sinn ihres ganzen Wesens offenbart. Dieser Sinn liegt einerseits in der Selbstüberwindung ihres menschlichen Stolzes, ihrer völligen Demütigung vor dem äußeren Sieger – mehr noch aber in der entschlossenen Preisgabe ihres Lebens, als es sich darum handelt, den empörenden Übermut der Siegerin zu züchtigen, die es nicht verschmäht, die gedemütigte Nebenbuhlerin auch noch in ihrer tiefsten Menschenwürde zu beleidigen. Diese Tat macht nicht nur den Höhepunkt des Dramas aus, sondern bestimmt auch in Schillers Augen die menschliche Höhe seiner Heldin. Es ist eine heroische Tat: die Preisgabe des Lebens zur Bewahrung der persönlichen Würde und zum Triumph des Rechts. Es spielt dabei nicht nur keine Rolle, sondern ist dramatisch überhaupt nicht anders wohl zu denken, als daß Maria diese Tat eines empörten Rechtsgefühls im höchsten Affekt und also nicht nur aus rein sittlichen Motiven, sondern zugleich zur Befriedigung ihres lange aufgespeicherten Hasses vollbringt. Denn die sittliche Weltordnung bedient sich fast immer der menschlichen Leidenschaften, um dem Recht zum Siege zu verhelfen. [...] Tatsache ist, daß Maria für unser aller Gefühl das mißhandelte Recht wiederherstellt und auch durch den sicheren Tod sich nicht davon abhalten läßt, der schamlosen englischen Heuchlerin die Maske herunterzureißen und ihr ins Gesicht zu sagen, was uns allen längst auf der Zunge brennt. In diesem Augenblicke ist sie, die sich damit selbst zum Tode verurteilt, der Anwalt des Rechts, und sie macht ihre Hinrichtung dadurch vor aller Welt zu einem offenkundigen Racheakte, als den sie ihre Verurteilung immer schon mit Recht empfunden hatte. Sie bringt durch ihre heroische Handlung die Wahrheit an den Tag. Das ist ein echt Schillersches Motiv, zu dem nur ein Dichter wie er den geschichtlichen Stuartstoff zuspitzen konnte. *Die zum Tode Verurteilte ist die moralische Siegerin.*«

Korff: Geist der Goethezeit. Versuch einer ideellen Entwicklung der klassisch-romantischen Literaturgeschichte. II. Teil: Klassik. Leipzig: Koehler & Amelang [4]1958. S. 251 f., 256 f.

Wie weit die interpretatorische Orientierung an Schillers dramatischer Theorie noch heute führt, zeigen die Erörterungen von Gert Sautermeister (geb. 1940):

»Das Schöne und die Idyllenmotivik in der ›Maria Stuart‹ [...] Die paradiesische Wirkung der Kunst auf Mortimer besteht darin, daß sie ihn aus der abstrakten Geisteshaltung der Puritaner befreit und Vernunft und Sinne miteinander versöhnt. Das Idealschöne, das sich in der Kunst entfaltet, glaubt Mortimer im geschichtlichen Leben, in der Person Maria Stuarts, wiederzufinden. Aber hierin täuscht er sich: Marias Schönheit ist ambivalent und übt dementsprechend eine verhängnisvolle Wirkung auf den jungen Engländer aus. Das Schöne ist nur in der Kunst, nicht aber im Feld geschichtlichen Lebens präsent. Erst im Angesicht des Todes wird Maria zu einer schönen Seele: zur äußeren tritt die innere Schönheit; eine ideale Koinzidenz von Wesen und Erscheinung stellt sich ein, die Schiller zufolge auch in der zweiten höheren Idylle präsent wäre. Der Tod ist in der

Tragödie der Preis, der für diese idealidyllische Koinzidenz zu bezahlen ist. Schiller spiegelt sie auch szenisch: durch Gestik, Mimik und das Gewand Marias sowie durch die Gestaltung des Raums. Ein geistig-seelischer Vorgang, Marias ideale Verwandlung, wird durch sinnliche Details konkretisiert: die neue Idealität im Bewußtsein und in der Seele Marias wird durch äußere Prachtentfaltung versinnlicht. Das Theater wird zum ›heitern Tempel‹, worin der Betrachter selber einen idealen Mitvollzug des Geschehens, einen geistig-erkennenden und zugleich sinnlichen Mitvollzug, leistet.

a) Die Wirkung des Kunstschönen auf Mortimer

Mortimer kennzeichnet seine Erfahrung des Kunstschönen [...] durch den Begriff des ›Heiteren‹. Er ist enthalten in Mortimers Hymnus auf das Italienerlebnis, auf der ›Künste Macht‹ (V. 430) im Bereich der katholischen Kirche. Mortimer wirft die lebensferne puritanische Erziehung in dem Augenblick von sich ab, da ›ein hoher Bildnergeist / In seine heitre Wunderwelt mich schloß! (...) und die Musik der Himmel / Herunterstieg (...) Das Herrlichste und Höchste, gegenwärtig, / Vor den entzückten Sinnen sich bewegte‹ (V. 428 ff.). Bis in den Wortlaut hinein erinnert die Stelle an die hymnische Rede des Max Piccolomini im 4. Auftritt des 3. Akts: ›Die heitre Welt der Wunder ists allein, / Die dem entzückten Herzen Antwort gibt‹ (Picc., V. 1628 f.). Das für die ›Wallenstein‹-Dichtung so bedeutsame Attribut ›heiter‹ bezeichnet jenes Freisein vom Diktat der Zeit und der Geschichte, jene paradiesische Erhebung des Menschen, die Max in einem hymnischen Redewechsel visionär entwirft. In Zukunftsbildern, die ihm, Thekla und Wallenstein gelten, versinnlicht er die Idealität einer höheren Idylle. An diese idyllische Idealität gemahnen Mortimers Worte von der ›heitren Wunderwelt‹, die ›vor den entzückten Sinnen sich bewegte‹. Die Erfahrung der Kunst führt Mortimer über den isolierten Bereich des ›körperlosen Worts‹ hinaus, wie er in ›der Puritaner dumpfen Predigtstuben‹ (V. 414) herrscht. Aber Mortimers neue Erfahrung stellt nicht bloß eine Antithese zum ›körperlosen Wort‹ (V. 433), zu nüchterner Abstraktheit dar. Die ›entzückten Sinne‹ sind es nicht allein, die durch die Kunst in ihm lebendig werden, sondern im Medium der Sinne ergreift er zugleich die ›hohen Glaubenslehren‹ (V. 475), den ›Geist der Wahrheit‹ (V. 481). Beides, die Sinne und der Geist, müssen sich wechselseitig erhellen und durchdringen, wenn anders der Geist nicht in ›grübelnde Vernunft‹ (V. 477), in ›Wahnbegriffe‹ (V. 483) und ›Irrtum‹ (V. 487) abgleiten soll. Was Schiller gelegentlich der Französischen Revolution als Signum seines Zeitalters erfaßte: das Auseinanderweisen von ›spekulativem Geist‹ und ›Sinnenwelt‹, von ›analytischem Vermögen‹ und ›Phantasie‹ (NA, Bd. 20, S. 325), sieht Mortimer versöhnt in der ›heitren Wunderwelt‹ religiöser Kunst. Damit führt Schiller keine Apologie der katholischen Religion vor, sondern er verwandelt diese zum Symbol für die versöhnende Wirkung des Idealschönen. Diese Wirkung erfährt Mortimer als ›des Lebens schöner Tag‹ (V. 456), der unversehens sich vor ihm öffnet. Die Kunst schafft ein verändertes Verhältnis zum Leben, sie macht Mortimer empfänglich für dessen bislang verborgene Schönheit.

b) Die Wirkung der ambivalenten Schönheit Marias

Indem jedoch Mortimer das Kunstschöne unmittelbar im geschichtlichen Leben aufzufinden und zu erobern gewillt ist, legt er den Grund für sein verhängnisvolles Schicksal. Er vermengt zwei Bereiche, deren strenge Geschiedenheit der ›Wallenstein‹-Prolog betont: ›Ernst ist das Leben, heiter ist die Kunst.‹ Mortimer wähnt das Schöne der Kunst im Leben selbst anzutreffen, in der Gestalt Maria Stuarts. Deren ›rührend wundersamen Reiz‹ (V. 504), ihren ›Schönheitsglanz‹, (V. 567) identifiziert er mit dem Kunstschönen: ›Und doch umfließt Euch ewig Licht und Leben‹ (V. 569) – und was als Schönheit der Gestalt erscheint, sieht Mortimer zugleich als ideale schöne Menschlichkeit: ›Wär er, wie ich, ein Zeuge Eurer Leiden, / Der Sanftmut Zeuge und der edlen Fassung, / Womit Ihr das Unwürdige erduldet. / Denn geht Ihr nicht aus allen Leidensproben / Als eine Königin hervor?‹ (V. 562 f.) Aber eben hierin versieht sich Mortimer. Denn entgegen seiner Illusion ist Marias Schönheit nur eine Schönheit der Gestalt und nicht von vornherein auch eine der Menschlichkeit. Es ist vorläufig eine nur partielle Schönheit, weil es die ganze, vollkommene Schönheit nur im Zeichen des Tods oder in der Kunst geben kann, nicht in der Welt selbst. Das schien Mortimer ehedem selbst zu wissen, wenn er hinsichtlich des Schönen in Kunst und Religion sagte: ›Denn nicht von dieser Welt sind diese Formen‹ (V. 450). Aber im Hinblick auf Maria ist er sich dieser Wahrheit nicht mehr bewußt. Ihre bis kurz vor dem Tod nur partielle, ambivalente Schönheit wird Mortimer zum Verhängnis. An seinem Schicksal spiegelt Schiller symbolisch die Doppelgesichtigkeit von Marias Schönheit. [...]

Beispielhaft hat Schiller Marias Ambivalenz in die Begegnung der beiden Königinnen eingestaltet. Verräterisch ist schon Marias psychische Verfassung kurz vor dieser Konfrontation: ›Nichts lebt in mir in diesem Augenblick, / Als meiner Leiden brennendes Gefühl. / In blutgen Haß gewendet wider sie / Ist mir das Herz, es fliehen alle guten / Gedanken, und die Schlangenhaare schüttelnd / Umstehen mich die finstern Höllengeister.‹ (V. 2182 ff.) Diese seelische Situation ist geradezu antithetisch zum idealidyllischen Dasein der schönen Seele, die ›das sittliche Gefühl aller Empfindungen des Menschen endlich bis zu dem Grad versichert hat, daß es dem Affekt die Leitung des Willens ohne Scheu überlassen darf‹ (NA, Bd. 20, S. 287). Und wenn die in der ›schönen Seele‹ gegenwärtige Harmonie zwischen ›Pflicht und Neigung‹ sich einen entsprechenden ›Ausdruck in der Erscheinung‹ schafft: ›Alle Bewegungen, die von ihr ausgehen, werden leicht, sanft und dennoch belebt seyn (...) Keine Spannung wird in den Minen, kein Zwang in den willkürlichen Bewegungen zu bemerken seyn‹ (NA, Bd. 20, S. 288) – dann zeigt Schiller Marias Mangel an schöner Menschlichkeit in den antithetischen Bewegungen des Zwangs und der ungelösten Spannung: ›Maria rafft sich zusammen und will auf die Elisabeth zugehen, steht aber auf halbem Weg schaudernd still, ihre Gebärden drücken den heftigsten Kampf aus‹ ([NA, Bd. 9,] S. 86). Zwar ist Marias Versuch einer Selbstüberwindung und Versöhnung menschlich hoch einzuschätzen; allzu menschlich aber ist ihr plötzlich hervorbrechender Aggressionstrieb, der dialektisch jahrelanger Frustration entspringt: ›Nach Jahren der Erniedrigung, der Leiden, / Ein Augenblick der Rache, des Triumphs!‹ (V. 2456 f.) Ungeläuterte Affekte

schießen jäh zusammen, unbewältigte Triebvarianten nehmen inhumane Züge an: ›tritt hervor / Aus deiner Höhle, langverhaltner Groll – / Und *du*, der dem gereizten Basilisk / Den Mordblick gab, leg auf die Zunge mir / Den giftgen Pfeil‹ (V. 2439 ff.). Von Marias christlichem Selbstverständnis her, das ihr freilich erst kurz vor ihrem Tod rein und vollkommen zuwächst, erscheint diese Haltung retrospektiv als ›Sünde‹, als Ausdruck menschlicher Schwäche und Gebrochenheit: ›Von neidschem Hasse war mein Herz erfüllt / Und Rachgedanken tobten in dem Busen. / Vergebung hofft ich Sünderin von Gott, / Und konnte nicht der Gegnerin vergeben.‹ (V. 3676 ff.) [...]
Im Gegensatz dazu befindet sich Mortimer im extremen Zustand einer übersteigerten Bewegung, eines ungezügelten Lebenstriebs: ›Ich rette dich, ich will es, doch so wahr / Gott lebt! Ich schwörs, ich will dich auch besitzen.‹ (V. 2547 f.) Mortimers lebenstolle Raserei: ›Erzittern sollst du auch vor mir!‹ (V. 2591), vor der Maria zurückschreckt (›O Hanna! Rette mich aus seinen Händen!‹ – V. 2594), nährt sich an Marias eigener seelischer Verfassung. Denn ihre ungeläuterten Affekte sind mit ungeläuterten Lebenserwartungen verschränkt, die sich in der Liebe zu Leicester manifestierten: ›Vor Leicesters Augen hab ich sie erniedrigt! / Er sah es, er bezeugte meinen Sieg! / Wie ich sie niederschlug von ihrer Höhe, / Er stand dabei, mich stärkte seine Nähe!‹ (V. 2464 ff.) Menschliche Bedenklichkeiten vermischen sich mit einem in der Liebe symbolisierten Lebensdrang, der seinerseits – aus Marias christlicher Perspektive in der Schlußszene – als bedenklich kritisiert wird: ›Ach, nicht durch *Haß* allein, durch sündge *Liebe* / Noch mehr hab ich das höchste Gut beleidigt. / Das eitle Herz ward zu dem Mann gezogen, / Der treulos mich verlassen und betrogen!‹ (V. 3684 ff.) Die Negativität dieser Liebe formuliert Melvil unbestechlich im Wortspiel von ›Abgott‹ und ›Gott‹: ›Bereuest du die Schuld, und hat dein Herz / Vom eitlen Abgott sich zu Gott gewendet?‹ (V. 3688 f.).

c) Die paradiesische Koinzidenz von äußerer und innerer Schönheit

An Mortimers Verhaltensweise spiegelt Schiller symbolisch Marias Doppelsichtigkeit, ihre äußere Schönheit und ihre innere Unvollkommenheit. Dem Schönen in der Erscheinung antwortet noch nicht die Schönheit der Seele. Dieser Diskrepanz entledigt sich Maria erst unterm Aspekt des Todes. Der Tod ist in der Tragödie die Bedingung für die idyllische Idealität, die Identität von Gestaltschönheit und menschlicher Schönheit. Daß Maria nur um den Preis des Todes zu einer ›schönen Seele‹ werden kann, macht ihre Tragik aus. Aber die schließlich erreichte Schönheit des Menschlichen begründet zugleich die das Tragische transzendierende Schicht: ›schnell augenblicklich muß / Der Tausch geschehen zwischen Zeitlichem / Und Ewigem, und Gott gewährte meiner Lady / In diesem Augenblick, der Erde Hoffnung / Zurück zu stoßen mit entschloßner Seele, / Und glaubenvoll den Himmel zu ergreifen.‹ (V. 3403 ff.) Daß dieser ›Tausch‹ Maria zu einer ›schönen Seele‹ macht, wo ›Pflicht und Neigung harmonieren‹ (NA, Bd. 20, S. 288), bezeugt ihr Verhalten jenen Personen gegenüber, die zuletzt ihre ungeläuterten Affekte herausgefordert hatten. Freiwillig, aus innerem Antrieb, hebt sie jetzt ihre Rachegefühle in einem Versöhnungsgruß auf: ›Der Königin von England / Bringt meinen schwesterlichen Gruß – Sagt ihr, / Daß ich ihr meinen Tod von ganzem Herzen / Vergebe, meine Heftigkeit von gestern / Ihr reuevoll abbitte‹ (V. 3781 ff.). Hier ist das ›sittliche Gefühl‹ in der Tat zur zweiten Natur geworden, wie Schiller dies von einer ›schönen Seele‹ erwartet, und parallel dazu bezeugt sich auch Marias Verzicht auf die ›sündge Liebe‹ zu Leicester als ideale Entsagung, die sie in Freiheit und mit Selbstverständlichkeit übt: ›Jetzt, da ich auf dem Weg bin, von der Welt / Zu scheiden, und ein selger Geist zu werden, / Den keine irdsche Neigung mehr versucht, / Jetzt, Leicester, darf ich ohne Schamerröten / Euch die besiegte Schwachheit eingestehn – / Lebt wohl, und wenn Ihr könnt, so lebt beglückt!‹ (V. 3827)

Wenn nach Schiller die Schönheit des Menschlichen darin besteht, daß man dem Gesetz der ›Vernunft mit Freuden gehorcht‹ (NA, Bd. 20, S. 283), so wird Maria angesichts des Todes dieser menschlichen Schönheit teilhaftig. Daher gewahrt ihre Umgebung an ihr auch ›kein Merkmal bleicher Furcht, kein Wort der Klage‹ (V. 3409), sondern den Ausdruck ›ruhiger Hoheit‹ ([NA, Bd. 9,] S. 142) als Ausdruck einer ›frohen Seele‹, die ›sich auf Engelsflügeln schwingt zur ewgen Freiheit‹ (vgl. V. 3483 f.). Die ›ewge Freiheit‹ liegt jenseits der Geschichte; der ›Übertritt des Menschen in den Gott‹, den Schiller zum Thema seiner Idylle erheben wollte, kann in der Tragödie nicht geschichtsmächtig werden. Das Paradies, wo Maria, ›ein schön verklärter Engel‹, sich ›auf ewig mit dem Göttlichen vereinen‹ wird (vgl. V. 3756 f.), setzt den Tod in der Geschichte voraus. Aber schon auf dem Theater wird dieses Paradies für Augenblicke anschaubar: die Versöhnung von übersinnlichem Gesetz und natürlichem Affekt in Marias Sterbestunde legt Zeugnis davon ab. Außerdem stellt Schiller das Schöne auch szenisch dar. Bediente treten auf, ›welche goldne und silberne Gefäße, Spiegel, Gemälde und andere Kostbarkeiten tragen‹ ([NA, Bd. 9,] S. 135), Dinge, deren Anblick Maria bisher verwehrt war: ›Sie wenden nur das Herz dem Eitlen zu, / Das in sich gehen und bereuen soll. / Ein üppig lastervolles Leben büßt sich / In Mangel und Erniedrigung allein.‹ (V. 55 ff.) Mochten diese Dinge in der Tat früher auf Fehlhaltungen Marias verweisen, so werden sie jetzt Zeichen für eine ideale Schönheit der Seele. Schiller setzt diese Schönheit auch in Marias äußere Erscheinung um: [...] Der äußere Schmuck repräsentiert die innere Vollkommenheit; die religiösen Ornamente symbolisieren den göttlichen Zustand einer schönen Seele. Die Schönheit des Menschlichen soll zur Anschauung kommen durch die Symbolkraft religiöser Gegenstände und Vorgänge. Dazu bedient sich Schiller zumal katholischer Riten: Melvil nimmt eine Beichte ab und zelebriert die heilige Kommunion, so daß die ›Hostie in einer goldenen Schale‹ ([NA, Bd. 9,] S. 147), das ›Zeichen des Kreuzes‹ ([NA, Bd. 9,] S. 148), der ›Segen‹ ([NA, Bd. 9,] S. 150), Geben und Empfangen des Kelches mitsamt den erwähnten Kostbarkeiten den szenischen Raum ausfüllen. [...] Aber es ist daran zu zweifeln, ob das Theater sich hier in den Dienst der Religion stellt. Eher das Umgekehrte ist der Fall, eher wird das Religiöse in den Dienst des Ästhetischen gestellt. [...] Die von Melvil zelebrierte christliche Lossprechung meint symbolisch die Herstellung des Idealschönen. Und dieses Idealschöne, das szenisch in Marias äußerer Erscheinung, in Kostbarkeiten und religiösen

Gegenständen präsent wird, verleiht der Kunst einen erhöhten und festlichen Glanz.

d) Die paradiesische Wirkung des Kunstschönen auf den Zuschauer

Indem wir das Thema der Schönheit und ihrer Wirkung verfolgten, trat die geheime dialektische Bewegung des Dramas hervor. Mortimer, vom Schönen der Kunst beseligt, erfuhr die verhängnisvolle Wirkung der ambivalenten Schönheit des Lebens (Maria). Nur um den Preis des Todes wird dem Leben für Augenblicke die ideale Schönheit zuteil. Das wurde an der Existenz Marias beispielhaft klar. Schiller läßt es aber bei dieser Einsicht nicht bewenden. Entspricht es seiner politischen, durch die Französische Revolution fundierten Erfahrung, daß dem geschichtlichen Leben der Übertritt ins Paradies aus eigener Anstrengung nicht möglich sei, so ist er von Resignation doch weit entfernt. Die Kunst soll vollbringen, was die Politik aus sich selbst heraus nicht vermag: die Verwandlung des Zuschauers durch das Schöne. Dieser Intention ordnet Schiller Marias Todesstunde unter. Durch die Vollkommenheit der Heldin wie durch die Symbolik kostbarer und religiöser Gegenstände erzeugt die Kunst das Bild einer schönen, versöhnten Welt, die, jenseits des geschichtlichen Lebens Marias angesiedelt, doch insgeheim auf das geschichtliche Leben des Zuschauers zurückwirken soll.
So erscheint die Schlußszene dieser Tragödie in der Tat als der ›heitre Tempel‹, von dem Schiller im Prolog zur ›Wallenstein‹-Dichtung spricht. Der religiöse Terminus verweist auf die Heilsfunktion der Kunst, die in ihrer erhebenden und versöhnenden Wirkung auf den Zuschauer liegt. Der Kunst ist aufgetragen, diejenige Wirkung auf den Betrachter auszuüben, die sie auf Mortimer ausübte: in ihrer ›heitren Wunderwelt‹ den ›Geist der Wahrheit‹ vor den ›entzückten Sinnen‹ zu bewegen. [...] [Der Zuschauer] soll durch die Kunst in einen idyllischen Zustand des Freiseins und des Glücks geführt werden, wo seine ›sinnlich-vernünftige Natur‹ harmonisch tätig ist und er durch Anschauung und durch Empfindung den ›Geist der Wahrheit‹ zu ergreifen lernt. Das kann nur dadurch geschehen, daß Schiller Mortimers Erkenntnisprozeß durch

die hymnische Musikalität und plastische Gegenständlichkeit seiner Reden versinnlicht. Mortimers Romerzählung handelt nicht nur vom Schönen und von der durch das Schöne freigesetzten Erkenntnis, sondern sie ist in ihrer poetischen Bilderfülle und ihrem musikalischen Bewegungsablauf selbst etwas Schönes.«

Sautermeister: Idyllik und Dramatik im Werk Friedrich Schillers. Zum geschichtlichen Ort seiner klassischen Dramen. Stuttgart: Kohlhammer 1971. (Studien zur Poetik und Geschichte der Literatur. Bd. 17.) S. 209–215

V. Texte zur Diskussion

Eine Blütenlese von Zeitungsausschnitten aus dem 20. Jahrhundert, chronologisch geordnet:

Auch ein Beitrag zur Schiller-Feier!

»mir« oder »mich«. Offener Brief an den Kunstkritiker der »Krefelder Zeitung«, Herrn Ernst Brües, von Julius Arnfeld, Mitglied des Krefelder Stadttheaters. 1905. Mahler u. Co., Krefeld.

In einer Besprechung der Aufführung von »Maria Stuart« hatte der Kritiker unter anderem getadelt, daß der Darsteller des Mortimer gesagt habe: »– – auf ihrem Sarge *mir* zu betten«, wie es der Schillersche Text vorschreibt; er machte den Vorwurf, dem Schauspieler sei dieser Berliner Akkusativ entschlüpft und blieb auch trotz geforderter Berichtigung dabei, das »mir« sei ein Fehler und in »mich« zu verbessern gewesen. Daraufhin hat Herr Arnfeld eine Umfrage bei Prof. Bulthaupt, Fritz Mauthner, Baron von Berger, Maximilian Harden, dem Schwäbischen Schiller-Verein Marbach-Stuttgart und Prof. Erich Schmidt veranstaltet, welche übereinstimmend bekunden, daß der Kritiker im Unrecht sei. Aus den zusammengestellten Schriftstücken geht aber auch noch hervor, daß Herr Brües, nachdem er den Bescheid des Herrn Prof. Erich Schmidt (den er in einem neuerlichen Artikel als Sachverständigen angerufen) erhalten hatte, nicht veröffentlicht hat, daß vielmehr erst der angegriffene Schauspieler sich ebenfalls an den Gelehrten wenden mußte, um dessen zustimmende Erklärung bekannt machen zu können. Auch ist die Behauptung, »Cotta hat beide Lesarten«, unerwiesen geblieben; keiner der Zeugen hat jemals »mich« gelesen. Die durchaus sachlich und ruhig gehaltene kleine Schrift, die die Ausführungen der genannten Sachverständigen fast alle im ganzen Umfange bringt und den Schiller-Verbesserer ad absurdum führt, darf dem Interesse der Kollegen sehr empfohlen werden.

Deutsche Bühnen-Genossenschaft, 14. 5. 1905

Der Effektdirektor

In der Zeitschrift »Bühne und Welt« finden wir eine Plauderei über Theateroriginale aus der besseren alten Zeit. Es wird darin auch von einem Bühnenleiter erzählt, den man scherzweise den Effektdirektor nannte, weil er keine Komödie ohne Schlußeffekt, d. h. ohne Tableau, gab. Bei Calliano endete »Maria Stuart« vor den Augen des Publikums auf dem Schafott. Nach den letzten Worten Leicesters hob sich im Hintergrund der Vorhang, und da lag bei bengalischer Beleuchtung Maria Stuart ohne Kopf auf dem Block (die Darstellerin mußte ihren Kopf hinter dem Block tief hinabneigen und ihren Nacken mit roter Wolle bedecken, die das Blut markierte), und vom schwarz behangenen Block rieselte das Blut (die rote Baumwolle) herab. Daneben stand der Henker, in der rechten Hand das von Blut triefende Schwert, in der erhobenen linken Hand – den kaschierten, abgehauenen Kopf Maria Stuarts dem verehrungswürdigen Publikum zeigend. Rechts und links vom Block standen Burleigh u.s.w. Wenn das Publikum Beifall klatschte und die bengalische Flamme zu erlöschen drohte, rief der Direktor freudig seinem Beleuchter zu: »Jokel (so hieß der brave Mann), schütt no Kalfonium auf, i muß d' Stuarten no mal köpfen lassen!« Jokel tat, wie ihm befohlen, und Maria Stuart wurde da capo geköpft. Konnte Calliano zum Schluß eines Stückes durchaus kein Schlußtableau anbringen, so ließ er – gleichviel, wie der Inhalt des Stückes war – den Helden oder die Heldin ausrufen: »Da alles sich zum Guten gewendet, rufen wir aus vollem Herzen aus: Es lebe unser Kaiser!« Und das Orchester spielte die Volkshymne.

Nürnberger Tagblatt, 24. 2. 1909

Das Lachen auf offener Szene

Von Walter Zollin-Wiesbaden

Wenn ein Schauspieler auf der Bühne, bei offener Szene lachen muß, so daß er den Ernst der Handlung empfindlich stört, ist es ebenso schlimm, wie wenn eine Trauergemeinde am Sarge eines Verstorbenen das Lachen verbeißt, weil ein in der Stadt bekannter Sonderling zum ersten Mal in einem Seidenhut auftaucht und noch dazu in einem altmodischen. Selbstverständlich ist das Lachen auf offener Szene streng verpönt. Dennoch gibt es auf dem Theater Augenblicke, wo jede Strafandrohung versagt und der gerissenste Darsteller in der dankbarsten Rolle lacht, kostete es, was es wolle. Ist doch das Lachen in solchen Fällen ebenfalls eine durch Auslösung hervorgerufene, unwillkürliche Handlung, die durch einen besonderen, dem Gehirn übermittelten Reiz bewirkt wird.

Eine tragische Szene, die merkwürdiger Weise sehr oft »verlacht« wird, ist die Abschiedsszene der Maria Stuart. Die Länge des Abschiednehmens, das oft sich wiederholende Aufschluchzen der Frauen der Königin, der Gedanke, daß man hier um einen Kopf weint, der in Wirklichkeit nie vom Rumpfe getrennt wird, das unaufhörliche Schneuzen der in Tränen zerfließenden Theaterbesucher, ferner die Trauermusik hinter der Szene, das tiefe »laßt es geschehn« des Paulet und das gewöhnlich noch tiefere »es sei« des Burleigh bewirken hier zwingende Lachmöglichkeiten, die eigentlich nur der verstehen kann, der das Jammern und Abschiednehmen in dieser Szene schon etwa fünfzig bis hundert Mal durchgekostet hat. Allein der äußersten Pflichttreue und Selbstbeherrschung der Schauspieler ist es zu verdanken, daß solche Anwandlungen – fast möchte man sie krankhaft nennen – nur Sekunden dauern, die aber für die Beteiligten Ewigkeiten scheinen. Jeder Schauspieler weiß von solchen peinlichen Lagen zu berichten, die oft so köstlich sind, daß sie der Aufzeichnung wert erscheinen.

Schwäbischer Merkur, 9. 2. 1922

»*Bert Brecht*, der berüchtigte Plagiator, der geistigen Diebstahl offen als eines Gentlemans nicht unwürdig bekennt, wird nach Zeitungsmeldungen in der nächsten Spielzeit am Leipziger Komödienhaus, das sein neues, schon im Titel viel versprechendes Schauspiel ›der Brotladen‹ aufführen wird, daselbst Schillers ›Maria Stuart‹ inszenieren. Wir kennen von seiner 3-Groschen-Oper und seinen Lehrstücken her Inhalt und Geist seiner künstlerischen Welt, das Dirnen- und Zuhältermilieu und ihre Moral. Man darf daher gespannt sein, welchen Klang Schillers, vom erhabensten Glauben an die sittliche Weltordnung getragenes Gedicht unter Brechts Händen gewinnen wird.«

Niederdeutsche Zeitung, 27. 8. 1931

»Eine Aufführung von Schillers ›Maria Stuart‹ im Rostocker Volkstheater mußte wegen rüpelhaften Benehmens jugendlicher Zuschauer abgebrochen werden. Nach einem Bericht der ›Ostsee-Zeitung‹ haben 14 Jahre alte Jugendliche die Liebesszene zwischen Mortimer und Maria mit anfeuernden Zurufen wie ›... na los, geh' ran‹ kommentiert. Intendant Hanns Anselm Perten habe daraufhin keinen anderen Ausweg mehr gesehen, als die Vorstellung abzubrechen. Nicht nur in dieser Schiller-Aufführung, sondern in nahezu allen Vorstellungen für Grundschüler und auch für Oberschüler sei es in letzter Zeit zu groben Entgleisungen gekommen, wird in einer Leserzuschrift an die ›Junge Welt‹, das Organ der kommunistischen Jugendorganisation FDJ, berichtet.«

Badisches Tageblatt, 14. 4. 1956

Für Jugendliche verboten

»Als ungeeignet für Jugendliche unter 14 Jahren« hat ohne Angabe von Gründen die Stadtverwaltung von Buenos Aires Schillers »Maria Stuart« erklärt. Das Stück wird seit einiger Zeit in spanischer Sprache aus Anlaß des Schiller-Jahres in der argentinischen Hauptstadt aufgeführt.

Telegraf, 1. 10. 1959

Schillers »Maria Stuart« macht Kasse

Als einer der größten Theaterkassenschlager der letzten Jahre in Italien hat sich eine Inszenierung von Schillers »Maria Stuart« der Schauspieltruppe Proclemer-Albertazzi erwiesen. Das Stück wurde in mehreren Städten, einschließlich Rom, Genua und Mailand, insgesamt 146mal gespielt und brachte dabei über 200 Millionen Lire (1,3 Millionen Mark) ein.

Rheinische Post, 9. 3. 1966

Ilse Graham:

»Die Königinnen sind nicht zwei getrennte Personen. Genauer gesagt ist Maria die greifbare dramatische Verkörperung der geheimen erotischen Triebe ihrer ›Schwester‹. Diese Verbindung ist auf mehreren Ebenen und mit einer Fülle verbaler Verknüpfungen durchgeführt [...].
Dieselbe Begierde, die in Maria hell und sichtbar brennt,

schwelt also, ihrem bewußten Willen verborgen und unerreichbar, auch in Elisabeth. Die schottische Königin ist in ihrem Gefängnis gewissermaßen eine Teilansicht der geheimen Erotik ihrer Rivalin, aber auf die richtige Dimension vergrößert und offen auf eine Riesenleinwand projiziert. Gefangen gehalten und von einem rigorosen Kerkermeister bewacht, ist Maria die vergrößerte Verkörperung der gefangenen Wünsche ihrer ›Schwester‹. Und ebenso umgekehrt: In der Gestalt Elisabeths hat der Dichter die hemmenden Kräfte des Gewissens dargestellt und vergrößert, die in Maria rudimentär geblieben und dazu verurteilt sind, unter der Schwelle ihres Bewußtseins dahinzusiechen. Jede von beiden [...] ist die greifbare Verkörperung derjenigen Triebe, die in der anderen nicht entfaltet und internalisiert sind.

Diese geheime Beziehung dürfen wir nicht außer acht lassen, wenn wir uns der verhängnisvollen Begegnung der Königinnen zuwenden. Ihr Treffen bedeutet nicht nur, ja nicht einmal im wesentlichen den direkten Zusammenprall zweier getrennter und einander feindlicher Gestalten, die sich aus politischen, intellektuellen und Gründen des Temperaments unversöhnlich gegenüberstehen. Vielmehr bedeutet sie für beide eine Konfrontation mit sich selbst; genauer gesagt, mit den unterdrückten und unausgebildeten Zügen ihrer Seele, die ihr nun unbequemerweise in Gestalt ihres eigenen verwandten, aber feindlichen Alter ego entgegentreten. Das eigentliche Problem, das sich den beiden Königinnen stellt, ist, ob jede, indem sie sich mit der anderen auseinandersetzt und sie akzeptiert, dazu gelangt, *den* Teil ihrer eigenen Person zu erkennen und anzuerkennen, den sie verdrängt hat. Denn nur wenn beide sich mit *dem* versöhnen, was sie innerlich abgelehnt haben, können sie seelisch ein lebensfähiges Ganzes werden. Daher stellt die Begegnung, die die innere Achse des Stücks bildet, die entscheidende Prüfung dar für die Bereitschaft und Fähigkeit jeder der beiden Königinnen, das, was ihr bisher fremd geblieben ist, zu internalisieren und mit denjenigen Eigenschaften zu versöhnen, die in ihrem Wesen vorherrschen, um so eine reife und reiche Persönlichkeit zu werden.«

Graham: Schiller's Drama. Talent and Integrity. London: Methuen 1974. S. 152 f., 155. Übers. vom Herausgeber

Die Begegnung der Königinnen in der Maria-Stuart-Inszenierung von Günter Krämer, 1977 im Schiller-Theater Berlin. (Maria Stuart: Gisela Stein, Elisabeth: Margit Carstensen)
(Foto: Ilse Buhs)

Bertolt Brecht (1898–1956) spielt mit einem Gedanken, der schon 1800, unmittelbar nach der Uraufführung (vgl. Kap. IV,1a »Einige Briefe über Maria Stuart«) aufgetaucht ist: der Streit der Königinnen als Zank von Fischweibern. Er verlegt deshalb in seinen »Übungsstücken für Schauspieler« (1939) die Szene auf den Fischmarkt:

Der Streit der Fischweiber

(Zu Schillers »Maria Stuart«, III. Akt)

1

Straße. Frau Zwillich und ihr Nachbar auf dem Weg.

Frau Zwillich. Nein, ich bring's nicht über mich, Herr Koch. Ich kann mich nicht so demütigen. Es ist mir nicht viel geblieben, aber meinen Stolz hab ich noch. Mit Fingern möchten sie auf mich deuten am Fischmarkt: das ist die, die der Scheit, diesem falschen Monstrum, die Schuh geleckt hat!

Herr Koch. Sie dürfen nicht so aufgeregt sein, Frau Zwillich. Hin müssen Sie zur Scheit. Wenn der ihr Neffe vor Gericht gegen Sie aussagt, kriegen Sie vier Monate hinaufgebrummt.

Frau Zwillich. Aber ich hab nicht falsch ausgewogen, alles ist Lüge.

Herr Koch. Natürlich, Frau Zwillich, wir wissen das, aber weiß es die Polizei? Die Scheit ist Ihnen an Schlauheit weit über. Der sind Sie nicht gewachsen.

Frau Zwillich. Gemeine Tricks.

Herr Koch. Kein Mensch sagt, daß es korrekt von der Scheit ist, Ihnen ihren sauberen Neffen auf den Hals zu schicken, daß er Ihnen eine Flunder abkauft und dann damit zum Polizisten geht, damit die auf der Polizei nachwiegen! Natürlich wissen sie auf der Polizei, daß die Scheit Sie nur als Konkurrenz loskriegen wollte. Aber an den zwei Pfund von der Flunder fehlte eben leider doch dieses verhängnisvolle Deka!

Frau Zwillich. Weil ich beim Abwiegen mit dem Neffen geredet hab und nicht genau nachgewogen hab. Ich hab mich durch meine Freundlichkeit mit einem Kunden hineingebracht!

Herr Koch. Ihre Freundlichkeit loben alle. Da ist nur eine Meinung.

Frau Zwillich. Freilich sind die Kunden zu mir gegangen und nicht zu ihr. Weil ich aufmerksam bin und eine persönliche Not' hineinbring. Das hat sie wild gemacht. Aber daß ich nicht nur meinen Stand von der Gewerbepolizei abgenommen bekommen hab und nicht mehr verkaufen darf, daß mir der Neffe auf ihren Befehl auch noch ein Gerichtsverfahren aufhängt, das ist zuviel.

Herr Koch. Und ganz vorsichtig müssen Sie noch sein, das sag ich Ihnen. Ganz vorsichtig. Wählen Sie Ihre Worte!

Frau Zwillich. ›Wählen Sie Ihre Worte!‹ Zu ihr! Weit ist es gekommen. Daß ich zu einer solchen dreckigen Person, wo ins Kriminal gehört wegen Ehrabschneidung, meine Worte wählen soll!

Herr Koch. Sorgfältig! Es ist schon viel, daß sie erlaubt hat, daß ich Sie zu ihr bring, Frau Zwillich. Verderben Sie jetzt nicht wieder alles durch Ihr Temperament und Ihre berechtigte Empörung.

Frau Zwillich. Herr Koch, ich kann's nicht. Ich fühl's, ich kann's nicht. Den ganzen Tag hab ich auf ihren Bescheid gewartet, ob sie so gnädig sein will und mich anhören will. Nimm dich zusammen, hab ich zu mir gesagt, sie kann dich ins Kittchen bringen. Alles hab ich mir vorgestellt, wie ich ihr gut zureden würde und sie rühren möchte. Aber jetzt kann ich's nicht. Ich weiß nur, daß ich sie haß, die Person, die ausgeschämte, und ihr die Augen auskratzen möcht.

Herr Koch. Sie müssen sich beherrschen, Frau Zwillich, ich bitt Sie. Sie müssen sich Gewalt antun. Sie hat Sie in der Hand. Sagen Sie ihr, sie soll großmütig sein. Lassen Sie jetzt um Gottes willen allen Stolz weg, dafür ist jetzt nicht die Zeit.

Frau Zwillich. Ich versteh, daß Sie's gut meinen. Ich will auch hingehen. Aber glauben Sie mir, es kommt nichts Gutes dabei heraus. Wir sind wie Hund und Katze. Sie hat mich auf die Zehen getreten, und ich möcht ihr die Augen ...

(Sie gehen weg.)

2

Fischmarkt am Abend. Nur noch ein einziges Fischweib, Frau Scheit, sitzt da. Neben ihr ihr Neffe.

Frau Scheit. Nein, ich red nicht mit ihr, warum auch? Jetzt, wo ich sie endlich los habe. Eine himmlische Stille war das gestern und heut auf dem Fischmarkt, seit sie weg ist mit ihrem falschen Getue: Ein hübscher Aal, die Gnädige, der Herr Gemahl wohlauf, nein, wie gut Sie heut wieder aussehen! Jedesmal ist mir die Galle hochgekommen.

Eine Kundin. Jetzt hab ich mich ganz vertratscht, und was koch ich jetzt zu Abend? Ein bißchen klein ist der Hecht, nicht?

Frau Scheit. Dann fischens Ihnen einen großen, Madamm. Ich kann nichts dafür, daß er nicht älter geworden ist. Wenn Sie ihn nicht wollen, dann lassen Sie ihn eben liegen, ich werd mir nicht die Haare ausreißen.

Die Kundin. Seien Sie doch nicht gleich beleidigt, ich hab doch nur gesagt, daß er ein wenig klein aussieht.

Frau Scheit. Und einen Schnurrbart hat er auch nicht. Da ist er eben nichts für Sie und damit basta. Hugo, pack die Körb ein, Feierabend.

Die Kundin. Ich nehm ihn schon, seien Sie doch nicht so wild.

Frau Scheit. Eins dreißig. *(Gibt ihn ihr. Zum Neffen.)* Da kommen die Leut nach Feierabend und sind dann noch wählerisch. Das hab ich gern. Und jetzt gehen wir.

Der Neffe. Aber du wolltest doch noch mit der Frau Zwillich reden, Tante.

Frau Scheit. Ich hab gesagt: nach Feierabend, und ist sie da?

(Frau Zwillich und Herr Koch kommen und bleiben in einigem Abstand stehen.)

Der Neffe. Da ist sie schon.

Frau Scheit *(als bemerkte sie Frau Zwillich nicht).* Die Körb pack zusammen. Heut haben wir gar nicht schlecht verkauft, das Doppelte vom vorigen Donnerstag. Aus der Hand haben sie's mir gerissen. ›Mein Mann sagt immer, der Karpfen ist von Frau Scheit, das merk ich auf der Zung.‹ Die Leut sind wirklich ganz närrisch. Als ob nicht ein Karpfen wie der andere wär!

Frau Zwillich *(zu Herrn Koch, schaudernd).* So redet eine nicht, die noch einen Funken Mitgefühl hat!

Frau Scheit. Wollen die Herrschaften vielleicht eine Flunder kaufen?

Der Neffe. Das ist doch die Frau Zwillich, Tante.

Frau Scheit. Was? Wer bringt mir die aufs Genick?

Der Neffe. Jetzt ist sie doch nun einmal da, Tante. In der Schrift heißt's doch auch: Liebe deinen Nächsten!

Herr Koch. Machen Sie eine gute Miene zum schlechten Spiel, Frau Scheit. Sie haben eine unglückliche Person vor sich. Sie traut sich gar nicht, Sie anreden.

Frau Zwillich. Ich kann's nicht, Herr Koch.

Frau Scheit. Was sagt sie? Haben Sie's gehört, Herr Koch? Eine unglückliche Person, die einen Gefallen haben will und Tag und Nacht sich die Augen ausheult, hab ich verstanden. Daß ich nicht lach! Hochmütig ist sie! Frech wie immer!

Frau Zwillich. Schön. Ich will auch das noch schlucken. *(Zu Frau Scheit.)* Sie haben's geschafft. Sie können Ihrem Gott danken. Aber jetzt übertreiben Sie's nicht. Geben Sie mir die Hand, Frau Scheit. *(Sie streckt die Hand aus.)*

Frau Scheit. Sie sind in die Lag gekommen, in die Sie sich selber hineinmanövriert haben, Frau Zwillich.

Frau Zwillich. Frau Scheit, denken Sie dran, daß das Glück wechseln könnt. Auch Ihrs. Für mich hat's schon gewechselt. Und schließlich hören uns Leut zu. Und Kolleginnen waren wir auch. So was hat's ja aufm Fischmarkt noch nicht gegeben! Lieber Gott, stehns doch nicht wie ein Felsbrocken! Ich kann doch nicht mehr, als Sie auf den Knien bitten. Schlimm genug, daß ich ins Kittchen soll, wenn ich Sie nicht rühr. Aber mir bleibt ja das Wort im Hals stecken, wenn ich Sie nur anschau.

Frau Scheit. Fassens Ihnen kurz, wenn ich bitten dürft. Ich hab keine Lust, daß mich die Leut mit Ihnen sehn. Ich hab nur als Christenmensch eingewilligt. Sie haben mir zwei Jahr lang die Kunden weggefischt.

Frau Zwillich. Ich weiß nicht mehr, was ich sagen

soll. Wenn ich die Wahrheit sag, sind Sie beleidigt. Denn Sie haben nicht fein gehandelt an mir. Mit Ihrem Neffen seinem Flundernkauf haben Sie mich nur hereinlegen wollen. So was hab ich Ihnen und niemand zugetraut. Niemals. Ich hab nicht anders Fisch verkauft hier als Sie. Und jetzt schleppens mich vor Gericht. – Schauens, ich will alles einen Zufall nennen. Sie sind nicht schuldig. Ich bin nicht schuldig. Wir haben Fisch verkaufen wollen, und die Kunden sind zwischen uns gestanden. Ihnen erzählt man das, mir das. Sie hätten gesagt, meine Fisch stinken, ich, Sie haben ein bissel ein falsches Gewicht oder umgekehrt. – Jetzt steht keiner mehr zwischen uns. Wir könnten gradsogut Schwestern sein. Sie die ältere, ich die jüngere. Es wär nie so weit gekommen, wenn wir uns rechtzeitig ausgesprochen hätten.

Frau Scheit. Da hätt ich eine schöne Schlange am Busen genährt! – Sie gehören nicht aufn Fischmarkt! Sie sind unredlich! Sie gönnen niemand ein Geschäft als sich selber! Sie haben mir einen Kunden nach dem andern weggeangelt mit Ihrem falschen Wesen und Ihrem süßlichen ›Noch ein Buttchen, Madamm?‹, und wenn ich's Ihnen gesagt hab, haben Sie mir eine Beleidigungsklag angedroht. Aber jetzt trifft's Sie!

Frau Zwillich. Ich steh in Gottes Hand, Frau Scheit. Sie werden sich nicht so versündigen wollen –

Frau Scheit. Wer sollt mich hindern? Sie haben zuerst von der Polizei geredet mit Ihre Beleidigungsklagen! Wenn ich Sie loslaß und sag meinem Neffen, daß er die Klag zurückziehen soll, sitzen Sie morgen wieder hier, ich kenn Sie doch. Nicht Reu werden Sie zeigen, sondern einen Lippenstift werden Sie sich kaufen, damit der Kellner vom Roten Löwen Ihnen Ihren Schellfisch abnimmt! Das wird sein, wenn ich Gnad vor Recht ergehen laß.

Frau Zwillich. Behaltens den Fischmarkt! Verkaufens allein Fisch in Gottes Namen! Ich geb meinen Stand auf für ewig. Sie haben's geschafft mit mir. Sie haben mich gebrochen. Ich bin nur noch ein Schatten von der Zwillichen, die ich gewesen bin. Jetzt machens ein End mit der Verfolgung und sagens schon ihr: Gehens in Frieden, ich hab Ihnen gezeigt, was eine Harke ist, und jetzt zeig ich Ihnen, wie sich ein Christenmensch benimmt. Sagen Sie das, und ich sag Dankschön und mein's auch. Aber lassens mich nicht zu lang warten auf das Wörtchen. Wenn Sie's nicht sagen und gehn zur Polizei – ich möcht nicht für alles in der Welt in Ihre Schuh stehen vor die Leut!

Frau Scheit. Sehens endlich, daß ich Sie am Boden hab? Sind Ihnen Ihre Tricks ausgegangen? Ist der Polizist vom Marktplatz ein bissel abgekühlt? Habens keine Ritter mehr? Sie gehen ja mit jedem ins Kino, der Ihnen eine Bestellung vermittelt, und wenn er zehnmal verheiratet ist!

Frau Zwillich. Jetzt muß ich mich aber wirklich beherrschen, Sie gehn zu weit.

Frau Scheit *(nachdem sie sie lang verächtlich betrachtet hat)*. Das ist also die Frau Zwillich, wo immer so freundlich ist, Hugo? Auf die alle fliegen und neben der unsereine nur ein altes Monstrum ist, so ein alter Dreckhaufen am Marktplatz, um den man herumgeht! Eine ganz gewöhnliche Hur ist sie.

Frau Zwillich. Das ist zuviel!

Frau Scheit *(höhnisch lachend)*. So, das ist ihr wahres Gesicht! Jetzt ist ihr die hübsche Larv heruntergerutscht.

Frau Zwillich *(zornglühend, aber mit Würde)*. Herr Koch, ich geb zu, ich bin jung und hab meine Fehler. Ich hab einen vielleicht ab und zu freundlich angeschaut, wenn er bei mir gekauft hat, aber ich hab nichts heimlich gemacht. Wenn das mein Ruf ist, kann ich nur sagen, ich bin besser als mein Ruf. An Sie kommt's schon noch, Frau Scheit! Sie decken's zu, was Sie für Vergnügungen haben. Der ganze Markt weiß, daß Sie in keiner guten Haut stecken. Ihre Mutter war nicht umsonst im Kriminal seinerzeit!

Herr Koch. Um Gottes willen! Jetzt ist alles aus! Sie haben sich nicht beherrscht, Frau Zwillich, wie Sie's versprochen haben!

Frau Zwillich. Beherrschung ist gut, Herr Koch. Ich hab geschluckt, was irgendein Mensch schlucken kann. Jetzt red ich. Jetzt pack ich aus. Alles –

Herr Koch. Sie ist ganz außer dem Häuschen, sie weiß nicht, was sie sagt, Frau Scheit!

Der Neffe. Hör nicht hin auf sie, Tante! Komm, wir gehen! Ich nehm schon die Körb!

Frau Zwillich. Stinkende Fisch hat sie in den Roten Löwen geschickt! Ein Schandfleck ist sie für den ganzen Fischmarkt! Den Stand hat sie nur gekriegt, weil ihr sauberer Bruder einen Saufkumpan bei der Marktpolizei hat!

Brecht: Gesammelte Werke. Bd. 7. Frankfurt a. M.: Suhrkamp 1967. (werkausgabe edition suhrkamp.) S. 3007–13

Eine bewußt gegen Schillers idealistische Deutung gesetzte neue Theaterversion stellt auch Wolfgang Hildesheimers (geb. 1916) Stück »Mary Stuart« (1971) dar. Er konzentriert sich auf die letzten Stunden Marias, die als eitle, alternde Frau erscheint, im wesentlichen nur noch interessiert, schön geschminkt und geputzt bei ihrer Hinrichtung aufzutreten. Im folgenden kurze Passagen aus Hildesheimers Nachwort und eine Episode, die Schillers Version von Marias Abschied von ihren Dienern ins Gegenteil verkehrt: Sie zanken sich um ihren Schmuck, ohne auf Maria die mindeste Rücksicht zu nehmen. (Raoul: Marias Arzt, Jane: Jane Kennedy, Andrew: Melville, Didier: Marias alter Diener, John: ein anderer Diener, Anne: Marias Zofe.)

»Indem dieses Stück sowohl ›historisch‹ als auch ›absurd‹ ist, vertritt es die Behauptung, daß Geschichte absurd sei.

Das Wort ›Geschichte‹ ist eines der vieldeutigsten deutschen Wörter. Es bezeichnet nicht nur das Geschehen selbst – und zwar sowohl das aus dem Zusammenhang gelöste einzelne Ereignis, als auch die Ereignisse in ihrer ursächlichen Aufeinanderfolge –, sondern auch die wissenschaftliche Disziplin, die es didaktisch auswertet, indem sie es in ein zyklisches System von Gesetzlichkeiten einzuordnen sucht. [...]

›Historisch gesehen‹ sieht der ›Fall‹ der Mary, Queen of Scots – oder wie wir sie auf gut schillerisch nennen: der Maria Stuart – etwa folgendermaßen aus: Mary ist ein ›Spielball der Mächte‹. Als ›Pfand im Ränkespiel‹ wird sie das Opfer ›ihrer großen Gegenspielerin‹, die ›nach anfänglichem Zögern‹ ›politischer Notwendigkeit‹ folgt und, unterstützt durch ihre ›treuen Ratgeber‹ (englische Version) oder ihre ›machtgierige Hofkabale‹ (schottische Version), sich zu ›weitsichtigem Handeln‹ entschließt und ihr Urteil vollstrecken läßt; somit hat sich wieder eines jener ›historischen Schicksale‹ vollzogen, die sich ja nicht nur auf ›historische Figuren‹ beschränken, sondern ganze Reiche ›ereilen‹ (– gerade Deutschland ist ein großer Träger ›historischen Schicksals‹). Zwar bedient sich die Muse Clio heute eines differenzierteren Vokabulars, aber das Schema hält den Zeiten stand, und die These auch, nämlich: daß ein kausaler Zusammenhang genüge, um ein Geschehen aus dem Bereich des konsequent Absurden ins Reich des Ewigen, wenn auch des ›ewig Scheiternden‹ emporzuziehen. In Wirklichkeit beweist es vor allem, daß Sinnloses das Sinnlose gebiert und ernährt. Gewiß, der kausale Zusammenhang besteht; schließlich liegt jedes Geschehen in einem vorausgehenden begründet und wirkt sich im folgenden aus: Daten und Fakten ziehen Daten und Fakten nach sich, ein Krieg legt notwendigerweise den Samen zu einem Krieg, etc., aber wir können mit dieser ›Erkenntnis‹ nichts anderes anfangen, als sie zu registrieren, denn wir haben keine Kenntnis innerer Motive: es ist uns versagt, in die Seelen aller Beteiligten an einem ›historischen Geschehen‹ erkennend einzudringen. Da wir keine Ahnung haben, welchen Gesetzen sie gehorchen, können wir noch nicht einmal ihre relativen Wertmaßstäbe ermessen, von den absoluten ganz zu schweigen. [...]

Historische Biografie ist Zeitvertreib, wenn auch nicht der schlechteste. Sie ist bestenfalls Spekulation, schlimmstenfalls Kitsch. Einer Erkenntnis dient sie höchstens, wenn sie als eingestanden subjektive Konstruktion ihren Dichter erleuchtet. Schillers ›Maria Stuart‹ ist ein großartiges Stück, und es ist dort am besten, wo es kraß unhistorisch wird, wo sich die Gestalten frei von geschichtlichem Zwang entfalten dürfen. Ich dagegen habe in meinem Stück den geschichtlichen Zwang gesucht. Ich habe ein einziges, mehrfach bezeugtes Geschehen von den Ranken der Deutung entblößt und nackt dargestellt, ich habe Rohmaterial aneinandergereiht, habe es freilich sorgfältig nach den Möglichkeiten seiner Evidenz ausgesucht, um ein Konzentrat herzustellen, das dem Zweck dienen soll, die Einsicht der Unvorstellbarkeit eines historischen Ereignisses zu fördern. Der einzige psychologisch plausible Vorgang in meinem Stück ist Marys plötzlicher Gähnkrampf: eine oft beobachtete Reaktion auf das Nahen eines extremen Zustandes oder einer Krise« (S. 75, 77).

Draußen ertönt ein markerschütternder Schrei. Dann Schritte, Stimmen, etc.

Paulet geht wieder an die beiden hinteren Eingänge, sieht hinaus. Er geht zum Henker, gibt ihm Instruktionen. Henker stellt sich in Positur, die Beine auseinander, auf das Beil gestützt. Paulet stellt den Knecht neben ihn. Der Knecht steht unruhig.

P a u l e t
horcht. Was war das? *Horcht.* Es wird endlich Zeit, daß wir hier wegkommen! Jetzt müssen die Gäste gleich hier sein.

M a r y
hört nicht zu. Es waren ja schon viele in meiner Lage! *Gähnt.* Nein, ich bin nicht allein. Auch Königinnen – Anne Boleyn zum Beispiel – aber die war eine wahre Sünderin, das bin ich nicht, Gott, Du weißt es, daß ich das nicht bin. Sie ist drunten. Aber ich – ich werde dort oben erwartet. Von dort sieht man schon auf mich. Aber nicht nur von dort – alle sehen jetzt auf mich. Alle! Ich bin der Mittelpunkt – die Welt sieht mich an, seine Heiligkeit, der Papst, König Philip, Kaiser – *Aber es fällt ihr nicht ein.* Bald werden es alle wissen, wie ich in den Tod gegangen bin, man wird es ihnen sagen, es breitet sich aus. Aufrecht, freudig, ohne Furcht. Denn ich habe nichts zu fürchten,

ich habe nicht gesündigt, weder an meinem Gott noch an den Menschen. Mein Volk hat mich geliebt, es hat mich in den Himmel gehoben.

Andrew stellt sich schön hin, immer den Fuß auf der Kassette. Anne hat den Spiegel genommen und macht sich selbst das Gesicht zurecht.

Paulet beim Inspizieren.

Paulet *beiläufig.* Man hat Sie aber auch eine Hure genannt, Madame. Und den Wunsch geäußert, daß Sie in der Hölle brennen mögen!

Anne besieht sich im Spiegel, hinter ihr grinst John in den Spiegel. Was er sonst hinter ihr tut, läßt sich nur erahnen. Jane versucht, Anne den Spiegel wegzunehmen. Anne ist fertig und läßt ihn ihr. Jane besieht sich im Spiegel.

Raoul *sanft, mehr für Marys Ohr bestimmt, scheinheilig.* Sind diese Worte wirklich nötig, Sir? So kurz vor dem Ende? Sie sehen doch, daß unsere verehrte Königin . . .

Mary *fällt ihm ins Wort.* Laß ihn, Raoul, mein Freund! Ich war das ja gewohnt. Es ist protestantische Art. Mein dritter Gemahl war Protestant, der sprach immer so. *Lächelt.* Jane, ich erinnere mich, einmal hast du den Raum verlassen, rot im Gesicht. Er hatte etwas Unanständiges gesagt. Du warst freilich noch jung. Was war das noch?

Jane besieht sich im Spiegel.

Jane *beiläufig, hinter dem Spiegel.* Ich weiß es nicht mehr, Madame. An diese bösen Dinge erinnere ich mich nicht.

John kommt hinter Anne hervor.

John. Aber ich, Madame. Aber ich! Unsere Jane hat es uns oft erzählt. Er sagte, man müsse Ihnen vorn einmal wieder so recht das Loch stopfen!

Jane schlägt mit dem Spiegel nach John, der wieder hinter Anne verschwindet.

Mary *hat nicht zugehört.* Ich fühle mich wohl, Raoul, es geht mir gut. Wenn unsere verehrte Cousine wüßte, wie willkommen uns der Tod ist – sie würde uns am Leben lassen, und zwar hier, in diesem feuchten Kerker – hier, wo es immer Winter ist. Immer Winter und immer Wind. Ich ziehe die Winde an.

Andrew fordert mit einer Geste von Jane den Spiegel. Sie gibt ihn ihm. Auch er stutzt sich vor dem Spiegel zurecht. Paulet beendet seine Inspektion, offensichtlich zufrieden. Er betrachtet die Gruppe wie ein Dompteur.

John. Und die Ratten.

Mary. Hier, zwischen den Ratten, wo man mir Kothaufen vor das Fenster türmt. Paulet, wer war dieser arme Priester, den Sie mir vors Fenster gehängt haben?

Andrew stellt den Spiegel ab, zufrieden mit sich.

P a u l e t. Das war meine Wache, sie hat es getan. Ich weiß nicht, wen sie in ihrem Eifer diesmal erwischt haben. Es sind gottgläubige Kerle. Was soll diese Kiste hier. Immer und überall stößt man auf diese Kiste. Weg damit! Sofort!

Plötzlich sieht Paulet die Kassette, geht hin und stößt mit dem Fuß daran.

M a r y. Richtig! Das ist mein Schmuck, den hatte ich vergessen. Ich bin schon nicht mehr hier. Öffne, Andrew!

John kommt wieder hinter Anne hervor, sieht sich um, sucht, sehr erstaunt, beunruhigt.

J o h n. Wo – wo ist eigentlich Gervais? Die Kassette wird geöffnet, und kein Gervais dahinter?

John, Andrew, Anne, Jane gruppieren sich näher um Mary. Auch Didier kommt langsam aber nicht sehr hoffnungsvoll von der Tür her.

P a u l e t. Aber schnell! Die Gäste sind da!

M a r y. Seht ihr! So weit bin ich schon von allem entfernt. Beinah hätte ich all dies vergessen. Meine Seele ist schon nicht mehr hier, sie hat alles abgelegt . . .

Raoul hinter Mary, sieht ihr über die Schulter. Paulet betrachtet die Szene.

P a u l e t. Noch stecken Sie in Ihrem Körper, Madame. Wenn auch nicht mehr lang!

Auch der Knecht, sehr unruhig, versucht, die Kassette in den Blickwinkel zu bekommen. Henker packt ihn am Arm und schüttelt ihn. Dann stößt er ihn wieder an seinen Platz und stellt sich wieder in Positur, John nah bei Andrew, bereit, ihn anzugreifen.

Paulet geht kurz an die Rampe und sieht ins Publikum.

H e n k e r *zum Knecht.* Was ist denn mit dir, du Lump? Bleib ruhig, mach mir keine Schande! – Warte du nur, bis wir hier fort sind! Du kommst mir nicht weit, du Mörder! Dafür werde ich sorgen. Ich hab es mir überlegt: ich laß dich nicht ziehen, ich gerbe dir das Fell so, daß man es dir in Fetzen über die Ohren ziehen kann.

M a r y *hört nicht zu.* Öffne, Andrew, und gib mir zuerst meinen Kruzifix! Ich will ihn in meinen Händen und vor meinen Augen haben. Ich will meinen Erlöser berühren, wenn mein Augenblick kommt.

Jane schlägt auf Anne ein. Anne greift Jane ins Haar. Raoul trennt die beiden.

A n n e *zu Mary.* Dazu braucht der die Kassette nicht zu öffnen, Madame, Ihr Herr Sekretär. Den Erlöser, den hat er bei sich, den hat er schon lang eingesteckt. Fragen Sie ihn, Madame!

John packt Andrew und zieht ihm den Kruzifix aus der Tasche.

Paulet sieht kurz auf die Szene, dann wieder ins Publikum, wo er Gäste kommen sieht. Er macht Gesten der Begrüßung.
Bei der Erwähnung Gervais' sehen Anne, Jane und John sich suchend und unruhig nach ihm um.
Andrew bekreuzigt sich und gibt Mary den Kruzifix, nachdem er ihn geküßt hat. Raoul besieht sich den Kruzifix genau, über Marys Schulter. Er deutet darauf.

Andrew. Madame, verstehen Sie, ich hatte Ihren Erlöser bei mir bewahrt. Man ist dieser Dinge hier nicht mehr sicher, unter diesen Ketzern und Lumpen. Auch Ihr sauberer Diener Gervais hatte es auf diesen Erlöser abgesehen ...

Mary *jetzt souverän, zu Andrew, zweifelnd.* Nur du natürlich nicht, Andrew.

Andrew *scheinheilig.* Madame – ich wollte – vielmehr: ich habe gestern nacht zu ihm gebetet, um Ihr Heil, Madame!

Mary. So, Andrew? Mein Ende scheint dich frommer zu machen als du früher warst. Öffne die Kassette!

Raoul *zu Andrew.* Dabei hast du einen Diamanten aus Christi rechtem Fuß gebetet, scheint mir. *Drohend.* Wohin hast du ihn gebetet?

John. Weggebetet und aufgefressen.

Kent tritt auf, durch die hintere Tür. Paulet geht ihm entgegen und begrüßt ihn. Kent, ein Zyniker, Mann von Welt, etwa 35, vital. Er reibt sich die Hände, kommt nach vorn.
Mary küßt ihren Kruzifix, hält ihn in den Händen und betet leise. Die anderen beobachten Kent.
[...]

Jane. Auch der Herr Doktor kennt das Ding genau!

Kent. Guten Morgen, guten Morgen, Freunde! Ein kalter Morgen, aber schön, man sollte auf der Jagd sein! Aber da brennt ja ein schönes Feuer im Hof, erwärmt beinah das ganze alte schöne Schloß. *Zu Paulet.* Gewiß sind Sie froh, hier wegzukommen, Paulet! *Er sieht sich um.* Und alle diese hübschen Hündchen – bezaubernd. Man könnte wirklich meinen, man wäre auf der Jagd! *Zum Henker.* Nur jagt man ja gewöhnlich nicht mit diesem unserem Freund hier!

[...]

Andrew macht sich an Mary heran, versucht, den Kruzifix zu angeln. Kent sieht es, deutet auf Andrew.
Mary zieht den Kruzifix weg. Andrew zieht sich zurück, wütend und beschämt.

Mary. Lord Kent, wenn Sie mir nichts Wichtigeres zu sagen haben, als was ich ohnehin weiß, schlage ich Ihnen vor, sich mit jemand anderem zu unterhalten. *Jetzt in bester Verfassung.* Veränderte Zeiten, die sind ein unsterbliches Thema. Doch ich muß jetzt an mein Sterben denken. Ich habe Wichtigeres zu tun, als Vergangenes zu betrachten.

Raoul fühlt Mary den Puls, betrachtet dabei eingehend die Ringe, einen nach dem anderen.
Didier stellt seinen Schemel wieder an die Tür.

Anne und Jane lockern vorsichtig Marys Ohrringe. Andrew hat sich hinter Mary geschlichen, um zu sehen, was es dort zu holen gibt. Didier setzt sich auf seinen Stuhl. Raoul versucht jetzt beim Pulsfühlen, die Ringe langsam abzustreifen. John huscht um Mary, beginnt Knöpfe zu lockern.

Kent *ein wenig saurer.* Das wäre bei Ihnen auch wenig erfreulich, Madame.

Mary. Vor mir öffnet sich eine weite und hohe Zukunft. Ich gehe zu meinem Gott.

Kent. Zu dem Ihren, ja. Das ist gewiß ein großer Trost für Sie, Madame, daß Sie es so sehen. Aber Sie haben recht: ich habe wirklich nichts Wichtiges zu sagen. Was ist wichtig für jemanden, der im nächsten Augenblick nicht mehr ist, nicht wahr? Sie sind also bereit, Madame?

Mary. Auch auf diese Frage habe ich gewartet. Aber auch sie ist nicht das Schlimmste, was mir auf dieser Erde nicht erspart geblieben ist. Ja, Lord Kent, ja. Sie sehen: ich bin bereit! Ja! *Zu Raoul.* Mein lieber Raoul, du bist ein guter Arzt gewesen. Du hast mir geholfen, ich danke dir. Ich will aber nicht, daß du in meinen letzten Augenblicken noch zum Dieb an mir wirst! Noch sind meine Hände nicht abgestorben. Weiß waren sie von je. Ich spüre sie, vielleicht sogar mehr als je. Ich will dir einen Ring geben. Hier, dieser ist für dich.

Mary wendet sich von Kent ab.
Kent wendet sich ab, streift umher, betrachtet die Hunde, sieht in den Zuschauerraum, sieht dort offensichtlich Bekannte, grüßt.

Mary streift einen Ring ab.
Andrew, hinter Mary, zieht ihr langsam und vorsichtig eine Perlnadel aus der Perücke. Raoul betrachtet den Ring und steckt ihn ein. John, seitlich Marys kniend, dreht ihr Knöpfe ab.

Raoul. Ich danke Ihnen, Madame. Ich werde ihn stets bei mir . . .

Mary. Es ist ein guter Ring. Er gehörte meinem Onkel, dem Kardinal von Lothringen. Er war ein großer Kämpfer für den wahren Glauben. Wir Kinder liebten ihn – *Lacht.* Er hat uns immer eingemachte Muskatnüsse geschenkt . . .

Mary wird geplündert wie ein Weihnachtsbaum. Kent grüßt in den Zuschauerraum, aus dem jetzt zwei Gäste auf die Bühne kommen. Kent unterhält sich mit ihnen. Mary streift einen weiteren Ring ab.

Raoul. ... und so den Grundstein zu Ihrer schlechten Gesundheit gelegt, von der Sie jetzt erlöst werden.

Mary. Amen! Du hast den Ring verdient. Der Apotheker auch. Symmons heißt er. Er soll noch einen Ring haben. Ist er schon fort?

Didier steht abseits, betrachtet die Szene, nähert sich Mary, aber ohne rechte Hoffnung. Mary gibt Raoul einen zweiten Ring. Didier geht zur Tür zurück, setzt sich auf seinen Stuhl. Mary spricht, ohne sich umzuwenden.

Raoul. Er ist schon fort, Madame. Ich werde ihm den Ring geben, es wird ihn sehr glücklich machen.

Raoul schätzt die beiden Ringe in seiner Hand. Wortlos und nicht im geringsten beschämt plündern die anderen weiter.

Mary *zu den anderen.* Mein treuer Diener Gervais hat die Kassette geplündert. Ihr anderen – ich sehe euch nicht, aber glaubt ihr, daß ich euch nicht spüre? Noch sitzt mein Kopf auf meinem Körper, und mein Körper lebt, vielleicht wie niemals zuvor. Er nimmt Abschied von meiner Seele. – Aber ihr habt recht. Ihr seid betrogen worden. Und ich brauche das Zeug nicht mehr. Ist der alte Didier noch da?

Hildesheimer: Mary Stuart. Eine historische Szene. Frankfurt a. M.: Suhrkamp 1971. S. 64 bis 67 und 68 f.

VI. Literaturhinweise

1. Bibliographien

Schiller-Bibliographie [der Nationalen Forschungs- und Gedenkstätten der klassischen deutschen Literatur, Weimar]. 1893–1958. Bearb. von Wolfgang Vulpius. Weimar 1959.

Schiller-Bibliographie [der Deutschen Schillergesellschaft, Marbach a. N.]. 1959–1961. [Von] Paul Raabe und Ingrid Bode. In: Jahrbuch der Deutschen Schillergesellschaft 6 (1962) S. 465–553. – 1962–1965. [Von] I. B. Ebd. 10 (1966) S. 465–505. – 1966–1969 und Nachträge. [Von] I. B. Ebd. 14 (1970) S. 584–636. – 1970–1973 und Nachträge. [Von] I. Hannich-Bode. Ebd. 18 (1974) S. 642–701. – 1974–1978 und Nachträge. [Von] I. H.-B. Ebd. 23 (1979) S. 549–612. – 1979–1982 und Nachträge. [Von] I. H.-B. Ebd. 27 (1983) S. 493–551.

Hermann, Helmut G.: Der Dramatiker Schiller. Auswahlbibliographie. In: Schillers Dramen. Neue Interpretationen. Hrsg. von Walter Hinderer. Stuttgart 1979. 2., durchges. und bibliogr. ern. Aufl. 1983. S. 349–378.

2. Werke, Dokumente, Tonband

Maria Stuart, ein Trauerspiel von Schiller. Tübingen, in der J. G. Cotta'schen Buchhandlung, 1801.

Mary Stuart, A Tragedy. By Frederick Schiller. Translated into English by J. C. M[ellish] Esq. London: Printed by G. Auld [. . .]; for Cotta, Tubingen [. . .], 1801.

Schillers Sämtliche Werke. Säkular-Ausgabe. Hrsg. von Eduard von der Hellen. Bd. 6: Maria Stuart. Die Jungfrau von Orleans. Mit Einl. und Anm. von Julius Petersen. Stuttgart/Berlin: Cotta, [1904].

Schillers Werke. Nationalausgabe. Begr. von Julius Petersen. Hrsg. von Lieselotte Blumenthal und Benno von Wiese. Weimar: Böhlau, 1943 ff.
Bd. 9: Maria Stuart. Die Jungfrau von Orleans. 1948. – Bd. 23: Schillers Briefe 1772–85. 1956. – Bd. 28: Schillers Briefe 1795–96. 1969. – Bd. 30: Schillers Briefe 1798–1800. 1961. – Bd. 38,1: Briefe an Schiller 1798–1800. Text. 1975. – Bd. 42: Schillers Gespräche. 1967. – [Zit. als: NA.]

Schillers Briefe. Hrsg. und mit Anm. vers. von Fritz Jonas. Kritische Gesamtausgabe. 7 Bde. Stuttgart [u. a.]: Deutsche Verlags-Anstalt, 1892–96. [Zit. als: Jonas.]

Schiller und Goethe im Urtheile ihrer Zeitgenossen. Ges. und hrsg. von Julius W. Braun. Abt. 1.: Schiller. 3 Bde. Berlin: Luckhardt, 1882. [Zit. als: Braun.]

Schillers Persönlichkeit. Urtheile der Zeitgenossen und Documente. Tl. 3. Ges. von Julius Petersen. Weimar: Gesellschaft der Bibliophilen, 1909. [Zit. als: Schillers Persönlichkeit.]

Schiller – Zeitgenosse aller Epochen. Dokumente zur Wirkungsgeschichte Schillers in Deutschland. Eingel. und komm. von Norbert Oellers. Tl. 1:

1782–1859. Frankfurt a. M.: Athenäum Verlag, 1970. Tl. 2: 1860–1966. München: Beck, 1976.

Schiller, Friedrich: Szenen aus »Maria Stuart«. Regie Robert Michal. München: Institut für Film und Bild in Wissenschaft und Unterricht, 1959. (Tonband 20 0102. Compactcassette 22 0102.)

3. Forschungsliteratur

Beck, Adolf: Friedrich Schiller »Maria Stuart«. In: Das deutsche Drama vom Barock bis zur Gegenwart. Interpretationen I. Hrsg. von Benno von Wiese. Düsseldorf 1962. S. 305–321.

Burschell, Friedrich: Friedrich Schiller in Selbstzeugnissen und Bilddokumenten. Reinbek bei Hamburg 1958 [u. ö.].

Graham, Ilse: Schiller's Drama. Talent and Integrity. London 1974. S. 149–170.

Klotz, Volker: Kronen und lange Haare. In: V. K.: Kommentare zu Stücken und Gedichten. Darmstadt 1962. S. 7–14.

Koopmann, Helmut: Friedrich Schiller II: 1794–1805. Stuttgart 1966. ^{2}1977. (Sammlung Metzler. 51.)

Ludwig, Albert: Schiller und die deutsche Nachwelt. Berlin 1909.

Ross, Werner: Der Streit der Königinnen. In: Wirkendes Wort 5 (1954/55) S. 356–362.

Rudloff-Hille, Gertrud: Schiller auf der deutschen Bühne seiner Zeit. Berlin/Weimar 1969. S. 131–138.

Schlaffer, Hannelore: Widerstände gegen Klassikerlektüre – Ein Unterrichtsmodell zu Schillers »Maria Stuart«. In: Projekt Deutschunterricht 7. Literatur der Klassik I: Dramenanalysen. Hrsg. von Helmut Ide und Bodo Lecke in Verb. mit dem Bremer Kollektiv. Stuttgart 1974. S. 125–161.

Staiger, Emil: Friedrich Schiller. Zürich 1967.

Storz, Gerhard: Der Dichter Friedrich Schiller. Stuttgart ^{4}1968. S. 329–345.

Wiese, Benno von: Friedrich Schiller. Stuttgart 1959. S. 711–728.

Wilpert, Gero von: Schillerchronik. Sein Leben und Schaffen. Stuttgart 1958.

Spezialliteratur ist in den Anmerkungen und im Dokumententeil notiert.

Erläuterungen und Dokumente

zu Büchner, *Dantons Tod.* (J. Jansen) 8104 – *Lenz.* (G. Schaub) 8180 [2] – *Woyzeck.* (L. Bornscheuer) 8117

zu Chamisso, *Peter Schlemihl.* (D. Walach) 8158

zu Droste-Hülshoff, *Die Judenbuche.* (W. Huge) 8145

zu Dürrenmatt, *Der Besuch der alten Dame.* (K. Schmidt) 8130 – *Romulus der Große.* (H. Wagener) 8173

zu Eichendorff, *Das Marmorbild.* (H. H. Marks) 8167

zu Fontane, *Effi Briest.* (W. Schafarschik) 8119 [2] – *Frau Jenny Treibel.* (W. Wagner) 8132 [2] – *Grete Minde.* (F. Betz) 8176 – *Irrungen, Wirrungen.* (F. Betz) 8146 [2] – *Schach von Wuthenow.* (W. Wagner) 8152 [2] – *Der Stechlin.* (H. Aust) 8144 [2]

zu Frisch, *Andorra.* (H. Bänziger) 8170 – *Biedermann und die Brandstifter.* (I. Springmann) 8129 [2] – *Homo faber.* (K. Müller-Salget) 8179 [2]

zu Goethe, *Egmont.* (H. Wagener) 8126 [2] – *Götz von Berlichingen.* (V. Neuhaus) 8122 [2] – *Hermann und Dorothea.* (J. Schmidt) 8107 [2] – *Iphigenie auf Tauris.* (J. Angst u. F. Hakkert) 8101 – *Die Leiden des jungen Werthers.* (K. Rothmann) 8113 [2] – *Novelle.* (Ch. Wagenknecht) 8159 [2] – *Torquato Tasso.* (Ch. Grawe) 8154 [3] – *Die Wahlverwandtschaften.* (U. Ritzenhoff) 8156 [3] – *Wilhelm Meisters Lehrjahre.* (E. Bahr) 8160 [4]

zu Gotthelf, *Die schwarze Spinne.* (W. Mieder) 8161

zu Grass, *Katz und Maus.* (A. Ritter) 8137 [2]

zu Grillparzer, *Der arme Spielmann.* (H. Bachmaier) 8174 [2] – *König Ottokars Glück und Ende.* (K. Pörnbacher) 8103 – *Weh dem, der lügt!* (K. Pörnbacher) 8110

zu Hauptmann, *Bahnwärter Thiel.* (V. Neuhaus) 8125 – *Der Biberpelz.* (W. Bellmann) 8141

zu Hebbel, *Agnes Bernauer.* (K. Pörnbacher) 8127 [2] – *Maria Magdalena.* (K. Pörnbacher) 8105

zu Heine, *Deutschland. Ein Wintermärchen.* (W. Bellmann) 8150 [2]

zu Hoffmann, *Das Fräulein von Scuderi.* (H. U. Lindken) 8142 [2] – *Der goldne Topf.* (P.-W. Wührl) 8157 [2] – *Klein Zaches genannt Zinnober.* (G. R. Kaiser) 8172 [2]

zu Kafka, *Die Verwandlung.* (P. Beicken) 8155 [2]
zu Kaiser, *Von morgens bis mitternachts.* (E. Schürer) 8131 [2]
zu Keller, *Das Fähnlein der sieben Aufrechten.* (J. Schmidt) 8121 – *Kleider machen Leute.* (R. Selbmann) 8165 – *Romeo und Julia auf dem Dorfe.* (J. Hein) 8114
zu Kleist, *Amphitryon.* 8162 [2] – *Das Erdbeben in Chili.* (H. Appelt/D. Grathoff) 8175 [2] – *Das Käthchen von Heilbronn.* (D. Grathoff) 8139 [2] – *Michael Kohlhaas.* (G. Hagedorn) 8106 – *Prinz Friedrich von Homburg.* (F. Hackert) 8147 [3] – *Der zerbrochne Krug.* (H. Sembdner) 8123 [2]
zu J. M. R. Lenz, *Der Hofmeister.* (F. Voit) 8177 [2] – *Die Soldaten.* (H. Krämer) 8124
zu Lessing, *Emilia Galotti.* (J.-D. Müller) 8111 [2] – *Minna von Barnhelm.* (J. Hein) 8108 – *Miß Sara Sampson.* (V. Richel) 8169 – *Nathan der Weise.* (P. von Düffel) 8118 [2]
zu Th. Mann, *Mario und der Zauberer.* (K. Pörnbacher) 8153 – *Tonio Kröger.* (W. Bellmann) 8163 – *Tristan.* (U. Dittmann) 8115
zu Meyer, *Das Amulett.* (H. Martin) 8140
zu Mörike, *Mozart auf der Reise nach Prag.* (K. Pörnbacher) 8135 [2]
zu Nestroy, *Der böse Geist Lumpazivagabundus.* (J. Hein) 8148 [2] – *Der Talisman.* (J. Hein) 8128
zu Novalis, *Heinrich von Ofterdingen.* (U. Ritzenhoff) 8181 [3]
zu Schiller, *Don Carlos.* (K. Pörnbacher) 8120 [3] – *Die Jungfrau von Orleans.* (W. Freese / U. Karthaus / R. Fischetti) 8164 [2] – *Kabale und Liebe.* (W. Schafarschik) 8149 [2] – *Maria Stuart.* (Ch. Grawe) 8143 [3] – *Die Räuber.* (Ch. Grawe) 8134 [3] – *Die Verschwörung des Fiesco zu Genua.* (Ch. Grawe) 8168 [3] – *Wallenstein.* (K. Rothmann) 8136 [3] – *Wilhelm Tell.* (J. Schmidt) 8102
zu Shakespeare, *Hamlet.* (H. H. Rudnick) 8116 [3]
zu Stifter, *Abdias.* (U. Dittmann) 8112 – *Brigitta.* (U. Dittmann) 8109
zu Storm, *Hans und Heinz Kirch.* (H. A. Doane) 8171 – *Immensee.* (F. Betz) 8166 – *Der Schimmelreiter.* (H. Wagener) 8133 [2]
zu Tieck, *Der blonde Eckbert / Der Runenberg.* (H. Castein) 8178
zu Wedekind, *Frühlings Erwachen.* (H. Wagener) 8151 [2]
zu Zuckmayer, *Der Hauptmann von Köpenick.* (H. Scheible) 8138 [2]

Philipp Reclam jun. Stuttgart